Reginaldo Moraes

PALAVRA ENGAJADA

Exercícios de crítica e pedagogia política

Organização
Sebastião Velasco e Cruz
Luis Fernando Vitagliano

Palavra engajada

Exercícios de crítica e pedagogia política

Textos de Reginaldo Moraes

Organizadores

Sebastião Velasco e Cruz
Luis Vitagliano

2022
2ª edição

Fundação Perseu Abramo
Instituída pelo Diretório Nacional do Partido dos Trabalhadores em maio de 1996.

Diretoria
Presidente: Paulo Okamotto
Vice-presidenta: Vívian Farias
Elen Coutinho
Naiara Raiol
Alberto Cantalice
Artur Henrique
Carlos Henrique Árabe
Jorge Bittar
Valter Pomar
Virgílio Guimarães

Fundação Perseu Abramo
Coordenação editorial: Rogério Chaves
Assistente editorial: Raquel Maria da Costa
Revisão: Claudia Andreotti

Projeto gráfico de capa: Isabel Carballo
Finalização da capa, projeto gráfico miolo e editoração: Caco Bisol

Fundação Perseu Abramo
Rua Francisco Cruz, 234 Vila Mariana
04117-091 São Paulo – SP
www.fpabramo.org.br
f: 11 5571 4299

Fundação Editora da Unesp

Presidente do Conselho Curador
Mário Sérgio Vasconcelos

Diretor-Presidente / Publisher
Jézio Hernani Bomfim Gutierre

Superintendente Administrativo e Financeiro
William de Souza Agostinho

Conselho Editorial Acadêmico
Divino José da Silva
Luís Antônio Francisco de Souza
Marcelo dos Santos Pereira
Patricia Porchat Pereira da Silva Knudsen
Paulo Celso Moura
Ricardo D'Elia Matheus
Sandra Aparecida Ferreira
Tatiana Noronha de Souza
Trajano Sardenberg
Valéria dos Santos Guimarães

Editores-Adjuntos
Anderson Nobara
Leandro Rodrigues

Dados Internacionais de Catalogação na Publicação (CIP)

M823p   Moraes, Reginaldo.
        Palavra engajada : exercícios de crítica e pedagogia política / textos de Reginaldo Moraes ; organizadores Sebastião Velasco e Cruz, Luis Vitagliano – 2.ed. – São Paulo : Fundação Perseu Abramo ; UNESP, 2022.
        364 p. : il. ; 23 cm.

        ISBN Fundação Perseu Abramo: 978-65-5626-000-6
        ISBN Editora Unesp: 978-65-5711-168-0

        1. Política - Brasil. 2. Política educacional. 3. Inovação tecnológica - Política. 4. Política e sociedade. 5. Cultura. I. Cruz, Sebastião Velasco e II. Vitagliano, Luis. III. Título.

(Bibliotecário responsável: Eduardo Marcos Fahl CRB-8/6387)

SUMÁRIO

11 REGINALDO, PRESENTE!
SEBASTIÃO VELASCO E CRUZ

13 APRESENTAÇÃO

PARTE I
CAMINHOS E DESCAMINHOS DA POLÍTICA

21   TUCANOS QUEREM QUE ESTUDANTE PAGUE A ESCOLA SUPERIOR

27   OPÇÕES DA DIREITA: UMA DELAS É, SIM, O GOLPE

31   POLÍTICAS INVISÍVEIS, REDISTRIBUIÇÃO PERVERSA E "POLITIZAÇÃO" PELA DIREITA

35   QUE OS SUPER-RICOS PAGUEM A CONTA OU COMO TIRAR A CLASSE MÉDIA DA INFLUÊNCIA DA DIREITA

41   EM TEMPOS DE CRISE, É INDISPENSÁVEL REVER O CRESCIMENTO 'A PARTIR DE DENTRO'

45   DE CALVÁRIOS E RESSURREIÇÕES

49   CHOQUES, GUERRA DE CLASSES E *APARTHEID* SOCIAL – O QUE TEMOS PELA FRENTE

55   DEPOIS DO GOLPE

61   O QUE A CARNE FRACA E O PROJETO DE TERCEIRIZAÇÃO ENSINAM À ESQUERDA

65   CHILE, BRASIL E AS 'REFORMAS' À PROVA DE MUDANÇAS POLÍTICAS

71   AS TRANSIÇÕES POLÍTICAS E O PAPEL ENTORPECENTE DO MEDO

75   A TRAGÉDIA DO REITOR E A DE TODOS NÓS

79   ESTADO POLICIAL, PORTA DE ENTRADA DO INFERNO

83   MENOS DEMOCRACIA PARA SALVAR A DEMOCRACIA

87   TRANSIÇÕES TRANSADAS E RETORNO DO QUE NUNCA SE FOI.
     O EXEMPLO ESPANHOL

91   A LIBERAÇÃO PARA O PORTE DE ARMA. A ARMA DO VOTO

97   TRUMP E SEUS CLONES. É PIOR DO QUE VOCÊ PENSA.

101 A ENGENHARIA DO CAOS – É ESSA A NOVA POLÍTICA?

107 'MANI PULITE'. A TRAGÉDIA, A FARSA E A RESSACA

113 DEUS, A FARDA E A FAMÍLIA – A GALERIA DOS HIPÓCRITAS

119 DIREITA POPULISTA – ENTRE A REVOLTA DOS POBRES
     E A REVANCHE DOS RICOS

PARTE II
POLÍTICA EDUCACIONAL E DE INOVAÇÃO TECNOLÓGICA

127 UMA POLÍTICA DE EDUCAÇÃO PARA FAZER OUTRO PAÍS

131 A PÁTRIA EDUCADORA E SEUS DILEMAS REFORMADORES

135 ENSINO SUPERIOR: REFORMA POSSÍVEL E NECESSÁRIA

139 CIÊNCIA E TRANSPARÊNCIA – DESAFIOS PARA AS POLÍTICAS PÚBLICAS
     E PARA A UNIVERSIDADE

143 EUA E ALEMANHA: DOIS MODELOS DE EDUCAÇÃO

147 A REFORMA EDUCATIVA NÃO DEVE SER UMA ESTRATÉGIA
     PARA DESVIAR ATENÇÕES

151 EDUCAÇÃO EM TEMPOS DE CÓLERA

155 A EDUCAÇÃO DOS ELEITOS E O QUE RESTA PARA O RESTO –
     DILEMAS NÃO APENAS NORTE-AMERICANOS

161 O FINANCIAMENTO DO ENSINO SUPERIOR AMERICANO
     E ALGUNS DE SEUS MEANDROS

169 DA MERENDA ESCOLAR AO COMPOSTO PARA ASTRONAUTAS

173 ENSINO SUPERIOR E INOVAÇÃO – PARA ONDE VÃO
     OS ESTADOS UNIDOS?

181 TODOS PELA EDUCAÇÃO, MAS NEM TODOS DO MESMO MODO

187 INOVAÇÃO – MUITO ALÉM DO PROFESSOR PARDAL

193 INOVAÇÃO NOS ESTADOS UNIDOS – O VIÉS MILITAR E SEUS LIMITES

201 A TECNOLOGIA DOS AMERICANOS E SEUS FANTASMAS – AÍ VÊM OS ALEMÃES!

PARTE III
SOCIEDADE

211 E O VENTO LEVOU: SOBREVIVENTES DE UMA GUERRA DE CLASSES

217 O QUE PODEMOS APRENDER COM A CRISE NO SINDICALISMO NORTE-AMERICANO

223 OS BILIONÁRIOS: SERIA TÃO BOM SE FOSSEM APENAS 1%!

227 A CLASSE TRABALHADORA VIROU A VANGUARDA DO ATRASO?

231 A AÇÃO AFIRMATIVA JÁ TEVE OUTRA COR. E DURANTE MUITO TEMPO

241 DIVERSIDADE, DESIGUALDADE, O MARAVILHOSO MUNDO NOVO DO PÓS-GOLPE

245 A BASE SOCIAL DA ESQUERDA POLÍTICA: UM MUNDO A RECONQUISTAR

251 OS SINDICATOS, SEUS IRMÃOS MENORES E SEUS HERDEIROS

255 UM LIVRO, UM FILME, UM MUNDO EM COMUM

261 MEIOS DE COMUNICAÇÃO, REALIDADES PARALELAS E ESQUIZOFRENIA CONVENIENTE

267 QUEM TEM MEDO DAS *FAKE NEWS*?

273 "OS MANO E AS MINA NA MIRA DOS HOMI"

277 SOCIEDADE DO CONHECIMENTO – OBSERVAÇÃO PARTICIPANTE E RETROSPECTIVA

283 SOBRE MENINOS E LOBOS, VERSÃO PETFLIX

289 É HORA DO LANCHE, QUE HORA TÃO FELIZ! A MERENDA E O QUADRO NEGRO

- **295** 2018 E UMA QUADRA DE OITOS
- **301** A DESINDUSTRIALIZAÇÃO DA AMÉRICA (I). MÁQUINAS PARADAS, ALMAS VENCIDAS
- **307** A DESINDUSTRIALIZAÇÃO DA AMÉRICA (II). A ROMARIA DOS AUTOMÓVEIS
- **315** A DESINDUSTRIALIZAÇÃO DA AMÉRICA (III). A POLÍTICA DO RESSENTIMENTO
- **323** RESUMO DA ÓPERA
- **329** DISTÂNCIAS SOCIAIS – A DESIGUALDADE DISTRIBUÍDA AO LONGO DOS TRILHOS DO METRÔ
- **335** O LADO SOMBRIO DO PROGRESSO
- **341** OS EVANGÉLICOS NORTE-AMERICANOS E A POLÍTICA (I)
- **347** OS EVANGÉLICOS NORTE-AMERICANOS E A POLÍTICA (II). COMO SE FABRICA UMA NAÇÃO CRISTÃ
- **353** OS EVANGÉLICOS NORTE-AMERICANOS E A POLÍTICA (III). DESAFIOS DO NOVO MILÊNIO

FPA 19 ANOS -
REGINALDO DE MORAES

REGINALDO, PRESENTE!
SEBASTIÃO VELASCO E CRUZ

"No dia 26 vai fazer três anos que o Reginaldo nos deixou, e nós estamos preparando uma homenagem a ele, para postar nas redes. Você poderia contribuir com um texto?"

Quando ouvi a pergunta na voz amiga do Joaquim Soriano, respondi sem hesitar.

"Sim, naturalmente, mas não vai ser preciso escrever um texto novo. Já temos a introdução do livro *Palavra engajada*."

A resposta saiu assim, num jato. Mas logo o pensamento veio socorrê-la. De fato, não haveria nada melhor que eu pudesse fazer agora para celebrar a memória do nosso querido Régis.

Organizado poucos meses depois de seu falecimento, o livro *Palavra engajada: Exercícios de crítica e pedagogia política* reúne uma fração do conjunto dos textos de intervenção – artigos curtos, dirigidos ao público em geral – que Reginaldo escreveu nos últimos anos de sua caminhada. O livro foi publicado em versão eletrônica pela Editora da Fundação Perseu Abramo (FPA), em 2020, e que ora chega às mãos dos leitores agora em nova edição, também em papel, em coedição da Fundação Perseu Abramo com a Editora Unesp.

Não caberia falar dele aqui. Limito-me a dizer que se trata de uma obra notável – pela quantidade de temas contemplados, a profusão de informações reunidas, a qualidade dos argumentos expostos e o sabor da prosa inimitável. Livre das convenções acadêmicas, nesses artigos Reginaldo aparece de corpo inteiro, na multiplicidade de sua personalidade complexa, como intelectual sofisticado, professor vocacionado e combatente incansável.

Faz três anos que Reginaldo não está entre nós.

Não, não é verdade. Não o encontramos mais nos mesmos lugares, não podemos tocá-lo. Mas ele se mantém presente. Sempre! Leiam o livro e digam depois se exagero.

APRESENTAÇÃO

Os textos reunidos neste volume representam uma pequena fração dos artigos e comentários escritos por Reginaldo Moraes em um período dramático da vida política brasileira.

Com efeito, entre 2013 e 2019, Reginaldo usou todos os meios à sua disposição para se fazer ouvir sobre os acontecimentos que acabaram por transformar tão radicalmente a cena política de nosso país e sobre os deslocamentos profundos que os ensejavam. Boa parte do material resultante desse esforço do *"caudillo de España por la gracia de Diós"* acervo que certamente contém muitas preciosidades. Na preparação desta coletânea, consideramos apenas os artigos publicados em duas fontes eletrônicas bem estabelecidas: o site *Brasil Debate* e o *Jornal da Unicamp*. Mesmo assim, por exigências de tempo e espaço, tivemos que realizar uma seleção rigorosa. Até onde pudemos apurar, Reginaldo iniciou sua colaboração esporádica com o *Brasil Debate* em julho de 2014; em junho de 2017 passou a escrever regularmente no *Jornal da Unicamp*, como titular da coluna *A Ciência da Política & Vice-Versa*. Desde então, com raras interrupções, publicou artigos semanais sobre os mais diversos temas. No total, contabilizamos 133 textos, de extensões variadas, o que nos deixava com um arquivo imenso, de publicação inviável.

Pelas razões expostas, e por outras ainda – Reginaldo sempre manifestou sua preferência por livros pequenos, mais facilmente manuseáveis – não pudemos reter nesta coletânea nem a metade dos artigos compulsados.

O prejuízo para o leitor, porém, não deve ser exagerado. Fruto de escolha cuidadosa, os textos aqui reunidos constituem uma amostra representativa da produção de Reginaldo Moraes como publicista, e do imenso talento que ele exibia nesse gênero de atividade.

Na organização desses artigos, entre ordená-los cronologicamente ou distribuí-los por chaves temáticas resolvemos combinar as duas últimas, indicando em cada um deles onde foram publicados. Procedemos inicialmente a uma classificação dos temas abordados em três grandes categorias: Política; Política Educacional e de Inovação Tecnológica; Cultura Política e Sociedade. Separados os artigos nessas três classes, eles foram em seguida dispostos em ordem cronológica. Dessa forma, acreditamos tornar-se mais fácil para o leitor identificar as variações no foco de interesse do autor, as linhas mestras de seu pensamento, e o avanço de sua reflexão sobre os temas abordados.

A esse respeito cabe uma palavra sobre a mirada internacional de grande parte dos textos de Reginaldo. Portugal, Espanha, França, Itália, Alemanha, Chile – em diferentes momentos e sob prismas distintos, cada um desses países passou sob as lentes poderosas do nosso articulista, alguns deles por vezes repetidas. Mas sua atenção esteve durante grande parte do tempo fixada em um país muito especial, não incluído nessa lista: os Estados Unidos.

Não é preciso ir longe para encontrar razões a justificar tal "privilégio": o papel singular desempenhado pela superpotência no mundo, especialmente no pós-Guerra Fria; as relações políticas e culturais que tradicionalmente manteve com o Brasil; o enorme poder de atração exercido por sua sociedade sobre as elites e amplas parcelas da população brasileira.

Mas há um motivo adicional, certamente mais importante do que as razões genéricas acima arroladas. Reginaldo foi um dos formuladores do projeto que deu origem ao Instituto Nacional de Ciência e Tecnologia para Estudos sobre os Estados Unidos, do qual foi pesquisador dedicado e coordenador de difusão de conhecimentos na sociedade.

Implantado em 2009, durante toda uma década o INCT-Ineu serviu de marco institucional para a atividade de pesquisa de Reginaldo, que se desdobrou em diversos temas, com ênfase no estudo do sistema de educação e de inovação, no papel do Estado no desenvolvimento econômico, e, ultimamente, no impacto das transformações sociais nos alinhamentos políticos. Não por acaso, temas recorrentes neste livro.

O leitor terá oportunidade de constatá-lo por conta própria. Não há nada de escapista nesse olhar para fora. Ao estudar as experiências nacionais mencionadas, Reginaldo não se afasta da realidade brasileira. Pelo contrário, ao fazer esse longo percurso ele desvela conexões e aspectos insuspeitados de nossa vida social e política, ao tempo em que recolhe elementos valiosos para a formulação de soluções criativas para os desafios que ela encerra.

Embora a maioria dos artigos neste livro cinja-se à análise crítica dos temas abordados, essa preocupação com o conhecimento útil, socialmente aplicável, transparece nos escritos de Reginaldo, em geral. Mas em alguns deles ela se manifesta na superfície do texto sob a forma de problemas práticos explicitamente formulados, com indicações de caminhos para enfrentá-los. Compreensivelmente, os artigos com essa característica concentram-se na colaboração do autor com o site *Brasil Debate*.

Cumpre fazer um breve comentário sobre o tema da Educação neste livro e, para além dele, no trabalho de Reginaldo. O leitor pode perceber facilmente a importância que lhe é conferida e os vínculos internos que o ligam ao conjunto das matérias tratadas. Mais do que objeto de estudo, porém, a Educação foi para Reginaldo uma prática constante, um compromisso ético-político, uma forma de vida. Essa condição está claramente refletida nos artigos aqui reunidos. Ela se expressa na opção consciente pela frase curta e despojada, no vocabulário simples, nas frequentes recomendações de leitura... Em tudo a busca da atenção do leitor, a aposta em sua inteligência e o esforço para estimulá-lo a ir além do que lhe foi dado. Como melhor definir a missão do professor?

É nesse registro que o humor cáustico do autor deve ser encarado. O estilo é o homem, diz-se. E não é possível falar do estilo de Reginaldo sem ressaltar o seu humor personalíssimo, às vezes brutal, mas nunca desproposital. Arma de defesa e de ataque ante uma realidade iníqua que nos agride sem cessar, a frase espirituosa, a ironia desabusada e mesmo o sarcasmo são recursos empregados em seus textos para fins didáticos. Eles visam desconcertar o leitor, abalar sua adesão ao senso comum e fazê-lo pensar. Por isso seu acompanhamento não é, jamais, o insulto, mas uma bateria de argumentos sólidos e uma pletora de dados.

Pedagogia como forma de vida, dissemos. Mas, em nível mais profundo, os artigos que compõem este livro expressam também a relação inversa. Com efeito, em um mundo que exalta modelos aviltantes de realização individual, além de *insights*, informações ricas e argumentos bem costurados, esses artigos – tão reveladores da pessoa de seu autor – oferecem a lição de uma vida múltipla, intensamente vivida, de integridade exemplar.

Os organizadores

PARTICIPAÇÃO DO PROFESSOR
REGINALDO MORAES NO DEBATE
DA FPA SOBRE EDUCAÇÃO E POLÍTICA

PARTE I
CAMINHOS E DESCAMINHOS DA POLÍTICA

TUCANOS QUEREM QUE ESTUDANTE PAGUE A ESCOLA SUPERIOR

14 DE OUTUBRO DE 2014

Está de volta a velha ideia do PSDB de privatizar o ensino superior. Depois que o reitor tucano afundou a USP com suas aventuras, isso se alastrou. E agora a proposta é ressuscitada por alguns gurus da nova direita, reagrupada em torno de Aécio Neves para o segundo turno das eleições presidenciais.

Um deles, Samuel Pessôa, escreveu artigo na *Folha de S.Paulo* comparando cobrança de educação superior com cobrança de pedágio urbano. Engraçado, porque pedágio é cobrado de proprietário de carro – a mensalidade escolar seria cobrada de pessoas, proprietárias de si mesmas.

A sequência de argumentos utilizados para justificar a proposta merece ser comentada, porque aparentemente expressa um "bom senso" que seria aceito por qualquer pessoa (Samuel ou não). Mas é gato por lebre.

Na verdade, é mais uma tentativa de privatizar o ensino superior. Ainda mais? Pois é, ainda mais. Mas a privatização não vem pelo caminho de "vender a USP" para um empresário. Isso seria provocação demais. É outra coisa: privatizar a sustentação da escola, por meio da cobrança de mensalidades.

O ensino superior passaria a ser um "investimento privado" do estudante e de sua família, já que ele seria o beneficiário desse ensino, mais tarde. Investe hoje e "lucra" amanhã, diz ele.

Diz o articulista: "O ganho para a sociedade de um novo profissional graduado, cujo conhecimento foi adquirido em universidade, é bem medido pelo ganho de renda desse profissional."

A afirmação parece apenas uma expressão do "bom senso. Pode ser senso comum, mas não é bom senso. Veja, por exemplo, onde pode nos levar esse aparente bom senso: o ganho para a sociedade com a formação de um médico seria "um bem medido pelo ganho de renda desse profissional"? Deus nos livre desse critério! A sociedade ganha mais quando os médicos engordam suas contas bancárias?

Diz mais: "O ensino universitário deve ser pago. Note que esse fato independe de a instituição de ensino superior ser legalmente pública ou privada".

Muito engraçada a frase, porque parece até descuidada, casual. Mas não é. A escola privada já é paga, oras bolas. Se a escola pública cobrar mensalidade ela iria competir com a privada. Quer dizer, a cobrança na escola pública poderia até ampliar o mercado para a escola privada: se ambas forem pagas, tanto faz, afinal de contas...

Nos Estados Unidos, em muitas ocasiões, os dirigentes das escolas privadas lutavam contra as dotações governamentais para escolas públicas. Sabe qual era o argumento? Diziam: isso beneficia as escolas públicas injustamente na "competição" com as privadas. Dá pra entender os nossos privatistas, não é?

AMNÉSIA TUCANA

E continua o sr. Samuel: "Para os alunos que não podem financiar as mensalidades da universidade, há o recurso ao crédito educacional. Para as famílias pobres que teriam dificuldade de ter acesso ao crédito educacional de mercado, há programas públicos, como o Fundo de Financiamento Estudantil (Fies), com taxas fortemente subsidiadas."

Antigamente eles eram mais disfarçados. Diziam que deviam pagar "aqueles que podem". Até isso já sumiu da estória. E ainda mais curioso: o artigo "esquece" o ProUni. Ora, como ele se refere subliminarmente aos Estados Unidos, deveria lembrar que a massificação do ensino superior naquele país só ocorreu porque massas enormes tiveram acesso a esse ensino sem pagar.

Sim, sem pagar. Quando o sistema dobrou de tamanho, na segunda metade dos anos 1940, isso ocorreu por conta de um programa de bolsas para desmobilizados da guerra.

Em 1949, metade dos estudantes de ensino superior nos EUA era composto de bolsistas do governo federal. Metade! Mas tem mais: esse sistema de bolsas seguiu com outros programas, inclusive aqueles destinados a incorporar estudantes negros, latinos etc.

Foi assim que o sistema cresceu. O programa de empréstimos só adquiriu relevância nos últimos 30 anos, a chamada era de privatização. E é menos bem-sucedido do que nosso Fies.

A dívida estudantil é hoje uma tremenda dor de cabeça para as famílias e para o governo americano. É a segunda dívida privada do país – depois das hipotecas. Ganha da dívida com cartão de crédito. Se não tiver um socorro do governo federal, vai virar uma tragédia.

Mais uma: "Além dos impactos orçamentários positivos, a instituição de cobrança de mensalidade para os cursos universitários públicos teria efeito importante sobre a eficiência das universidades. O tempo médio de graduação seria reduzido e a vinculação do aluno ao curso aumentaria."

DECLARAÇÃO DE FÉ

Aumenta a eficiência? A afirmação não tem base nos fatos, é pura declaração de fé. O artigo define como "eficiência" o tempo médio de graduação e a "vinculação do aluno ao curso".

O que quer dizer isso? Que ele não pula fora? Não parece ser esse o caso das escolas americanas. Aliás, nas escolas privadas com fins lucrativos, em especial, esse tipo de "eficiência" é um desastre – tanto no tempo de graduação quanto no indicador de desistência.

A imensa maioria dos estudantes abandona a escola, simplesmente. Bom, seria interessante que o artigo medisse essa "eficiência" nas nossas escolas pagas também. Elas têm taxas de evasão monumentais, hoje só reduzidas, precisamente, por conta de injeção do dinheiro público (bolsas e empréstimos) que têm reduzido ou zerado o pagamento dos estudantes. Ou seja, a escola só melhora quando não é paga pelo estudante!

QUINTAL DOS EUA

Bom, mas vamos aos finalmentes: não se trata de argumento nem de razão. O que nos separa da visão dos tucanos e aliados é o lado da política. Nós achamos que é preciso construir e espalhar escolas e universidades para desenvolver o país e reduzir as desigualdades, sociais e regionais. Eles não.

Vamos dizer claramente: eles não acreditam na gente, eles sonham com Miami, como as peruas e os juízes metidos a besta.

Eles acham que nós devemos ser um quintal dos Estados Unidos. Um apêndice. Um apêndice não precisa ter escolas superiores, pesquisa, inovação. Eles governam sucateando escolas e privatizando tudo o que podem. Foi assim o governo FHC, foi assim o governo Aécio em Minas, é assim o governo tucano em São Paulo.

É o partido do racionamento – racionamento de renda, de emprego, de energia, de escolas – e, agora, até racionamento de água. Não é surpreendente que venham com mais uma ideia privatizadora, toda enfeitadinha num docinho colorido. Tem veneno dentro dessa maçã.

OPÇÕES DA DIREITA:
UMA DELAS É, SIM, O GOLPE

16 DE ABRIL DE 2015

Não nos enganemos. Existe, sim, uma nova direita no Brasil. Ela foi se formando e se sedimentando ao longo dos últimos 30 anos, ainda que seja a continuidade de uma espécie mais antiga.

Essa nova direita não é exatamente partidária ou apenas partidária. Está fortemente nucleada em aparelhos políticos de outra natureza: mídia, ONGs, institutos, centros de "estudo" e difusão de ideias. Sua retaguarda material é composta de empresários bem-sucedidos; broncos, mas espertos.

Alguns até fazem graça com governos progressistas. Mas vejam quais empreendimentos "intelectuais" os Gerdaus e assemelhados andaram financiando nesses anos e encontraremos *think-tanks* neoliberais.

Outros desses empresários são por nós paparicados, como Lemann. Enquanto isso, o esclarecido filantropo e educador financia ataques *ciber*-guerrilheiros contra nossas ideias e organizações. Outros são clara e francamente e francamente antirreformas, antirregulações, antiestado. "Antinós".

Os donos do Itaú nunca esconderam isso. Ou os Marinho. Ainda outro dia, o dono da cadeia Riachuelo, conhecido militante do

Partido Liberal, resumiu a ideia, de modo simples e simplório: fora o Estado! Que as raposas andem livres em campos livres!

Essa nova direita brasileira imita a norte-americana e certamente tem laços, inclusive financeiros, com os gringos. Volta e meia aparece um traço dessas ligações. Não surpreende. Afinal, não os une apenas a ideologia, mas os interesses. Para a grande estratégia americana não interessa um Brasil que fique em pé e com a coluna reta. É um incômodo para a influência americana na América do Sul e, como se viu nos últimos anos, mesmo mais além.

E não nos esqueçamos do modo como olham para as oportunidades que veem aqui: entrar de sola no pré-sal, substituir empreiteiras brasileiras, explorar mais fortemente o potencial "agrobis". Uma mina de ouro. Ou várias.

A nova direita americana conseguiu conciliar duas coisas diferentes e aparentemente contraditórias – os *yuppies* financistas, moderninhos e até dissolutos, drogados e pervertidos, com a direita religiosa fundamentalista, que odeia toda essa "modernidade".

Na sala de visitas cabem Lobão, os meninos siderados de Wall Street e o pastor Feliciano. Para isso, os novos sacerdotes da direita recriaram o cristianismo. Sequestraram Jesus e o transformaram em um ícone neoliberal. Há no ar, nas rádios e TVs, uma nova religião, uma nova teologia, a teologia do sucesso e da realização individual a qualquer custo. O lucro é uma bênção. O pecado da cobiça se transformou em virtude que abençoa o crente e homenageia seu deus.

Essa nova direita é radical. Se pudesse, liquidaria todas as políticas sociais, até a previdência. Sonha com isso. Liquidaria as regulamentações trabalhistas, ambientais, o que for necessário para garantir o livre movimento do capital. Se pudessem, revogariam a lei do imposto de renda progressivo. Quem sabe até a Lei Áurea precisasse de uma emenda, não é mesmo?

A velha direita, alojada principalmente nos partidos, está um pouco desconcertada. Pelas derrotas e pela pressão dos novos companheiros. Está dividida também quanto aos passos políticos imediatos. É ingênuo pensar que nenhum segmento da direita queira golpe ou *impeachment*. Quem diz isso nega a realidade para acalentar seus dogmas. Há hoje duas claras posições na direita partidária brasileira, com equivalentes na direita extrapartidos.

Uma delas não pode e não quer esperar. Não acredita em cozinha lenta. Ou vê, em um processo desse tipo, resultados que não convêm a seus interesses. Elementos menores e pessoais também pesam nessas avaliações. Se a presidenta caísse hoje, digamos, é possível e provável que tivéssemos novas eleições, mesmo sendo controversa a letra da lei. Aécio seria candidato? Ainda estaria no baralho. Bem possível. Mas... e se passarem alguns meses mais, talvez um ano? Bem, daí as eleições ficam para 2018.

A lembrança de Aécio nos eleitores de direita e centro-direita talvez se desmanche. Já é mais fraca hoje, ele esperneia para estar na mídia, nem que seja pelo ridículo. Sua reputação pode não resistir ao desgoverno revelado que ele e seu mordomo fizeram em Minas. Ou das demais ilegalidades em que está metido. Qualquer investigação superficial levaria até à cassação de seu mandato. Ele pode esperar até 2018? Não. Os outros podem. Preferem.

A nova direita, assim como Aécio, aposta numa solução rápida e cirúrgica, radical. Não lhe basta a derrubada da presidência. Quer limpar o país dos "ratos", não nos iludemos. Seria uma derrota similar a 1964 ou 1970, podemos escolher o cenário. Uma derrota que determina que por anos sequer a palavra política seja pronunciada. Escolham o paralelo histórico, mas o silêncio de cemitério seria desse tipo.

A nova direita sabe que, no PSDB, precisa de gente como Aécio. Pressiona para que ele se junte à rua e rompa com a atitude "mole" dos velhos cardeais. Mas Aécio é apenas um aceno. O céu é o limite. Ou o inferno?

Esses sáos os dados no jogo da direita. E a esquerda?

POLÍTICAS INVISÍVEIS, REDISTRIBUIÇÃO PERVERSA E "POLITIZAÇÃO" PELA DIREITA

03 DE AGOSTO DE 2015

Suzanne Mettler, uma cientista política americana, escreveu, faz pouco tempo, um livro provocador: *The submerged state: how invisible government policies undermine american democracy*[1].

Não vou resenhá-lo, nem resumi-lo. Ele se refere às políticas federais americanas. Vou dizer algumas coisas que ele sugere pensar sobre as políticas de nossos governos "populares" que são ou pretendem ser redistributivas.

O "estado submerso" é o conjunto de políticas públicas que funcionam por meio de incentivos, subsídios ou repasses a organizações privadas.

Nos últimos 30 anos, o discurso político tem sido invadido por uma filosofia pública conservadora, que defende as virtudes do governo

---
1. METTLER, Suzanne. *The submerged state: how invisible government policies undermine american democracy*. Chicago: The university press of Chicago, 2011.

mínimo. Ironicamente, no entanto, a mudança mais dramática ao longo deste período foi o florescimento das políticas do estado submerso.

Os governos – nos três níveis – estão inseridos em toda a vida diária, da saúde à casa própria, da educação ao transporte. Mas permanecem invisíveis porque operam indiretamente, por meio de atores privados.

É essa invisibilidade que faz com que os beneficiários desdenhem o gasto social, ignorem ser seus beneficiários. Sequer reconhecem esses programas como programas sociais.

Alguém reconhece uma dedução fiscal – para saúde, educação e previdência privada – como programa social?

Esse é um forte motivo para que as pessoas sejam seduzidas por plataformas políticas de 'menos governo', menos impostos e outras macumbas ultraliberais.

Hospitais e escolas privadas são construídas com dinheiro público ou com empréstimos altamente subsidiados. O BNDES simplesmente construiu essa rede, nos últimos 30 anos, com a sua linha "S". Catedrais do setor privado de educação foram erguidas desse modo, graças a um programa criado por sugestão do ministro da educação de FHC.

Não apenas os hospitais são montados e equipados assim. Estudantes de medicina e enfermagem são formados por escolas públicas ou publicamente subsidiadas. Custosas e seletivas (seletivas pelo nível de renda, claro).

O sistema privado de ensino não vive apenas de crédito para investir. Precisa deter demanda estável. Segura. Daí... o crédito estudantil. Os "empreendedores" do ramo, de fato, ganham um subsídio para cada empréstimo que fazem, quando "selecionam" um estudante. São estimulados a emprestar mais... sob qualquer circunstância.

No caso americano isso já levou a um sistema fraudulento e enganoso similar ao das hipotecas imobiliárias, aquelas que vendiam palacetes a vendedores ambulantes que nunca teriam condições de pagar. E depois repassavam o papel podre a um fundo, a um banco, este repassava a um fundo de aposentados. E, no final da conta, o banco que quebrava tinha o socorro do governo.

O empréstimo estudantil é, de fato, garantido pelo contribuinte. O intermediador está sempre ganhando. Não importa o que venda. A lógica não é muito diferente, não é?

Não por acaso, esses segmentos – seguradoras de saúde, mantenedoras de escolas – gastam muito em *lobby* e contribuição para campanhas.

Uma verdadeira montanha de dinheiro aparece nos relatórios da Receita, quando olhamos para a coluna das deduções fiscais para educação, saúde, previdência privada. Somadas, hoje, devem dar mais do que o orçamento do Ministério da Educação. Ou da Saúde.

Nos EUA, as deduções incluem dívidas com hipotecas, as *mortgages*. Gastos "itemizados", isto é, declarados e identificados. Mas... a quem beneficiam? Além de serem invisíveis, perversamente invisíveis, essas políticas são redistributivas... para cima.

De fato, deduções fiscais e outras válvulas de escape fiscal só beneficiam os extratos superiores das pessoas físicas. Nem falar das jurídicas. Transfira isso pro Brasil: a quem beneficiam as deduções dessa natureza? No campo das pessoas físicas, rigorosamente, só à faixa mais alta dos declarantes.

E, claro, como essas deduções sangram os cofres do tesouro, implicam perdas fiscais para as políticas que operam... para baixo. Não tem dinheiro para pobre, porque rico não paga. Simples como o sermão da montanha.

Alguém já tentou dizer a um beneficiário de deduções que ele recebe vários "bolsas família" desde a criação do recolhimento de IR na fonte, em 1969? Inútil. Nem os beneficiários da política "submersa" veem esses benefícios como resultantes de políticas de governo. Continuarão berrando que "governo só atrapalha".

Quem recebe benefício direto (seguro-desemprego, Bolsa Família etc.) vê o programa como a mão do governo. Mas dedução fiscal não é vista assim. Até o "bilhete único", um programa de transferência de renda, deixa ser visto desse modo porque nós não dizemos isso.

O "estado submerso" não estimula a cidadania – inculca a passividade e o ressentimento. Um cientista político, Schattschneider, uma vez sintetizou isso numa frase: *"new policies create a new politics"*. Quer dizer: a forma como as políticas são executadas determinam o terreno da política, dos sentimentos políticos, dos valores e das atitudes políticas. O marqueteiro e o demagogo apenas colhem o que nesse terreno frutifica.

Dedução fiscal não estimula reconhecimento. Estimula passividade e posição antigoverno. Idem para tudo aquilo que acima se disse, a título de exemplo.

Nosso problema, então, é avaliar as políticas públicas pelos seus resultados. Mas não apenas pelo quanto atendem e pelo quanto perdem no caminho, a avaliação usual. É preciso definir outros critérios. O modo de execução dessas políticas redistributivas, politizou? Organizou? Aumentou o nível de consciência e organização política do andar de baixo? Se não o fez, perdemos tempo. E perderemos o governo.

Como se vê, nosso problema não é apenas uma questão de comunicação, embora esta também seja importante (e frequentemente mal feita). É um problema... de política.

QUE OS SUPER-RICOS PAGUEM A CONTA OU COMO TIRAR A CLASSE MÉDIA DA INFLUÊNCIA DA DIREITA

08 DE SETEMBRO DE 2015

Faz alguns anos, a Receita Federal divulga os grandes números das declarações de renda. Neste ano, divulgou dados que nunca divulgara. E com isso ficamos sabendo, número por número, coisas estarrecedoras que só podíamos deduzir, observando o comportamento de nossos ricaços. Veja alguns destaques:

Quantas pessoas físicas fazem declaração?

Quase 27 milhões.

Qual é o "andar de baixo"?

Os 13,5 milhões que ganham até 5 salários mínimos. Se deixassem de pagar IR, a perda seria de mais ou menos 1% do total arrecadado pela receita. Só. E gastariam esse dinheiro, provavelmente, em alimento, roupa, escola, algum "luxo popular".

Quais são os andares de cima?

São três andares:

1. Os que ganham entre 20 e 40 salários mínimos (SM). Correspondem a mais ou menos 1% da população economicamente ati-

va. Podem ter algum luxo, pelos padrões brasileiros. Mas pagam bastante imposto.

2. Tem um andar mais alto. Os que ganham entre 40 e 160 SM representam mais ou menos 0,5% da população ativa. Já sobra algum para comprar deputados (ou juízes).

3. E tem um andar "de cobertura", o andar da diretoria, da chefia. A nata. A faixa dos que estão acima dos 160 SM por mês. São 71.440 pessoas, que absorveram 298 bilhões de reais em 2013, o que correspondia a 14% da renda total das declarações. A renda anual média individual desse grupo foi de mais de 4 milhões de reais. Eles representam apenas 0,05% da população economicamente ativa e 0,3% dos declarantes do imposto de renda. Esse estrato possui um patrimônio de 1,2 trilhão de reais, 22,7% de toda a riqueza declarada por todos os contribuintes em bens e ativos financeiros. Pode estar certo de que são estes que decidem quem deve ter campanha financiada. Podem comprar candidatos e, também, claro, sentenças de juízes.

Quem sustenta o circo? Quem mais paga IR?

A faixa que mais paga é a do declarante com renda entre 20 e 40 salários mínimos, que se pode chamar de classe média ou classe média alta.

Quem escapa do leão?

O topo da pirâmide, o grupo que tem renda mensal superior a 160 salários mínimos (126 mil reais). As classes média e média alta pagam mais IR do que os verdadeiramente ricos.

Em 2013, desses 72 mil super-ricos brasileiros, 52 mil receberam lucros e dividendos – rendimentos isentos. Dois terços do que eles ganham sequer é taxado. São vacinados contra imposto. Tudo na lei, acredite. A maior parte do rendimento desses ricos é classificada como não tributado ou com tributação exclusiva, isto é tributado apenas com o percentual da fonte, como os rendimentos de aplicações financeiras.

Em 2013, do total de rendimentos desses ricaços, apenas 35% foram tributados pelo Imposto de Renda Pessoa Física. Na faixa dos que recebem de 3 a 5 salários, por exemplo, mais de 90% da renda foi alvo de pagamento de imposto. Em resumo: a lei decidiu que salário do trabalhador paga imposto, lucro do bilionário não paga.

O QUE ISSO EXIGE DA AÇÃO POLÍTICA?

Quando a classe trabalhadora e suas organizações se enfraquecem, burocratizam ou recuam, deixam a ideologia e os sentimentos da classe média sob o comando da classe capitalista. Mais ainda, da sua ala mais reacionária. Pior ainda: a direita conquista até mesmo o coração dos trabalhadores que são tentados a se imaginar como "classe média".

Na história do século XX, o resultado disso foi a experiência do fascismo, em suas múltiplas formas e aparições.

Nos últimos anos, os bilionários brasileiros e seus cães de guarda na mídia perceberam que podiam conquistar o ressentimento da classe média para jogá-la contra os pobres, os nordestinos, os negros, tudo, enfim, que se aproximasse dos grupos sociais que fossem alvo de políticas compensatórias, de redistribuição. E contra governos e partidos que tomassem essa causa.

E a esquerda, de certo modo, assistiu a essa conquista ideológica sem ter resposta. Uma resposta política: a criação de movimentos reformadores que fizessem o movimento inverso, isto é, colocassem essa classe média contra os altos andares da riqueza. Nós não soubemos fazer isso. Talvez pior: acho que nem tentamos fazer isso.

Aparece agora essa urgente necessidade e a providência divina, travestida de Receita Federal, nos traz uma nova chance.

Já sabíamos que os brasileiros mais pobres pagam mais impostos, diretos e indiretos, do que os brasileiros mais ricos. Sabemos que todos pagamos imposto sobre propriedade territorial urbana – o famoso IPTU. E conhecemos o estardalhaço que surge quando se fala em taxar mais os imóveis em bairros mais ricos.

Mas sabemos coisa pior: grandes proprietários de imóveis rurais não pagam quase nada. Sobre isso não tem estardalhaço. É assim: se você, membro da "classe média empreendedora" passeante da Avenida Paulista, tem uma loja, oficina ou restaurante de *self-service*, paga um belo IPTU. Se você fosse um grande proprietário rural (como os bancos e as empresas de comunicação), seu mar de terras com uma dúzia de vacas não pagaria ITR. Ah, sim, teria crédito barato.

Tudo isso já é mais ou menos sabido e merece reforma. Mas ainda mais chocante é o que se chama de "imposto progressivo sobre a renda", que agora sabemos que é ainda menos progressivo do que imaginávamos.

Faz algum tempo escrevi um artigo dizendo que a Receita Federal deveria concentrar sua fiscalização na última faixa dos declarantes pessoa física, responsável por 90% do IR. Se o resto simplesmente deixar de pagar não vai fazer tanta diferença. Além disso, a faixa mais alta é aquela que menos recolhe na fonte e a que mais tem "rendimentos não tributáveis" e de "tributação exclusiva", isto é, rendimentos derivados de investimentos, não de pagamento do trabalho.

Fui injusto ou impreciso, moderado demais. A Receita e os legisladores podem economizar mais tempo do que eu supunha. Basta que prestem atenção em 100 mil contribuintes, do total de 26 milhões. Essa é a mina. Se conseguir que eles paguem o que devem e se conseguir que eles percam as isenções escandalosas que têm, posso apostar que teremos mais dinheiro do que os ajustes desastrados e recessivos do senhor ministro da Fazenda.

O que isso significa para o que chamamos de esquerda – partidos, sindicatos, movimentos sociais? Sugiro pensar em um movimento unificado com uma bandeira simples: que esses 100 mil ricaços paguem mais impostos e que deem sua "contribuição solidária" para reduzir a carga fiscal de quem trabalha. É preciso traduzir essa ideia numa palavra de ordem clara, curta e precisa, mobilizadora. E traduzi-la numa proposta simples e clara de reforma, cobrada do governo e do Congresso. A ideia é simples: isenção para os pobres, redução para a classe média, mais impostos para os ricaços.

Talvez essa seja uma boa ideia para fazer com que a "classe média" que atira nos pobres passe a pensar melhor em quem deve ser o alvo da ira santa. Afinal, milhares e milhares de pagadores de impostos foram para as ruas, raivosos, em agosto, enquanto os nababos que de fato os comandam ficavam em seus retiros bebendo champanhe subsidiada.

Os passeadores da Avenida Paulista são figurantes da peça, eles não sabem das coisas – os roteiristas e produtores nem deram as caras.

EM QUE RUMO OS PARTIDOS E MOVIMENTOS POPULARES DEVEM EXIGIR MUDANÇAS?

1. É justo e perfeitamente possível isentar todo aquele que ganha até 10 salários mínimos. Não abala a arrecadação se cobrar um pouco mais dos de cima.

2. É necessário e legítimo criar faixas mais pesadas para os andares mais altos. Mas não é suficiente.

3. É preciso mudar as regras que permitem isenção e desconto para lucros e dividendos.

4. É preciso e é legítimo mudar as regras para os pagamentos disfarçados, não tributáveis, em "benefícios indiretos". A regra tem sido um meio de burlar a taxação.

5. É preciso e é legítimo mudar as regras de imposto sobre a propriedade territorial. A classe média estrila com o IPTU. Mas deveria é exigir cobrança do Imposto territorial rural (ITR).

6. É preciso ter um imposto sobre heranças. Com isenção para pequenos valores e tabela progressiva.

EM TEMPOS DE CRISE, É INDISPENSÁVEL REVER O CRESCIMENTO 'A PARTIR DE DENTRO'

01 DE FEVEREIRO DE 2016

Faz algumas décadas, difundiu-se uma fábula conformista dirigida aos "irracionais" países latino-americanos: as "lições da Ásia" mostravam o caminho para a salvação.

Segundo essa fábula, os "tigres" daquela região haviam se desenvolvido com um modelo virtuoso, o "crescimento para fora" – eram países espertos, exportadores, "abertos" ao capital estrangeiro, economias liberais, não protecionistas. Nenhum asiático sadio acreditava nisso. Os economistas do FMI e do BM, assim como seus sabujos latino-americanos difundiam a lenda. Mas é provável que nem mesmo eles acreditassem nela. Convinha. Faz de conta.

Segundo esse relato moralista, os latino-americanos, além de meio inferiores no cérebro e chegados a uma preguiça atávica, tinham sido levados a um modelo perverso, o "crescimento para dentro" – era um caminho desenhado pelo desenvolvimentismo latino-americano, cepalino, protecionista, estatista, fechado.

Bom, nada disso era exatamente o que se dizia. Os países "protecionistas" e "fechados" da América Latina eram economias baseadas na exportação (de *commodities*, brutas ou pouco processadas) e seu aparato produtivo interno era dominado por filiais de empresas estrangeiras. Os países "abertos" da Ásia eram tudo menos "abertos" – suas empresas, nacionais, eram fortemente protegidas pelo Estado e por ele detalhadamente monitoradas.

No começo dos anos 1990, Osvaldo Sunkel retomou umas ideias de Raul Prebisch e Fernando Fajnzylber para tentar escapar dessa dicotomia enganosa – crescer para dentro, crescer para fora. O artigo "Del Desarrollo hacia adentro al desarrollo desde dentro" teve sua primeira aparição na revista mexicana *Trimestre Económico*, em 1991. A novidade do artigo, além da revisão em perspectiva da trajetória dos países da região, estava no esboço de modelo baseado na ideia de "crescer a partir de dentro". Era apenas um esboço, mas muito sugestivo.

Em especial, neste momento da experiência brasileira, é preciso repensar essas questões – que remetem ao longo prazo, mas são essenciais para as decisões de curtíssimo prazo, sobretudo se temos em vista o quadro internacional assustador que temos pela frente.

Curiosamente, em janeiro de 2016 foi um banqueiro que alertou para essa necessidade de repensar o rumo. Trabuco, o chefão do Bradesco usou essa imagem: o Brasil precisa se libertar da dependência do petróleo ou da China, precisa ser locomotiva de si mesmo, o que exige muito esforço (e engenho, complementamos).

Apesar de algumas declarações eufóricas e disparatadas, o Brasil NÃO esboçou qualquer "novo modelo" de desenvolvimento nos últimos 12 anos de governo popular. É bom que se diga que isso também não ocorreu em países como Argentina e Venezuela, para citar casos que foram frequentemente apresentados como "exemplos" mais avançados da esquerda latino-americana. Os eventos recentes mostram o quão exagerados eram os aplausos à política econômica do "bolivarianismo" e do "kirtchnerismo", por mais que admiremos seus avanços políticos.

Nos últimos tempos, o Brasil cresceu mantendo, em essência, a receita de sempre. Com significativa mudança, no que diz respeito a crescer com um pouco menos de pobreza, exclusão, desigualdade. Ora, a pobreza, a exclusão e a desigualdade eram e são tão extremas, aqui, que mesmo uma redução "barata" nesses campos aparece como uma verdadeira revolução – e, em certa medida, é mesmo uma pequena revolução.

Custando muito pouco, significa quase um insulto para as castas mais privilegiadas de nossa sociedade. Chamam o Bolsa Família de esmola e berram que essa esmola arruína o país. De outro lado, esse muito pouco, para 40 milhões de brasileiros, significou a pequena revolução de comer três vezes ao dia – com impacto já visível, acreditem, no desempenho escolar das crianças pobres.

Mas o país continuou com crescimento que dependia, basicamente, da exportação de *commodities* – dependendo de locomotivas do exterior. E seguiu ampliando a internacionalização de seu aparato produtivo interno. Se antes sua indústria era capitaneada pelas filiais de empresas estrangeiras, esse traço foi aprofundado desde 1994, com a soma de desindustrialização e desnacionalização. E mais: isso se ampliou a uma série de serviços, selvagemente privatizados e internacionalizados. A única coisa que esse setor "exporta" é o lucro que remete para as matrizes.

Ora, a nossa exportação de *commodities* já era um negócio da China – para a China... Mas, para nós, era um convite ao retrocesso. Não contribuíam, ou contribuíam muito pouco para a formação de "capacidades nacionais de inovação". Agora, os mercados de tais *commodities* nos lançam um balde de água fria – a China e a Europa compram menos, o petróleo cai de preço e quase esteriliza o que se extrai de águas profundas, um problema atrás do outro. Repensar o crescimento a partir de dentro é indispensável. Talvez o debate sobre o "velho" texto de Sunkel seja útil.

O crescimento a partir de dentro é um programa político exigente. Não apenas exige repensar toda a macroeconomia – as políticas de tributação, de câmbio, moeda, crédito e assim por diante. Implica rever toda a política de infraestrutura para o desenvolvimento. Incluindo, fundamentalmente, as políticas de "infraestrutura de conhecimento". A infraestrutura de conhecimento – objeto da política de ensino superior, de pesquisa e de difusão científica e tecnológica, de formação de força de trabalho qualificada – é algo decisivo.

Não necessariamente para produzir "inovação de ponta" em indústria *high-tech*. Mas para produzir a indispensável e mais relevante inovação incremental e inovação reversa, estratégicas para a "internalização" da dinâmica de crescimento. Voltaremos a esses desdobramentos futuramente. Há muito que descobrir e discutir nesse campo.

DE CALVÁRIOS E RESSURREIÇÕES

14 DE ABRIL DE 2016

Como não tenho religião, sempre que escuto algum discurso religioso acabo aprendendo alguma coisa. São temas novos, pontos de vista que não costumo ouvir. Obrigam-me a pensar. Nem sempre concordo, nem sempre têm algo mais rico, mas em geral pelo menos intrigam a mente.

Outro dia destes ouvi o sermão de uma pregadora evangélica particularmente interessante. Muito eloquente e caprichado. Vou resumir a estória. O mote do sermão era este: Jesus foi perseguido e morto não por aquilo que ele era, mas por aquilo que não podia ser. Explicava: Jesus foi crucificado entre dois ladrões, mas não era ladrão. Os judeus ricos venderam aos romanos a versão de que Cristo era subversivo, queria derrubar o imperador. Cristo sempre disse que seu reino não era o da terra, a Deus o que é de Deus, a Cesar o que é de Cesar.

Mas Jesus foi morto por aquilo que não podia ser. Aí vem a parte mais complicada do sermão. Dizia ela: Jesus nasceu e cresceu dentro de uma sociedade judaica muito estratificada, muito hierárquica, dominada por famílias ricas. Os rabinos esperavam por um

Messias, um redentor. Ora, Cristo era filho de um carpinteiro e uma mulher do povo. Imigrante, nasceu no meio de uma fuga, em um estábulo. Cristo não podia ser o Messias anunciado pelos profetas. Em suma: como queria demonstrar, Cristo não foi crucificado por aquilo que era, mas por aquilo que não podia ser. Não tinha esse "direito", por nascença.

Assistimos a uma nova escalada do Calvário. Uma nova perseguição. Longe de mim querer fazer discurso religioso e comparar Cristo a personagens terrenos. A Cristo o que é de Cristo, a Lula o que é de Lula, a Dilma o que é de Dilma. Mas, com o perdão do exagero e da eventual heresia, a comparação faz algum sentido.

Faz anos, Lula e Dilma têm suas vidas investigadas e repassadas. Não acham contas na Suíça, nem fazendas em Minas Gerais ou apartamentos em Paris, não estão na lista de Furnas nem construíram aeroportos na fazenda que não têm. Inocentados pela vã tentativa de incriminá-los, ele e ela serão agora julgados por ladrões – e talvez crucificados por eles.

Será que são culpados do segundo pecado, o de tentar destronar o império? Ora, os grandes capitalistas foram despojados ou prejudicados durante os governos petistas? Os tostões destinados aos pobres foram muito para muitos – afinal, essas políticas tiraram milhões de pessoas da desgraça da fome e melhoraram a vida de outros milhões de trabalhadores pobres. Mas... custaram quase nada aos bolsos dos ricos. Muito pouco.

Não, Dilma e Lula não estão sendo crucificados por aquilo que são, mas por aquilo que não podem ser. Ou que NÓS não podemos ser. Melhor: quem está sendo julgado e crucificado não são eles, são aqueles que, supostamente, não podem ser alguma coisa. A sociedade da Casa Grande, dos senhores de escravos, jamais admitiu que os habitantes da senzala fossem gente. Quando o senhor da Casa Grande via que um branco, talvez até seu próprio filho, se condoía dos negros e se colocava ao lado deles, condenava os dois: o negro e o branco abolicionista. O pai chicoteava o negro e mandava o garoto rebelde para a capital ou para Coimbra, para estudar e ficar longe. Às vezes os amigos do pai faziam o serviço mais pesado: liquidavam o rapaz amigo dos negros.

O que os ricos não suportam, no Brasil, é ver os escravos saindo da senzala, pensando que são gente. Não apenas os ricos, também pensam assim os ajudantes dos ricos, aqueles que pensam que são mais brancos porque são serviçais dos brancos. Insuportável ver o filho do escravo entrando na mesma universidade do branco proprietário. Nos aeroportos. Até nos *shopping centers* agora eles inventam de fazer seus rolezinhos. Inventam de nos 'impor' uma presidenta que a gente não quer, que ofensa!

Aqueles que mataram Cristo não previram a ressurreição do cristianismo. Os carrascos de hoje pensam que podem nos matar. Pensam que arrancam flores, mas plantam sementes. A gente sempre volta. Primeiro, assombrando os pesadelos deles. Depois, à luz do dia, ocupando as praças. Aí, eles vão se arrepender de tentar nos matar. Mais ainda, vão se arrepender de não terem morrido.

CHOQUES, GUERRA DE CLASSES E *APARTHEID* SOCIAL: O QUE TEMOS PELA FRENTE

08 DE AGOSTO DE 2016

Naomi Klein publicou em 2007 um notável livro chamado *A Doutrina do choque: a ascensão do capitalismo de desastre*. Nele, a escritora canadense expõe a teoria do "capitalismo de desastre" e da "doutrina do choque" que orienta sua criação.

A teoria tem várias fontes de inspiração. Entre elas, a psiquiatria que fundamenta a elaboração das "técnicas de interrogatório" da CIA. O núcleo dessas técnicas é a tortura e a destruição do enquadramento mental do oponente, até que "a fonte resolva colaborar". Em termos resumidos, o tratamento pode ser utilizado para submeter indivíduos, mas também grupos humanos inteiros, a recalcitrantes e rebeldes, em suma.

Klein ilustra a aplicação da teoria com vários estudos de caso, detalhadamente. O que aqui tentamos, por outro lado, é apenas sintetizar o núcleo da teoria, com a escolha de algumas passagens do livro, com tradução livre. Nosso objetivo é chamar seu uso para entender o caso presente, o golpe político em andamento no Brasil.

Diz Klein:

> Assim funciona a doutrina do choque: um desastre original – seja um golpe, ataque terrorista, colapso do mercado, guerra, tsunami ou furacão – leva a população de um país a um estado de choque coletivo [...]. Como o preso aterrorizado que confessa os nomes de seus camaradas e renega sua fé, as sociedades em estado de choque com frequência renunciam a valores que, em outra situação, defenderiam inteiramente.

A exploração do momento que surge de um choque traumático depende em grande medida do elemento surpresa e de desconcerto da vítima. No estado de choque, o que se produz é uma ruptura na sucessão e na lógica dos eventos, que acontecem em grande velocidade. O choque zera a "história" para o chocado e "sem uma história, somos intensamente vulneráveis diante daqueles dispostos a aproveitar do caos para seu próprio benefício".

Klein comenta seguida e detalhadamente os manuais de técnicas de interrogatório da CIA e de suas fontes psiquiátricas. E lembra como insistem em isolar os prisioneiros das condições que possuem para "construir narrativas". Isso implica cortar sua informação sensorial, sua percepção do tempo, o contato com outros prisioneiros e mesmo com guardas e carcereiros. Repetindo: essa tática, que visa a gerar confusão, desorientação e surpresa, vale para os indivíduos e, também, para grupos sociais inteiros.

Há vários exemplos de choque – como a desagregação da União Soviética, o tsunami da Ásia ou o furacão Kathrina. E há um choque como o famoso 11 de setembro: "O ataque terrorista contra as Torres Gêmeas e o Pentágono era um choque diferente do que haviam imaginado os autores de Kubark (manual da CIA), mas seus efeitos foram notavelmente similares: profunda desorientação, medo e ansiedade agudos, e uma regressão coletiva".

O choque é um evento – ou uma "janela de oportunidade". Mas há que saber aproveitá-lo ou estar provido de ferramentas para tal. Por isso, em 1982, Milton Friedman, expunha a chamada hipótese da crise:

> Só uma crise – real ou percebida como real – produz uma verdadeira mudança. Quando ocorre essa crise, as ações dependem das ideias existentes naquele momento. Essa é, na minha opinião, nossa função básica: desenvolver alternativas às políticas existentes e mantê-las vivas e disponíveis até que o politicamente impossível se converta em politicamente inevitável.

Nesse quadro, adianta Klein, as crises são, de certo modo "zonas ademocráticas", um parêntese na atividade política habitual, dentro do qual não parece ser necessário o consentimento nem o consenso".

A ideia de suspensão momentânea do usual ou do "normal" é exposta por um dos "choquistas", Balcerowicz, o ministro da Economia que aplicou o choque na Polônia, sob a surpreendente bandeira do Solidariedade. Balcerowicz argumentou que a Polônia se encontrava em um período de "política extraordinária", um momento efêmero durante o qual as regras da "política normal" (consultas, conversações, debates) deixam de ter validade. E explicou:

> A política extraordinária constitui, por definição, um período de descontinuidade evidente na história de um país. Poderia tratar-se de um período de crise econômica muito profunda, de desmoronamento do sistema institucional prévio ou de liberação de uma dominação estrangeira (ou do fim de uma guerra).

Às vezes, diz Klein em um exemplo de "choque", os organismos internacionais não apenas aproveitavam crises econômicas existentes para impor o seu "Consenso de Washington" – eles cortavam previamente as ajudas financeiras para piorar as crises.

Em resumo, essa é, em grossa descrição, a doutrina do choque, da produção da realidade paralela que permite gerenciar a realidade subjacente. Muitas ferramentas e modos de aplicação são utilizados para gerar esse efeito.

Tudo isso é tétrico? Sim, mas não mais do que a "civilização" que esses choques estão criando:

> Esta receita de guerra sem fim é a mesma que a administração Bush oferecia como uma perspectiva de aumentar os negócios do 'complexo de capitalismo de desastre' após o 11 de setembro. Não é uma guerra que pode ser vencida por um país, porque não se trata de ganhar. O objetivo é criar 'segurança' no interior dos 'Estados-Fortalezas' reforçados por intermináveis conflitos de baixa intensidade fora dos seus muros. De certa forma, é o mesmo objetivo que têm as empresas de segurança privadas no Iraque: fechar bem o perímetro e proteger a zona de segurança.
> Em Israel, no entanto, este processo é mais avançado: um país inteiro transformou-se em uma comunidade fortificada e rodeada de gente que fica de fora, em áreas permanentemente desprotegidas. Isto é o que a sociedade parece quando perdeu seu incentivo econômico para a paz e se investe excessivamente no confronto e nos ganhos de uma eterna e fracassada guerra contra o terror. Uma parte se assemelha a Israel. A outra parte parece Gaza.
> [...]
> Na África do Sul, na Rússia e em New Orleans, os ricos constroem muros ao seu redor. Israel levou este processo a um passo adiante: constrói muros ao redor dos pobres perigosos.

Aparentemente, nós mesmos estamos há uns dois anos sendo levados para uma "oportunidade de choque", uma ofensiva crescente e ensurdecedora que nos quer cegar, desorientar e preparar para o abate. Sob a aparência de uma "simples" derrubada da presidenta, o que temos diante de nós é uma clara mudança de regime político: os cidadãos brasileiros perderam, de fato, o direito ao voto, à escolha de seus dirigentes. O que se está implantando com o "julgamento político" do executivo por meio do Judiciário, da polícia federal, da mídia e do congresso? Um regime em que a decisão dos eleitores passa pela "supervisão" desses órgãos revisores, que decidem se o voto foi "certo" ou "errado", se vale ou não vale.

Tivemos a preparação psicossocial do choque, com a sabotagem e campanha de aturdimento que foi desenvolvida nos últimos dois anos. Agora está em marcha a mudança de regime. E apenas se anunciam as medidas do choque – o que chamam maliciosamente de "Ponte para o Futuro". E o conteúdo das medidas deixa claro qual é a sociedade de muros que teremos bem breve. A não ser que saiamos do choque e consigamos recuperar o direito do voto. Teremos que reviver um "diretas-já"? É o que parece.

DEPOIS DO GOLPE
06 DE SETEMBRO DE 2016

Este artigo ainda não é uma análise. É uma exposição inicial dos motivos pelos quais a esquerda e a frente progressista precisam de muita análise e, principalmente, de ações que deem consequência a tais reflexões.

O golpe de estado de agosto de 2016 abre um novo período para a luta política no Brasil. "Nada será como antes amanhã ou depois de amanhã".

O que tivemos nessa decisão do Senado foi a confirmação do que vinha sendo planejado pelos poderes de fato há bastante tempo. Não se trata apenas de interromper um mandato. Trata-se de mudar o regime político, cassando a soberania popular e substituindo-a pela "opinião dos homens de bem", isto é, pelos homens de bens. Acabou aquilo que se conquistou há mais de 30 anos, acabou a escolha dos governantes pelo voto direto. Não mais "diretas-já", nem mesmo aquelas que tivemos até aqui, corrompidas pelo dinheiro das empresas. Eleição só vale se tiver o resultado desejado pelos homens de bens.

A partir de agora, existe um desafio duplo, para os progressistas e para todas as tintas de esquerda: no curto e no longo prazo. Construir a resistência, derrotar os impostores e, por outro lado, recompor o campo dos progressistas.

Em curto prazo, impõe-se a resistência ao choque depois do choque. Explico: o golpe pode ser um choque para muitos de nós, ainda que anunciado. Mas ele é apenas o início e um meio para implantar um programa completo de retrocessos com os quais sonham as frações mais reacionárias do capitalismo brasileiro e, sublinho, dos grandes interesses internacionais, capitaneados pelos norte-americanos, uma vez mais na história da América Latina.

É um golpe antipopular e vende-pátria. Em curto prazo, portanto, temos a necessidade de instabilizar o governo golpista e promover a reconquista das "diretas-já".

AS TÁTICAS DE TORTURA DOS GOLPISTAS

A primeira coisa que devemos perceber, para construir a resistência ao golpe, é o método de destruição que os golpistas têm utilizado e como podemos contra-atacar. A escritora Naomi Klein já alertou sobre isso. Faz pelo menos dois anos que estamos sob um cerco parecido ao que se aplica a prisioneiros, para que fraquejem e "colaborem" com seus torturadores. O prisioneiro é submetido a isolamento, para que não saiba o que fazem e dizem seus companheiros, para que duvide de si mesmo, dos outros e de suas crenças. Para que sua identidade, enfim, seja destruída.

Um ataque permanente e incessante desse tipo tem sido orquestrado pelos partidos de direita, pelo judiciário e pela mídia. Não apenas contra o PT, mas contra os movimentos populares e a esquerda em geral. Os promotores e juízes inventam qualquer bomba, mesmo que ela seja ridícula do ponto de vista legal, jurídico. Não importa, seu objetivo é nos colocar na defensiva.

O mesmo ocorre com a mídia. Muito do que eles fazem é feito para ir além de atingir a chamada "opinião pública": é para enfraquecer nossa resistência, constranger e confundir o nosso campo. Quando não temos redes de comunicação sequer para informar nossa própria tropa, ficamos "informados" e "conformados" por aquilo que eles jogam na nossa cabeça.

A primeira coisa que precisamos fazer é resistir ao confinamento: nunca fique sozinho, nunca pense sozinho. Mas para isso é preciso construir nossa rede. Não podemos saber o que fazem e pensam nossos companheiros e nossas lideranças por meio do filtro deles, da mídia deles.

Depois do "choque" do golpe, vem a aplicação das políticas para intensificar a exploração e submeter o país aos interesses imperialistas. A resistência a tais retrocessos tem que se prevenir contra a tentação de enfrentar obstáculos pontuais sem integrá-los no enfrentamento global do novo governo e do novo regime, o regime dos novos coronéis, que não usam farda, embora sonhem com ela.

É bem possível que o novo governo tente fazer com a resistência aquilo que Hitler pregava: cortar a oposição como um salame e comer fatia por fatia, separadamente. Explorando nossa fragmentação e nosso isolamento, confundindo e desorientando nossas tropas.

RESISTIR EM CADA ÁRVORE, MAS NÃO PERDER DE VISTA A FLORESTA

Retrocessos são anunciados em todos os cantos – na educação, na cultura, na previdência, nos direitos trabalhistas, na saúde, na moradia, nos programas sociais. A cada um deles, um grupo de atingidos certamente tomará a frente da resistência. Mas não podem ficar sozinhos nem ter a ilusão de, sozinhos e apenas nessa trincheira, impor uma derrota sem retorno ao poder constituído.

É preciso que em seu apoio venham os demais segmentos das forças progressistas, mesmo aqueles sequer tocados pelas medidas específicas. E é preciso, em cada confronto pontual e localizado, estabelecer claramente a ligação entre esse ataque parcial e a natureza do novo governo.

Essa não é uma luta fácil, exige tenacidade, constância e criatividade. Cabeça fria e coração quente. Exige alterar profundamente o quadro da opinião existente, sacudir os bolsões de atordoamento e indiferença, sobretudo nas faixas pobres da população que mais arcarão com os custos do choque. Exige instabilizar o lado de lá e cristalizar o lado de cá, refundar a esquerda e a frente progressista. Isto é, exige vincular o imediato com o estratégico e explorar a dialética das conquistas parciais. Dizia um poeta que em situações de crise tendemos a confundir o urgente com o essencial. Temos que aprender a combiná-los.

OUTRO PAÍS É POSSÍVEL

Essa reconstrução dos sonhos e dos caminhos para viabilizá-los, vai precisar de uma bandeira, clara e forte, compreensível e sensível, ao mesmo tempo realista e ousada. Já é possível adiantar algumas estrelas dessa bandeira, dessa nova *Carta do Povo*, porque apareceram já nas lutas anteriores:

1. uma reforma tributária para reconstruir o país com justiça: menos imposto para quem trabalha e produz, cobrar de quem tem mais;

2. reforma agrária e urbana: imposto territorial progressivo, nova lei de herança, fim da sociedade de herdeiros ociosos;

3. reforma política: novas leis para a representação, livrar as campanhas do dinheiro dos ricos;

4. "transparência" contra operações secretas no setor público e nas empresas privadas. Não se trata apenas de publicar todos os gastos e salários do setor público, inclusive e sobretudo o de juízes de desembargadores. Direito dos trabalhadores, nas empresas e nos órgãos públicos, de acessar informações sobre suas operações, com a garantia de eleição de comitês nas empresas, com mandato protegido. O poder de fato não está apenas nos gabinetes executivos, nas câmaras legislativas e nos tribunais, está na produção da vida cotidiana;

5. direito de resposta, regulação da grande mídia, libertar a informação e a cultura do controle dos milionários. Rever as concessões de rádio e TV.

A seguir, em outro artigo, voltaremos à discussão das trincheiras que perdemos e dos caminhos para reconstruir o movimento popular e a frente progressista. A lua é pequena e a caminhada é longa.

O QUE A CARNE FRACA E O PROJETO DE TERCEIRIZAÇÃO ENSINAM À ESQUERDA

03 DE ABRIL DE 2017

O escândalo da "Carne fraca" mostrou várias coisas ao mesmo tempo. Antes de mais nada, escancarou a luta pelo protagonismo dentro da Polícia Federal – cada delegado querendo aparecer mais do que o outro. A qualquer custo. Depois, a tentativa de chantagear políticos, pela mesma instituição: primeiro, um recado ao ministro da Justiça, supostamente "chefe" da PF; quando outro ministro criticou a PF, reação parecida.

Depois veio Blairo Maggi – que Deus o tenha e o Diabo o receba. Não constava em delações, no dia seguinte a suas declarações, passou a constar. E os delegados fizeram questão de alertar: o que vazamos é apenas parte de nossa munição. O estado policial foi deslanchado com os golpistas e agora reina absoluto. Manda recados via vazamentos.

Será que alguém, fora Poliana, achava que a indústria da carne era pura e saudável? Ora, será que alguém pensa algo semelhante sobre o leite, os pães, os remédios, as frutas e legumes? Existe alguém que pelo menos não suspeite que comemos venenos e falsificações todo dia? Será que alguém imagina que alguma dessas grandes corporações paga em dia e integralmente os impostos e taxas? Será que alguém sonha que em algum dia o reino dos fiscais era imune às gracinhas dos fiscalizados? Só agora nos "escandalizamos" com essas "revelações"?

Neste episódio, argumentos sobraram de todos os lados. Sobre as maldades dos carniceiros – óbvias. Sobre as vantagens dos competidores internacionais com este choque – igualmente óbvias. Sobre a briga de bastidores para ocupar espaço, mídia e poder – algo também muito óbvio.

O que não apareceu – e, no entanto, deveria ser óbvia – é a necessidade de criar canais permanentes e ampliados de "transparência", essa palavra tão utilizada e tão cínica. Vou sugerir um deles, que venho repetindo faz tempo.

Por que não temos, no Brasil, uma representação dos trabalhadores na gestão das empresas – como em outros países que se livraram de ditaduras fizeram? É o caso de perguntar por que não temos eleição de comitês de empresas, com trabalhadores eleitos diretamente pelos seus companheiros, com mandato e estabilidade, com direito a inspecionar e divulgar as informações sobre a empresa: de quem compra, quanto vende, quanto paga de impostos, e assim por diante. Por que delegar a exclusivos fiscais do Estado – por mais honoráveis que sejam – a vigilância fiscal, sanitária, ambiental e trabalhista?

Mais uma vez – estou ficando repetitivo – sugiro que os ativistas sindicais brasileiros, aqueles que ainda restam, deem uma olhada na legislação que a social-democracia alemã traduziu e entregou aos parlamentos espanhol e português, depois da queda das ditaduras. Sim, só traduziu, não precisou nem inventar. Pode ser um ponto de partida. Até porque a representação trabalhista que temos é claramente envelhecida, burocratizada e, agora, se desmancha diante da pulverização do mercado de trabalho, graças à terceirização, automação e subcontratação.

Diante de escândalos como este, da Carne fraca, está mais do que na hora de colocar na agenda um conjunto de propostas de esquerda. Que não apenas aumentem a regulação política dos interesses econômicos. Mas, também, oxigenem esta representação política.

SINDICALISTAS: OU MUDAM OU MORREM DE INANIÇÃO

E já que estou no tema, aproveito para pegar carona em outro evento relevante do momento. O Congresso mercenário acaba de aprovar uma lei de desregulamentação e pulverização do mercado de trabalho, a chamada terceirização do fim do mundo. É um passo importante, mas é um passo numa caminhada que vem desde muitos anos. Faz tempo que o mercado de trabalho vem sendo esquartejado por operações do capital – via legislação e também via reengenharia das empresas. O resultado foi a fragmentação das categorias e o enxugamento das bases de muitos sindicatos, que viam seus representados e filiados escorrerem pelos dedos. A legislação recém aprovada dá um novo tranco – bem mais forte – nessa direção.

Os ativistas sindicais – aqueles que ainda existem – devem pensar rapidamente em criar ferramentas e formas de organização que respondam a esse desafio. Fenômenos semelhantes em outros países – como os Estados Unidos – podem servir de alerta ou inspiração.

No cenário americano, ao lado desses vetores que apontamos – automação, terceirização, subcontratação, migração de plantas – ainda se somou a massiva imigração latina, a terceira onda de migração daquele país. A selvageria do mercado de trabalho exigiu que ativistas de esquerda e sindicalistas (as frações menos burocratizadas da central American Federation of Labor - Congress of Industrial Organizations (AFL-CIO) inventassem novas ferramentas para organizar e mobilizar os trabalhadores formais e informais. Surgiram experimentos como os como os *worker centers*, as "paróquias" do Working America (movimento comunitário animado pela AFL-CIO) e as várias experiências de "sindicato-movimento social" que se espalham principalmente em regiões de forte presença de imigrantes.

Está mais do que na hora de a esquerda entrar na disputa com sua própria cara – e talvez coisas pequenas, mas ousadas, como estas sejam uma pista.

CHILE, BRASIL E AS 'REFORMAS' À PROVA DE MUDANÇAS POLÍTICAS

21 DE AGOSTO DE 2017

Aquilo que vou contar sei apenas de memória e do pouco que li a respeito, por motivações não acadêmicas. Muitos estudaram esses temas em detalhe. Outros viveram essas coisas por dentro. E, por isto, este é um convite para que explorem essas questões com mais competência do que a minha.

Mas a estória vale a pena, até porque é mais do que estória, é história, aquele tipo de história que tende a se repetir de modo trágico.

A fábula-realidade começa assim. Era uma vez, 50 anos atrás, um pequeno país na América Latina, em que uma oligarquia local controlava as terras e sorvia as rebarbas da exploração de alguns oligopólios estrangeiros, norte-americanos, donos da principal riqueza do país, o cobre. Esse país era o Chile.

Os camponeses e trabalhadores urbanos estavam longe de aceitar passivamente essa situação. Tinham uma longa história de lutas. Mas não conseguiam romper as regras que permitiam às facções dominantes revezarem-se no governo. Até que algo mudou, quase que por acaso, mas não exatamente por acaso. A divisão no lado de cima se acentuou e um presidente de esquerda teve a maioria dos votos. O grau dessa divisão tem algo de casual, mas a existência dessa coalizão de esquerda não, ela era fruto de uma acumulação de forças. O presidente, do Partido Socialista, era Salvador Allende.

Não teve a maioria necessária para vencer em primeiro turno. E o segundo turno era decidido no Congresso, era a regra. Tradicionalmente, o Congresso ratificava o vencedor do voto popular. Mas agora era diferente. O vencedor não era um dos barões, mas um médico apoiado em uma coalizão de socialistas, comunistas e cristãos de esquerda. Um perigo!

Dias antes da decisão do Congresso, a direita tentou sua cartada. Organizou o assassinato do comandante do exército, para criar comoção entre os militares e induzir um golpe. Um truque similar ao que aqui no Brasil tentou um certo capitão terrorista que chama todos seus adversários de terroristas. Não deu certo, no Chile. Allende foi confirmado e começou algumas pequenas reformas, pequenas, porém importantes para os trabalhadores. Mas inaceitáveis para a oligarquia e os interesses imperialistas. O secretário de Estado ianque, o conhecido criminoso de guerra Henry Kissinger, declarou taxativamente: nós temos o direito de apear um governante do qual não gostamos. Assim, na lata.

E foi o que começaram a fazer as empresas americanas e seus órgãos de "inteligência". Oligarcas e imperialistas estavam decididos a desmontar o país, se necessário, para derrubar o governo. Conseguiram as duas coisas: destruíram a economia do país e derrubaram Allende.

Sabotagem interna, bloqueio internacional contra o cobre, financiamento de grupos conspiradores. Na reta final, sustentaram uma greve de transportadoras, desabastecendo as cidades. Nada disso foi suficiente. Nas eleições municipais pouco antes do golpe, a coalizão de esquerda, a Unidade Popular, cresceu, em vez de diminuir.

TANQUES NA RUA.
E OS ECONOMISTAS DO GOLPE
ORGANIZAM O MASSACRE

Só restava a cartada do sangue. E foi muito sangue. Um golpe militar que matou dezenas de milhares de pessoas, colocou outros tantos na clandestinidade ou no exílio. Mas, como sabemos nós e muito sabem eles, uma coisa é bombardear um país (por dentro ou por fora), outra coisa é governá-lo para continuar a sugar mais-valia.

Bem antes do golpe, os militares chilenos já trabalhavam em sintonia com uma equipe de economistas de um convênio entre a Universidade Católica do Chile e a famosa Universidade de Chicago, a catedral dos ultraliberais. Formavam quadros e preparavam um plano econômico para o pós-golpe. O ícone dessa turma, bem nutrida na mídia, era Milton Friedman, conselheiro e admirador de Pinochet (não esquecer Friedrich Hayek, outro dos paquitos do general).

Mas outra equipe, menos espalhafatosa, preparava as grandes reformas institucionais para eternizar a pantomima. Era preparada por uma direita "libertária" financiada por milionários como o petroleiro Charles Koch, ainda hoje muito ativo e famoso, esse mesmo que anda nas notícias sobre o Tea Party, a tigrada extremista do Partido Republicano dos Estados Unidos. Essa escola de economistas era chefiada por um economista ultrarreacionário do sul norte-americano, James Buchanan. A especialidade dele era desancar a democracia e as eleições e ficar imaginando regras constitucionais que evitassem os arroubos reformistas da plebe. A escolinha do professor Buchanan ficava nessa cidade hoje tristemente famosa, Charlotesville, no estado da Virgínia, uma espécie de feudo de racistas e direitistas raivosos.

Entre os chilenos amestrados por ianques estava um cara de sobrenome bem atual – José Piñera. Ele fazia um doutorado em Harvard, na ocasião do golpe. Voltou rápido para o Chile, dizendo que queria "ajudar a criar um novo país, dedicado à liberdade", direto de Boston para os jardins de Pinochet. Sua contribuição para essa peculiar liberdade era o que chamava de "sete modernizações". A base das sete era uma trinca: privatizar, desregulamentar e induzir, pela força do estado, a fragmentação do "poder dos grupos".

Logo ficaria claro quais eram esses grupos danosos que pretendiam fragmentar (inclusive fisicamente). Os sindicatos seriam exterminados, as negociações trabalhistas ocorreriam apenas empresa a empresa, ou melhor, caso a caso. Os indivíduos teriam "livre escolha" para negociar com seus patrões, mano a mano. Talvez fosse mais exato dizer: seriam forçados a "negociar" como indivíduos. Já se vê.

As outras reforminhas incluíam a privatização do sistema de previdência, para alegria de dois grupos privados do ramo, o BHC Group e a Cruzat-Larrain, que em dez anos se apossaram de um belo pedaço do produto bruto do país. Um prodígio de eficiência empresarial e uma clara mostra das virtudes da liberdade.

Outras modernizações? Por certo, a privatização da saúde; a abertura do mercado de terras, com a reversão da reforma agrária; a independência do Banco Central; o orçamento equilibrado, com tetos para gastos. Essas coisas tão evidentes e tão corajosas que um golpe inevitavelmente abraça. Sobretudo, era imperioso insular a política econômica, isto é, criar regras duradouras que colocassem a política macroeconômica longe de qualquer "influência do demo", sempre guloso, preguiçoso e imprevidente.

Esse foi um passo, o das reformas econômicas. Decisivo, porque criava uma máquina de esfola acelerada. Ela não apenas produziu uma desigualdade que o Chile jamais conhecera, como afundou o país numa recessão duradoura que convivia com enriquecimento de uma centena de militares e civis. A austera família Pinochet, por exemplo, transformou-se numa das maiores fortunas do mundo, grana administrada por um banco internacional especializado em torturadores e ditadores como ele.

O setor de *private banking* do City Bank era o escritório de lavagem de Pinochet, Salinas de Gortary, bem como de todos os ditadores da África. Nada disso é boato. Está registrado em duas CPIS do senado americano, com relatórios disponíveis na *web*. Com a ficha cadastral das lavanderias e dos lavados.

Mas voltemos às reformas ultraliberais do Chile. Os golpistas sabiam que tinham que construir muros para protegê-las de posteriores ataques dos prejudicados, os trabalhadores, os camponeses, a classe média empobrecida. Uma outra reforma era necessária, a política. Criar uma constituição à prova de mudanças e um sistema eleitoral que impedisse mudanças depois. Não vou entrar em detalhes, convido os especialistas para mostrar isso. Mas adianto que o sistema era uma caixa-forte.

Essa estória-história ainda segue dando frutos medonhos. Dois mandatos de uma socialista moderada, ex-presa política, foram insuficientes para sequer arranhar essa desgraça. E a direita-direita agora voltou ao governo, disposta a manter e aprofundar o estrago.

É tua a "estória" contada...

Bom, antes que fiquemos confusos, estou falando do Chile. Em outro país da América Latina, bem maior, também houve um golpe. Não com fardas, mas com trajes civis. Um bando de assaltantes, pagos para matar, bem pagos, aliás – deputados, senadores, juízes, promotores, donos da mídia. Devem ter seus *private bankings* para zelar por suas malas.

Não se trata de derrubar um governo, apenas, com a desculpa mais esfarrapada possível. Os golpistas se dividem sobre algumas coisas, mas numa concordam: o essencial são as "reformas", isto é, a criação de um novo mundo de exploração, ainda mais selvagem. Reforma trabalhista, previdenciária, liquidação de empresas públicas, privatização de serviços de saúde e educação, abertura de negócios para investidores estrangeiros, a agenda é longa, nem vou continuar.

Mas ainda isso é parcial. É preciso vacinar as reformas contra tentativas futuras de mudanças. Não basta uma lei de teto no orçamento, para vinte anos. É preciso garantir que o sistema político seja impermeável a tentativas de reverter tudo isso. É preciso ter um sistema eleitoral que garanta que os postos-chave fiquem sob controle dos homens de bem, isto é, os homens de bens e seus asseclas.

O Chile foi um laboratório a céu aberto das reformas neoliberais, quarenta anos atrás. Uma engenharia da exploração se criou a partir dele.

Os engenheiros do apocalipse estão em marcha.

AS TRANSIÇÕES POLÍTICAS E O PAPEL ENTORPECENTE DO MEDO

24 DE AGOSTO DE 2017

A transição transada na Espanha gerou a democracia do chamado pós-franquismo. E tem várias coisas a ensinar para outros países "transitantes". Já mencionei isso, num livrinho antigo, de 1982.[1] Convido os interessados a visitar o site.

Mas vale a pena comentar alguns desses aspectos da transição, que foram recordados ano passado, em evento na sala Mirador, Madrid, com a presença do cientista político Juan Carlos Monedero (um dos fundadores do novo partido, Podemos) e do jornalista e escritor Gregorio Morán.

Morán sublinhou um elemento fundamental para que a transição "desse certo". Foi o medo. Houve transição transada e não houve ruptura democrática porque havia o medo. O medo intimida, cega, entorpece.

Junto com a agonia de Franco, em 1975, era o próprio franquismo que dava seus últimos suspiros – ou, quem sabe, preparava

---
1. Disponível em: <www.reginaldomoraes.wordpress.com>. Acesso em: 18 mar. 2020.

um outro modo de sobrevida. O homem que o franquismo escalou para a transição se chamava Adolfo Suarez. E se chamava Adolfo por conta das convicções "germanistas" de seu pai. Mas o Adolfo ibérico podia ser tudo, menos um estúpido. Certa vez ele comentou que, nas negociações com a oposição democrática e com a esquerda, aumentara o tamanho do monstro direitista para arrancar concessões. Não era tão difícil, digamos. A esquerda estava predisposta a acordos. E o monstro parecia grande porque era grande e antigo.

Quando nos lembramos do contexto em que Franco morreu, podemos nos lembrar de uma Espanha rebelde, é certo, mas também devemos nos lembrar que o edifício em que o cadáver de Franco era homenageado – o Palácio de Oriente – tinha filas quilométricas de admiradores e fiéis. Durante anos, mesmo depois da transição, a moeda espanhola tinha duas caras, não tinha coroa: em um dos lados, a figura de Franco; no outro, a do rei Juan Carlos. Em 1981, o Guernica, de Picasso, voltou para Madrid. Diziam os espanhóis que aquele era o retorno do último exilado. Pois o quadro foi exposto em um prédio anexo ao Museu do Exército. Difícil saber de quem era a ironia, mas era um retrato da Espanha de duas coroas.

Dizia-se, na época, que a violência das ruas não era tão grande quanto a esquerda esperava ou a direita temia. E o fantasma dos "homi" era ainda bem visível. Alguns analistas debitam a esse fator a aceitação de alguns dos famosos "pactos" reconhecidamente desfavoráveis para "os debaixo".

A esquerda – inclusive o formidável sindicato Comisiones Obreras – foi levada a desmobilizar o que quer que fosse, contanto que lhe prometessem o que quer que fosse. E aceitar o que quer que fosse, contanto que desmobilizasse o que quer que fosse. Assim, postas as condições, o resto andou sozinho.

Meios de comunicação, círculos intelectuais, oposição política e sindical – todos dançaram essa música, orquestrada pelo medo.

Em fevereiro de 1981 ocorreu uma tentativa caricata de golpe, com a invasão do congresso por militares ensandecidos, mas sem base nos quartéis. Em janeiro de 1982, durante o julgamento, os golpistas se insurgiram e exigiram do juiz que expulsasse da sala um jornalista, do qual "não gostavam". Sintomático é que o juiz aceitou a demanda.

Para o bem e para o mal, como dizia um personagem de Sartre, a memória é curta quando a vida é longa. O tempo passou e se sucederam gerações para as quais o franquismo é um capítulo da história de livros escolares, não uma experiência vivida ou pesadelo reiterado. Claro, há outros medos, mas aquele se diluiu.

O desafio da oposição política – ou do que dela restou – é superar esse medo, mas manter a memória. Lá, como cá, as jovens gerações precisam de algum *recuerdo* que lhes propiciem as comissões da verdade, para se precaver contra os fantasmas do passado, que nem sempre são apenas fantasmas. Mas, sobretudo, para ter a ousadia que as circunstâncias roubaram à nossa geração. Se essas duas coisas se combinarem, temos um belo futuro pela frente. Caso contrário, teremos apenas o título das memórias de Vitório Gassman: Um grande passado diante de nós.[2] Um passado de medo e submissão.

---

2. GASMANN, Vitório. *Un grande avvenire dietro le Spalle*. Milão: Longanesi, 1981.

A TRAGÉDIA DO REITOR E A DE TODOS NÓS

16 DE OUTUBRO DE 2017

Em meados de 2013, um ano antes do deslanche da Lava Jato, o assim chamado juiz Moro julgou outro processo, ou melhor, um outro evento político mal-travestido de judicial, a operação Agro-Fantasma. Sob alegação de irregularidades no Programa de Aquisição Alimentar, um grande número de agricultores familiares foram presos. Mas foram declarados inocentes agora, em 2017. Fez-se a justiça, dirão alguns. Será? Afinal, com esses 4 anos de martírio, o processo mambembe destruiu a vida deles e sabotou o próprio programa.

É um padrão, não é um caso isolado. As ações do sr. Moro não são feitas para durar – elas são como o amor do Vinícius, infinitas enquanto duram. Ou seja, são feitas para destruir algo. Se depois isso é revisto pela justiça, tanto faz, o estrago programado já foi feito.

Nada de novo, porque é esse, rigorosamente, o modo operante da Lava Jato. Para destruir o inimigo político vale tudo: prender até obter a "delação adequada", divulgar informação falsa ou vazar seletivamente para manchar reputações e provocar julgamentos midiáticos imediatos, o que for necessário para abater o inimigo e prestar contas aos mandantes.

A tragédia do reitor da Universidade Federal de Santa Catarina parece ser mais um desses episódios. Todos sabem o que ocorreu. Tosco, brutal, chocante. Uma delegada midiática e deslumbrada, deslocada da Lava Jato para chefiar outra operação, pede a uma juíza a prisão do reitor e professores, sob alegação, genérica e vaga, de que eles poderiam (sim, poderiam!) obstruir a justiça. Sempre se encontra um juiz que decida com base em vontades dessa natureza. Os professores foram presos – mesmo antes de qualquer diligência, antes de ouvi-los etc. A operação da delegada tem o nome engraçadinho (mais um) de "Ouvidos Moucos". O que diremos dos ouvidos dela?

O reitor e os demais professores não foram apenas detidos ou chamados a alguma "condução coercitiva". Bem mais do que isso, houve algo bem mais grave. Com base nessa vaga alusão, eles foram conduzidos ao xadrez, despidos e humilhados. No dia seguinte, uma juíza releu o processo e mandou soltá-los, pela simples razão de que não havia nenhum motivo comprovado para ter feito a prisão. A prisão sequer deveria ter ocorrido. Não importa, a prisão já tinha provocado o efeito que a delegada parecia desejar: jogara na mídia e na lama os detidos, independentemente de qualquer prova ou mesmo indício.

Requintes de falsidade – da delegada e da mídia, aparentemente. Falou-se em um desvio de "até 80 milhões" ou algo assim. Depois se noticia, com menos alarde, que esse era aproximadamente o valor total do programa supostamente fraudado. Um orçamento de uns dez anos! A diferença encontrada na contabilidade (desvio?) foi algo como 0,5% disso. É isso??? Bom, então estamos falando de uns 40 mil reais por ano – menos do que o salário mensal (acima do teto legal) que recebe o famoso juizinho de Curitiba. Fico me perguntando em qual obra pública ou privada (ou até numa simples administração de condomínio) um percentual desses não aparece? Fácil.

Todos esses episódios, muita gente já viu, compõem um quadro muito mais grave. Um policialismo não apenas "moralista" ou "rigorista". Uma atribuição de poderes absolutos e absolutamente injustificados a gente que não demonstra o menor equilíbrio para julgar sequer seus filhos adolescentes. Delegados, procuradores, juízes, um sem número de agentes públicos que passam por cima de qualquer lei ou mesmo qualquer regra de bom senso quando lhes dá na telha.

Pouco importa que nada disso se sustente do ponto de vista legal e que, lá pelas calendas gregas, isto desabe como um castelo de cartas. Nem processo se constitua, tantos os vícios. Pouco importa, porque no prazo imediato os efeitos já se fizeram sentir. E no longo prazo, diz a frase célebre de Keynes, no longo prazo estamos mortos. Neste caso, a frase soa macabra. Porque o longo prazo chegou de imediato, num *shopping center*.

O mínimo que deveria ocorrer, em tais circunstâncias, é um inquérito sobre delegada, juízes, procuradores que promoveram esse circo. Mas... quem fará tal coisa? E quem irá cobrar, dessa imprensa marrom, a destruição que já fez e que faz todo dia?

Não, não é um problema legal, não se resolverá em tribunais, nem em qualquer "conselho" que "supervisione" o Judiciário. Ou de um "puxador de orelhas" para a polícia federal, que aliás, quer ser "independente", sem responder a superiores! Um poder soberano dentro do Estado.

Não nos iludamos, esse não é um confronto judicial, é um confronto político. E se resolve na política, o espaço em que se combinam a persuasão e a força, necessariamente as duas. Como se pode cortar as asas desses torturadores de novo tipo, esse Doi-Codi da "democracia"? Uma outra "redemocratização" é necessária, porque a anterior, transada e regateada, deu no que deu, uma tutela que muda de farda, mas segue ativa.

ESTADO POLICIAL, PORTA DE ENTRADA DO INFERNO

07 DE DEZEMBRO 2017

Algo de muito grave ocorre no Brasil. Não falo apenas – apenas? – de tremendos retrocessos sociais, regressão econômica ou cultural. Se isso não fosse suficiente para nos alarmar, a desagregação das instituições de Estado avança rapidamente – ameaçando a existência daquilo que se chama de nação.

Faz cem anos, o liberal Max Weber definia o Estado a partir do monopólio da coerção legítima. De outro lado do muro, o revolucionário Lenin dizia que o Estado era, em suma, uma rede de tribunais, prisões, polícia. Os dois tinham diante de si, para teorizar, o Estado da época – não muito mais do que repressão organizada, monopólio da lei, da ordem e da defesa. Pouco mais do que espada.

O Estado mudou ao longo do século XX, mas as "forças da ordem" seguem sendo sua espinha vertebral. Até mesmo as políticas sociais e regulatórias podem ser vistas, tantas vezes, como uma forma enviesada de vigiar e punir.

Pois é essa espinha vertebral que parece, agora e aqui, atingida por uma doença letal. Faz algum tempo, promotores, juízes e delegados ensaiam movimentos que colocam em dúvida sua identidade. Delegados que dirigem investigações de impacto e ao mesmo tempo se permitem agitação eleitoral explícita. Bem, talvez se pudesse atribuir o descuido à polarização eleitoral. Acontece. Só que não. Um outro se põe na berlinda escandalizando o país (e o mundo) com a afirmação singela de que a carne industrializada continha veneno – vitamina C. O nome da operação – Carne Fraca – transformou-se no seu objetivo não deliberado. Até hoje a carne brasileira é vista com suspeição no mercado internacional. O delegado trapalhão foi posto na geladeira. Seus modos, porém, seguem procriando.

Mais recentemente, uma delegada visivelmente desequilibrada e ansiosa por demonstração de poder, manipula informações e induz uma juíza, essa também visivelmente apressada, a promover um espalhafato grotesco e de trágicas consequências, com o suicídio de um reitor de universidade acossado por uma matilha de cães.

Passa algum tempo e a cena se repete, também com espalhafato e requintes de truculência, se assim podemos dizer. A Universidade Federal de Minas Gerais é exibida, em operação tosca, como antro de perversões, poucos dias depois de ali se ter realizado um protesto contra a pantomima de Florianópolis.

Mas seria fastidioso listar e descrever as manifestações da praga. Como o estrelismo de um juiz que se faz fotografar portando fuzil e com pose de justiceiro, filme B de uma hollywood suburbana.

Mas estas cenas, por enquanto, parecem ocorrer em círculos até mesmo favorecidos da escala social. A cena seguinte, igualmente desmoralizante, ocorre em outro quadrante. Ouço no bar a notícia de que o chefe do tráfico da Rocinha fora preso por uma ação combinada das polícias Civil, Militar e Federal, da Guarda Nacional e das Forças Armadas. Só faltou a guarda suíça do Vaticano. Surpreendente que alguém ache que o tráfico seja mesmo comandado por alguém como ele, num barraco do morro. E mais surpreendente que seja necessária essa conjunção de estrelas para capturá-lo. Seria mais razoável verificar a movimentação de algumas contas bancárias. Porém chego em casa e me espanto ainda mais com as imagens do pós-combate. Policiais se fazendo fotografar ao lado da estrela presa. Uma polícia feminina faz uma *selfie* com o astro capturado. Lembro-me da letra do funk: "Ela não anda, ela desfila, tira foto para botar no facebook". É a isso que se reduz o braço da lei?

Nos andares inferiores da sociedade, aqueles com os quais em geral menos nos incomodamos, já é usual ver esse comportamento. Pouca gente se incomoda – muita gente aprova – que a polícia invada barracos aos pontapés, sem mandado e tantas vezes sem outro motivo senão demonstrar a própria força. Pode demonstrar a força, mas desmancha a autoridade. Deixa de ser vista como a ordem legitimada e passa a ser igualada aos seus adversários (aparentes?), os criminosos.

Quando indivíduos e mesmo frações organizadas dentro das corporações de segurança assim se comportam, eles não erguem a imagem dessas corporações. Eles a rebaixam. O resultado dessa escalada é a desintegração das instituições da ordem – espinha dorsal do Estado. A quem interessa que um Estado se desmanche e uma nação se desfaça? Quem aproveita? – perguntam os advogados quando diante de um crime sem culpado à vista.

Os personagens desses atos estapafúrdios podem ser movidos pela sua imaturidade, pela sua ambição desmedida, apenas isso. Ou não. De qualquer modo, com esses atos não promovem a lei. Eles a lançam na sarjeta e no pântano. E ali, ela é disputada pelos crocodilos. Crocodilos que falam – ou não – o idioma nacional. São eles que espreitam, sombrios, salivando para abocanhar o que sobra da operação de desmanche.

A reversão desse processo exige bem mais do que agentes salvadores – fardados ou não. Um "resgate" dessa natureza seria aprofundar o mal. O quadro exige um reencontro da nação consigo mesma – reorganizando o pacto de convivência em condições mais justas e equilibradas, menos vulnerável ao desespero e à incerteza. Um pacto tutelado foi constituído sob o medo da chamada transição política. Esse ciclo revela seu limite.

É preciso um esforço de cidadania, se não quisermos voltar à condição de colônia ou ao estatuto de terra de ninguém e, portanto, alvo de todos os abutres do mundo. Na história contemporânea processos como esses costumam ser chamados de Assembleias Constituintes. O Brasil foi descoberto há pouco mais de 500 anos. Precisa ser refundado. Não por acaso, nem por vontade de um rei. Por uma decisão soberana, do único soberano aceitável em uma democracia.

MENOS DEMOCRACIA
PARA SALVAR A DEMOCRACIA

22 DE DEZEMBRO DE 2017

Li apenas agora um artigo que Peter Orszag publicou em 2011.[1] Mas, descontadas as referências factuais, não faria diferença. Poderia ter lido aquilo nos anos 1940, como uma das sabedorias difundidas pela Sociedade Mont-Pelérin, ou nos anos 1970, pelos sulistas ultraconservadores como James Buchanan e George Tuloch, a escola da Public Choice de Virgínia. Todos escreveram coisas semelhantes, requentadas. Bom, poderia ter lido coisa bem parecida, também, nos liberais antissufrágio do século XIX. Vem de longe o sonho de blindar as decisões políticas – rotuladas convenientemente de "administrativas" – frente ao furor reformista da plebe, indevidamente "armada" do voto.

O bom do texto de Orszag é que a franqueza transborda e a biografia do autor sugere as razões. Salvo engano, na ocasião do artigo ele acabara de deixar o cargo de diretor do Escritório de Gestão e Orçamento do governo Obama. Mas a sua identidade real – aquela que faz mais diferença – está no rodapé do artigo: *vice chairman* (vice-

---

1. Quem quiser apreciar a prosa de Orszag: "Too much of a good thing – why we need less democracy", in: *The New Republic*, September 14, 2011. Disponível em: <https://newrepublic.com/article/94940/peter-orszag-democracy>. Acesso em: 15 mar. 2020.

-presidente) do Citigroup. E o primeiro diretor do Hamilton Project, o *think tank* da nova direita do partido Democrata, financiada pela Goldman Sachs. Enfim, mais um dos tantos sábios de Wall Street com os quais Obama povoava a Casa Branca, talvez substituindo as estagiárias de Clinton.

No livro *Wall Street Capitalism – the theory of the Bondholding Class* (*World Scientific, 2000*),[2] o professor Ray Canterbery recupera um comentário certeiro de Alan Sloan, editor da *Newsweek* (1998):

> Hoje em dia, os mercados não olham para o presidente, mas para Greenspan [presidente do Conselho do Federal Reserve], para o Secretário do Tesouro, Robert Rubin, e para o número dois de Rubin, Larry Summers [que sucederia a Rubin]. [...] Se Greenspan, Rubin e Summers deixassem os cargos ao mesmo tempo, isso, sim, os mercados considerariam uma verdadeira crise de Estado.

Não sei por que, fiquei com uma estranha sensação de *déjà-vu* em 2016.

Canterbery explora o mundo desses super-astros e lá pelo fim do livro comenta a moral da fábula:

> Terminamos como começamos. Wall Street sabia que o *impeachment* e o julgamento de Clinton não prejudicariam os mercados financeiros. Apesar de tudo que a Casa Branca fizera por Wall Street, o que mais WS apreciava era aquilo que a *Time*, uma revista cada vez mais conservadora, chamava de 'O Comitê para Salvar o Mundo'. A *Time* tinha três 'mercadistas' na sua capa (14/2/1999) – Alan Greenspan, em primeiro plano e parecendo tão arrogante quanto estava na primeira vez que Clinton fez o discurso sobre o State of Union, o então secretário do Tesouro, Robert Rubin, sorrindo acima do ombro de Greenspan, e Lawrence Summers, o sucessor cuidadosamente

---

2. CANTERBERY, Ray. *Wall Street capitalism – the theory of the bondholding class*. River Edge, N.J.: World Scientific Publishing Co., 2000.

preparado de Rubin, aparentando seriedade, sobre o ombro esquerdo. Para aquele momento histórico, era o insulto final de Wall Street.

Essa prévia me parece adequada para enquadrar o artigo do *chairman* do City. Talvez para acentuar ainda uma vez suas raízes, além daquelas referências aos liberais antivoto.

O artigo de Orszag atualiza essa visão conservadora, aplicando-a a um tópico do momento, o cerco do governo Obama pelos republicanos, embargando a votação do orçamento e condenando a administração a uma situação peculiarmente constrangedora.

Pois bem, o sr. Orszag, como disse, comandara o escritório do orçamento e o episódio deve tê-lo animado a expor suas taras no artigo. Mas elas certamente estavam guardadas no seu mais íntimo depósito de desejos. Coisas como essas não se improvisam nem surgem de um rompante. O tema deveria ser o tema permanente e predileto do *happy hour* com os colegas de Wall Street.

As ideias desse príncipe são claras como a neve. E têm a mesma solidez e consistência.

O nervo do artigo é o diagnóstico que traça dos males da república americana, ou da sua "(in)governabilidade": a polarização política, maior do que nunca e dificilmente corrigível. Isto, diz ele, impede o governo federal do "trabalho básico, necessário, de governar".

Daí vem a sua solução, dita com voz embargada, uma vez que reconhece seus "riscos". Qual é essa receita milagrosa, ainda que arriscada? Um governo meio robótico (regulado por políticas automáticas, como válvulas de contenção) e "comissões despolitizadas para tomar certas decisões políticas". Despolitizadas para tomar decisões políticas. Ok, acho que entendemos. Ou não.

O risco, diz ele, é que isso mancharia as instituições políticas do país, tornando-as "um pouco menos democráticas".

Quais as questões que devemos proteger das pragas da modernidade, isto é, do voto e do confronto político? Coisas tão "automáticas", como a política fiscal, a tributária, a política de infraestrutura. Felizmente a lista para por aí, porque prometia ir longe...

O *chairman* do City lembra uma velha sugestão do economista de Harvard, Alan Blinder, nos anos 1990: colocar a política tributária sob o comando de *experts* como os dirigentes do Sistema de Reserva Federal dos Estados Unidos (FED). Aliás, Blinder também fora um dos vice-governadores do FED e membro do Conselho de Assessores Econômicos de Clinton. Ninguém neste cenário é apenas "um economista". Eu disse que Orszag interrompera a lista das políticas a blindar. Mas não é bem assim. Lá pelas tantas vem outra pedrada: a política de saúde seria comandada por um painel de médicos especialistas.

Ora, à primeira vista, quem tem algo contra comissões de especialistas? Bem, o risco, diz Orszag, é que seria bem mais do que isso. Tais comissões "reduzem o poder de funcionários eleitos e, portanto, tornam nosso governo um pouco menos controlável pelos eleitores".

Bom, argumenta ele, não toleramos coisa similar a essa com os nove deuses da Suprema Corte, que fazem gato e sapato da lei e ninguém lhes cobra coisa alguma, nem mesmo o respeito às intimidades de companheiras de trabalho? Por que não um clube de minicortes especializadas?

Afinal, diz ele, "poderíamos ser uma democracia mais saudável se fôssemos uma democracia um pouquinho menos democrática".

Enfim, tudo resolvido. Só falta definir quem seleciona os juízes supremos que comporão cada uma dessas comissões de *experts*. Mas, de fato, isso não é problema para ele. Orszag está chovendo no molhado e tornando mais claro algo que Wall Street já faz sem trepidações, como indicou o professor Canterbery. Ninguém vai prestar muita atenção em Obama – a não ser pela sua reconhecida habilidade de entreter o público. O essencial está em Greenspan, Robert Rubin, Lawrence Summers e seus parceiros de orquestra. Enquanto Obama requebra para distrair o auditório, os Greenspans batem as carteiras.

TRANSIÇÕES TRANSADAS E RETORNO DO QUE NUNCA SE FOI. O EXEMPLO ESPANHOL

16 DE ABRIL DE 2019

Em fevereiro de 1982 eu estava em Madrid e colhia informações e depoimentos para um livrinho-reportagem[1] sobre a transição espanhola – isto é, o processo por meio do qual aquele país saía de uma ditadura policial-militar e entrava numa monarquia parlamentar, em que a chefia do governo é escolhida a partir do sufrágio universal e do "balanço" entre os partidos. Não era apenas um inverno que esfriava a cidade. Era fácil de sentir no ar como o medo volta às almas quando as suas razões profundas seguem vivendo nos subterrâneos da rotina, em seus símbolos aparentes, nos nomes das ruas e praças, naquilo que se abafa ao invés de lembrar e, sim, eliminar pela lembrança. O falso esquecimento é algo que aparentemente ajuda a "virar a página" da história – apenas para deixar que o vento, mais tarde, a revire. O retorno do reprimido.

O evento que operou como gatilho para esse retorno do não resolvido foi um julgamento. O julgamento do chamado 23-F, a ten-

---

1. Disponível em: <reginaldomoraes.files.wordpress.com/2011/06/escritos_espanha.pdf>. Acesso em: 15 mar. 2020.

tativa de golpe militar operado por oficiais do exército e da polícia saudosos do franquismo. Exatamente um ano antes, os fardados e armados haviam invadido o parlamento com pompa e circunstância. Deram tiros ao alto, fizeram um escarcéu. Horas depois foram dominados pela segurança, quando já estava claro que os quartéis não seguiriam sua convocatória.

Assim como a tentativa de golpe, o julgamento tinha seus mistérios. Os golpistas se insurgiram e tiveram o topete de "exigir" do juiz que expulsasse da sala um jornalista, do qual "não gostavam". Sintomático é que o juiz aceitou a demanda. Juízes, pensei. Alguns talvez quisessem apenas "fazer correr o processo". Outros, quem sabe, simpatizassem com os milicos e também tivessem saudade do "*caudillo de España por la gracia de Diós*". Sabe-se lá. Deus tem seus segredos, os juízes, também. Porém, mesmo de parte da mídia os protestos me pareceram tênues.

Daí, botei a mão no bolso para pagar o bilhete do metrô e me dei conta de que sempre olhara para algo estranho sem reconhecer a estranheza. As moedas espanholas ainda estavam, elas também, em transição. Havia aquelas em que a "cara" tinha a imagem do rei D. Juan, a criatura. Circulavam lado a lado com as que exibiam o perfil de Franco, o criador e eterno fantasma. Uma espécie de retrato atualizado das duas Espanhas do fantástico poeta Antonio Machado. Ainda guardo estas moedas.

Foram-se formando na minha mente outras percepções do antes natural, agora estranho. Naquela semana eu tinha ido à exposição de *Guernica*, o famoso quadro de Picasso que, finalmente, voltava à Espanha. Esse registro da violência fascista retornava, agora, como um símbolo da "redemocratização"? Sim, mas, sintomaticamente, o quadro não estava exposto no famoso Museu do Prado. Estava exposto em um espaço menor ali perto... o Museu do Exército. Nada mais ambíguo. Só faltava ser o Museu da Aeronáutica.

Lembro-me de outro clarão revelador, daquela viagem. Numa

livraria, um livro anunciava o milagre. O título era algo assim: ... *Y al tercer año, resucitó*. Em 2014 se publicou um *Ele está de volta* que virou filme, o retorno de Hitler. Em 2018 se fez um *remake* com a figura de Mussolini – *Eu estou de volta*. Mas Franco foi o ensaio geral da praga. Assim como os bombardeiros fascistas na guerra civil espanhola eram o ensaio geral do novo formato de guerra, plenamente desenvolvido poucos anos depois.

A ambiguidade da moeda de duas caras durou até a adoção do euro. Ou seja, apenas a plena integração na Europa cumpriu o papel de "aposentar" Franco, cadáver adiado que seguia procriando, para imitar a frase de Fernando Pessoa. Aliás, cadáver que agora se tenta exumar, retirando-o do mausoléu em que repousa como homenageado. Ainda há boa parte da Espanha que "comemora" a ditadura. E reza pelo seu retorno. Reza mesmo. As sacristias estão cheias de saudosos e conspiradores.

Hoje não sei se o apagamento dessa imagem de Franco, na moeda e nas almas, foi bom ou mau. E para quem teria sido bom. Por um lado, ia embora a imagem ameaçadora. Por outro, ela era um chamado a lembrar da ditadura – e não a esquecê-la. Faca de dois gumes.

Para as novas gerações, o franquismo é remota lembrança, talvez apenas um capítulo da história que estudam na escola. Não é mais experiência vivida. Desse ponto de vista, é esquecida.

Quanto temos que esquecer para seguir vivendo? Quanto lembrar, para que o passado não se repita? Como superar o medo mantendo a memória? Como manter alerta a mente para saber que fantasmas nem sempre se contentam em ser fantasmas?

Transições, mudanças "negociadas" têm esse dilema. Afinal, dia seguinte, os que vieram e os que se foram acabam cruzando na mesma rua, quem sabe no mesmo bar e nas mesmas igrejas.

E, fundamentalmente, os grandes homens de negócios, que

antes sustentavam o ditador fardado, estão hoje a homenagear os seus sucessores civis, eleitos em um novo regime. Continuam no posto de comando e no topo da cadeia alimentar.

A LIBERAÇÃO PARA O PORTE DE ARMA. A ARMA DO VOTO

16 DE MAIO DE 2019

O economista Angus Maddison era um grande caçador de tesouros. Sabia onde encontrá-los e o que fazer com eles. Compilava e organizava séries estatísticas, desenhava seu contexto, de modo que entendêssemos seu significado e suas implicações.

Adaptamos e traduzimos dois pequenos fragmentos desse trabalho. São relativamente simples, mas nada triviais.

Um deles retrata a transformação do poder público e de seu orçamento ao longo do tempo – o que se poderia chamar de aumento de relevância do gasto estatal. Tomei os dados da tabela de Maddison e mandei o *software* fazer o Gráfico 1, a seguir.

A outra informação está resumida no Quadro 1, a seguir – registra o ingresso das classes populares na constituição do Estado moderno. Por meio do voto.

Juntas, essas informações indicam um sentido da história dos últimos 150 anos, uma ilustração quantitativa daquilo que Polanyi chamava de grande transformação, isto é, do movimento duplo que constitui o capitalismo contemporâneo. Por um lado, está a força expansiva do "moinho satânico do mercado", a tentativa de "mercadorizar" tudo e todos. Por outro lado, a resistência da sociedade, para evitar que essa fome de lucros destrua a humanidade (e o próprio planeta). Essa combinação histórica, em outra linguagem, é o processo por meio do qual as forças de resistência do trabalho civilizaram o capital, enquadrando as relações de propriedade em regras disciplinadoras, a legislação que protege a força de trabalho, o meio ambiente, a ordem social, a saúde do mundo, enfim.

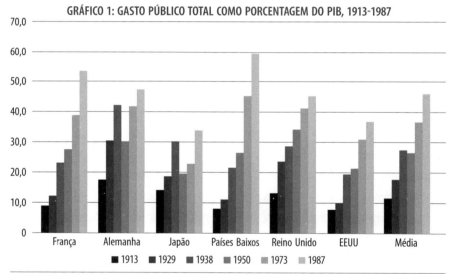

Com dados de Angus Maddison, *Histórias del desarrollo capitalista*: sus fuerzas dinâmicas, ed. Ariel, 1991, p. 62.

QUADRO 1: ELEITORADO COMO PERCENTUAL DAS PESSOAS ADULTAS (20 ANOS OU MAIS)

	1869-1873	1972-1975		1869-1873	1972-1975
Áustria	10,6	98.0	Noruega	8,5	99,4
Bélgica	3,7	94,3	Suécia	9,8	96,3
Dinamarca	25,8	98,5	Suíca	38,	83,5
Países Baixos	5,0	98,0	Reino Unido	14,9	104,0
França	42,0	87,5	Itália	3,5	99,4
Alemanha	33,0	98,8	Média	17.8	96.2

(Maddison, 1991, p. 62)

Ian Gough sugere tais implicações fazendo um simples paralelo entre o que era o *welfare state* inglês por volta de 1860 e o que ele tinha virado em 1970 (*The Political Economy of the Welfare State*, 1979). Seleciona quatro eixos de políticas públicas. O primeiro, as políticas de manutenção ou distribuição de renda, é praticamente nulo em 1860, resumindo-se a políticas de socorro à pobreza extrema. Em comparação, em 1970, o Estado era responsável por um grande conjunto de programas: amparo a idosos e inválidos, pensões e aposentadorias, auxílio-maternidade, seguro para acidentes de trabalho, seguro-desemprego, socorro a famílias em dificuldade e assim por diante. No segundo eixo, Saúde, o contraste era igualmente visível – do nada em 1860 a uma política de socorro médico gratuito e universal um século depois. No terceiro eixo, a educação, praticamente resumida ao repasse de poucas verbas do parlamento para escolas religiosas, passa a um amplo sistema de educação elementar (dez anos), abrangente e gratuito. No quarto eixo, Moradia, um novo mundo se erguera: já em 1970, praticamente um quarto das moradias era providenciada pelo governo, a preços subsidiados, e o setor privado tinha aluguéis controlados. Assim, o gasto público com o que se podia chamar de "políticas sociais" passava de 1,5% do PIB, em 1860, para 24% em 1970.

Com esse enquadramento e esses dados históricos podemos entender, em perspectiva, as razões que levavam os pensadores liberais do século XIX a combater o acesso ao sufrágio por parte das classes populares. Um combate, aliás, que se atualizou com os ultraliberais do século XX, como Frierich von Hayek e os pensadores da ultradireita americana, como James Buchanan, o *cowboy* neoliberal de Virgínia. Também eles se opunham ao voto dos trabalhadores. E por motivos muito semelhantes.[1]

---

1. Se quiser conhecer esses 'modernos', coloquei em livre acesso meu livro sobre essa corrente de pensamento. Disponível em: <https://reginaldomoraes.files.wordpress.com/2012/01/livro_neoliberalismo.pdf>. Acesso em: 15 mar. 2020.

No século XIX, os argumentos variavam um pouquinho. Alguns diziam que os proprietários tinham mais interesse na ordem política, uma vez que tinham investimento no país, eram sócios do país. Outros iam mais adiante, dizendo que os pobres, sendo maioria, mas preguiçosos, incapazes e irresponsáveis, utilizariam a arma do voto para saquear os ricos, impondo a estes últimos leis "injustas". São toneladas de ensaios, dizendo isso literalmente.

A tese da "rapina" desenvolve esse argumento: o direito de voto se transformaria numa arma de saque dos despossuídos contra os proprietários, daqueles que "não se deram bem" no mercado e pretendem recuperar terreno por meio da ação política do Estado, a "chantagem" política. Isto aparece de modo exemplar em um livro de William Lecky publicado no final do século XIX, mas é já frequente em Benjamin Constant, um ídolo do pensamento liberal clássico. Para este autor, aqueles que não são proprietários mas são titulares de direitos políticos seriam levados inevitavelmente a perseguir "objetivos predatórios e anárquicos" e, assim, a "demolir a sociedade", impondo taxas descabidas e irracionais aos proprietários, engendrando um "sistema de confisco velado".

Benjamin Constant preocupou-se em mostrar alguma diplomacia (não a que está em moda, claro). Por isso, apressou-se em enfeitar a ideia:

> Não quero cometer nenhuma injustiça contra a classe laboriosa [...]. Mas as pessoas que a indigência conserva numa eterna dependência e que condena a trabalhos diários não são nem mais esclarecidas do que as crianças, nem mais interessadas do que os estrangeiros numa prosperidade nacional da qual eles não conhecem os elementos e da qual só indiretamente partilham as vantagens.

Se tudo isso é verdade, porém, lamenta o autor, seria absurdo conferir direitos políticos a essas pessoas. O resultado seria desastroso: "servirão infalivelmente para invadir a propriedade. Elas marcharão por esse caminho irregular, em vez de seguirem a rota natural, o trabalho: seria para elas uma espécie de corrupção; e, para o Estado, uma desordem".

Aparentemente tinham certa razão. O voto teve algum papel nessa imposição de custos. O que levou outro liberal, já no meio do século XX, a chamar o voto e o imposto progressivo de confisco dos improdutivos sobre os produtivos. Era Hayek, o profeta neoliberal. Lá em 1975, os estudiosos da Comissão Trilateral, *think tank* dos ricos e poderosos do mundo, decretaram: o capitalismo não conseguirá sobreviver à demanda excessiva das massas votantes. A democracia atrapalha o capitalismo, ela deve ser limitada. Ou cortamos o direito de voto ou o transformamos em algo inoperante, colocando as políticas relevantes fora do controle dos eleitos. Essa arenga está assim, com todas as letras, em um livro organizado por Samuel Huntington (1975), *The crisis of democracy*.[2]

Aparentemente, os herdeiros desse liberalismo excludente estão conseguindo domar o maldito voto. De um modo ou de outro. "Regulando seus efeitos" por meio de fiscais da democracia mal comportada. Ou "regulando seus eleitos", isto é, reduzindo o poder dos "representantes do povo" – impondo cláusulas legais que os amarrem ou liberando instituições reguladoras (como o Banco Central) da nociva interferência dos votantes.

Assim, com o passar dos tempos, para barrar qualquer reforma social, a oligarquia dos "homens de bens" esteriliza o ambiente político e castra a democracia. O voto vira um ritual, um enfeite, algo como um entretenimento inofensivo. Como era de se esperar.

---

2. O texto integral pode ser encontrado disponível em: <https://archive.org/stream/TheCrisisOfDemocracy-TrilateralCommission-1975/crisis_of_democracy_djvu.txt>. Acesso em: 15 mar. 2020.

TRUMP E SEUS CLONES.
É PIOR DO QUE VOCÊ PENSA.
06 DE JUNHO DE 2019

    Conhecido por seus trabalhos de investigação, David Cay Johnston publicou recentemente um livro imperdível sobre Donald Trump.[1] O que segue não é exatamente uma resenha ou resumo. É muito mais a reordenação, bem simplificada, de alguns de seus argumentos – algo que seleciono por aquilo que penso ser mais interessante ao leitor brasileiro. Na maior parte do texto, abre-se mão de qualquer originalidade – é Johnston falando. Com a devida penitência por deformações por mim cometidas.

    Este exercício narrativo me parece ajudar a entender Trump um pouco mais. E, arrisco, talvez nos ajude também a enquadrar fenômenos similares. Para que percebamos que certas aberrações não são exclusivas de Rio das Pedras ou do Vale do Ribeira.

    No registro de Johnston podemos ver que Trump é mais do que a antiga orientação neoliberal do Partido Republicano, aquela que vem desde Reagan. Ou da obsessão reacionária e racista que já transbordava com Nixon. É até mais, bem mais, do que o neoconserva-

---

[1] Para quem quiser acesso ao livro, bem mais rico do que este artigo, aí vai a referência: JOHNSTON, David Cay. *It's even worse than you think* – what trump administration is doing to America. New York: ed. Simon & Schuster, 2018.

dorismo alucinado dos Bush. E é mais do que o Tea Party, até ontem tido como o limite da nova direita ianque. Em certa medida, tudo isso virou passado com a emergência do agente laranja enquistado na Casa Branca.

Estamos acostumados com a ideia de que os neoliberais e a nova direita estão empenhados em minguar o Estado em proveito de "soluções de mercado". Trump é mais do que isso, diz David. Ele não tem como programa produzir um "Estado mais enxuto". Não tem como alvo destruir ou enfraquecer as políticas de "rede social", o já minguado Estado de bem-estar norte-americano. Ele vai mais longe.

Pode-se dizer que Trump executa a fórmula definida por Steve Bannon: "descontruir o Estado administrativo". Alguns dos seguidores mais fanáticos de Donald dizem que ele trava luta mortal contra as armadilhas do *deep state*, aquilo que nossos correlatos locais chamariam de "o sistema". Aliás, poderíamos lembrar a frase reveladora de seu clone brega-Brasil: ele não veio para construir algo. Ele veio para dissolver, confundir, deixar tudo tão confuso e desarmado que apenas sua voz e suas ordens ecoem na mente das pessoas.

Por isso, como diz Johnston, Donald não fez nenhum esforço para colocar "bons quadros" na direção do governo federal. Aliás, até hoje sequer completou a nomeação dos chamados cargos de confiança, aqueles que a presidência indica livremente. Onde ele agiu, a estratégia foi esta: colocar formigas atravessando a estrutura do governo. Essa metáfora vem a calhar. As formigas comem o que há, roem os alicerces e, sutilmente, encurralam os eventuais críticos: assediam ou ameaçam cientistas, promovem o sigilo e a censura, escondem informações e registros públicos, até mesmo os destroem. Assim, o país vai se vendo sem sequer as informações básicas para julgar em que pé estão o meio ambiente, a segurança no trabalho, e assim por diante. Até o censo seria "enxugado" para dizer menos. Meus queridos, respirem, estou falando das iniciativas de Trump, não de suas imitações.

Se no meio deste drama conseguirmos manter algum humor, é possível reconhecer que, a seu modo, Trump reduziu pelo menos uma "desigualdade". Hoje, cidadãos com os parafusos no lugar já não sabem se os têm – estão no mesmo plano dos lunáticos.

As nomeações não realizadas, por desleixo visivelmente proposital, são chocantes: Trump nomeou apenas uns 400 dos quase 600 cargos cujos nomes precisa indicar para aprovação do Senado. No primeiro ano, indicou apenas 36 dos 188 embaixadores. No caso dos diplomatas, é costume dos presidentes nomear dois de carreira para cada indicação "política". Trump alterou isso: dois terços dos que indicou são políticos sem qualquer experiência diplomática.

E aquelas figuras que indicou para a gestão superior são as tais formigas desestruturantes. Uma ricaça fanática por escolas privadas para o Departamento de Educação – seu único programa de paixão é promover a escola privada, a gestão das escolas públicas por conselhos empresariais, a injeção de ensino e práticas religiosas. O secretário de Desenvolvimento Urbano e Administração é um cirurgião aposentado, sem experiência administrativa e com ideias excêntricas – segundo seu saber especializado, as pirâmides egípcias não eram túmulos de faraós, eram silos e armazéns. No Tesouro enfiou um banqueiro cujo maior feito era promover o despejo de proprietários de casas que não conseguiam pagar as hipotecas. Para a agência de proteção ambiental (EPA), nomeou um advogado que sonhava destruí-la.

Este é o assim chamado governo Trump. Mais próximo de um *reality show* excêntrico, tendo como diário oficial uma coleção de *twitters* igualmente excêntricos.

Muitos de nós já nos acostumamos como estamos a ver esses flagrantes da nova direita, como uma espécie de erupção global de ódio e medo, de reacionarismo nostálgico e impermeável ao argumento. Assim é – e essa energia vulcânica tem seu tempo para destruir e, eventualmente dissipar-se.

Mas as figuras que encarnam fisicamente essa onda mimetizam em grande parte a figura do líder americano. Perto dele, alguns dos reacionários do passado, como Bush, parecem pálidas lembranças do mal e da estupidez. Parecem até adultos normais. Donald tem as reações emocionais daquele adolescente problemático que papai mandou a uma academia militar, onde se "aprendia" a brutalidade do mundo macho.

Temperando o retrato muito pessoal, Johnston nos lembra que existe algo mais grave. Trump é conhecido por negar a realidade, por oferecer "fatos alternativos". O preocupante, porém, é que muitas pessoas – muitas mesmo – fecham os olhos para essa falta de sentido.

Afinal, Trump tem muitos seguidores. Afinal, esse suposto inimigo do sistema é um fruto legítimo da plutocracia norte-americana. Afinal, registra nosso cronista, ele não é uma doença da América, ele é mais um sintoma. O diagnóstico é, então, muito mais amargo: "O fato de milhões votarem em uma caricatura de artista, narcisista e destrambelhado, que passou toda sua vida enganando os outros e seguidamente estimulando seus seguidores a cometer crimes violentos contra seus críticos, tudo isso revela mais sobre a América do que sobre Trump".

Mais uma vez devo lembrar aos leitores – ou deslembrar – que estamos falando de Trump. Talvez os clones sejam ainda piores.

A ENGENHARIA DO CAOS – É ESSA A NOVA POLÍTICA?

13 DE JUNHO DE 2019

Acaba de sair um novo livro de Giuliano da Empoli,[1] escritor, consultor político e ex-candidato ao senado italiano pelo Partido Democrático (oriundo do Partido Democratico de la Sinistra, o sucessor social-democrata do Partido Comunista Italiano).

O livro é uma enorme provocação e o texto que escrevo, a seguir, aceita essa provocação. O leitor não espere ter aqui retratadas as ideias exatas de Empoli. Nem um resumo delas. Aceito a provocação, como disse, e radicalizo algumas formulações do ítalo-francês. Coloque na conta do Giuliano os acertos e o bom-senso, quando os identificar. Debite na minha conta os devaneios e delírios persecutórios, não poucos.

Para quem quer ver o original, aí vai a ficha: *Les ingénieurs du Chaos*, Giuliano da Empoli, ed. JCLattès, Paris, 2019.

A leitura de nosso prezado da Empoli me parece levar a uma impressão imediata: o presente carnaval da desrazão tem como bloco maior a emergência ou deslanche dos movimentos populistas da nova

---
1. Para quem quer ver o original: EMPOLI, Giuliano da. *Les ingénieurs du Chaos*. Paris: ed. JCLattès, 2019.

direita, uma direita extremista, raivosa, infensa à convivência com diferentes visões de mundo.

Esse turbilhão político tem duas raízes. Uma delas é a raiva ou ressentimento que toma certos meios populares. Um outro, as máquinas que oferecem carne a tal fome.

A primeira raiz pode ser chamada de "lado da demanda". Ou dos fatores objetivos. Diz respeito ao misterioso movimento do subsolo socioeconômico, aquele que gera multidões de vida precária, insegura, sempre à beira da insolvência e do desespero. Multidões disponíveis para comprar soluções políticas aparentemente simples e eficazes, mas, de fato, enganosas e suicidas.

A segunda raiz é o "lado oferta". As máquinas partidárias ou parapartidárias (midiáticas, por exemplo) que geram e administram tais soluções.

De fato, essa separação talvez tenha algo de enganoso. Porque a insegurança sugerida na "raiz um" não precisa ser, exata e completamente, uma insegurança real e sentida na pele. O relevante é que seja uma percebida ou pressentida. Daí a relevância das máquinas de infoentretenimento e religião, por exemplo, para produzir o ambiente fértil.

Essa é a impressão que me ficou da tentativa de Empoli. Talvez contra a intenção do autor, os "engenheiros do caos" aparecem não apenas como os ofertadores da solução, mas, também e talvez principalmente, como os criadores ou organizadores da cena em que os personagens e seus sentimentos ganham sentido.

O livro tem alguns personagens centrais. Três profetas que, em certa medida, também flertam com o papel de messias. Não apenas anunciam a chegada da Boa Nova, eles pretendem também distribuí-la.

O primeiro e mais famoso é Steve Bannon, o guru de Donald Trump e pretenso papa da nova direita mundial, do novo movimento que se opõe à globalização, agora pela direita. Contrapondo-se ao Partido de Davos, Bannon sonha criar seu próprio Vaticano num mosteiro romano. A Internacional Populista teria ali sua escola de quadros.

Em seguida, temos Milo Yannopoulos, o blogueiro inglês que encarnou, como ninguém, o milagre de inverter a transgressão. Se um dia a esquerda aparecia como a contestação do "estabelecido", Yannopoulos conseguiu transformar o "politicamente correto" no alvo da nova contestação. "Careta", agora, é ser de esquerda. O direitista arrojado virou o novo rebelde, com direito a jaqueta de James Dean.

O terceiro é Arthur Finkelstein, homossexual judeu de Nova York que, apesar dessas credenciais, conseguiu virar conselheiro-mor do ultrarreacionário húngaro Viktor Orban, o paladino da família, da tradição e da cristandade.

Aparentemente, a lógica desses "engenheiros" (e de suas criaturas políticas) é aquela dos algoritmos que animam as redes sociais. Eles não buscam aplainar diferenças e produzir consensos, acordos. Eles buscam a polarização. Eles exploram a cólera de cada um, sem se preocupar com a coerência do todo. Assim, denunciar que eles "não dizem coisa com coisa", que se contradizem, é algo que não os atinge.

OS PROFETAS E SEUS DISCÍPULOS EXECUTIVOS

Platão sonhava com o rei-filósofo. Ele era filósofo, mas não via lá grande chance de virar rei em sua Atenas. O seu *second best*, aparentemente, foi tomar carona na ditadura do discípulo Dionísio, em Siracusa. Como se sabe, não deu lá muito certo. Nossos filósofos-profetas também têm seus Dionísios. Orban, Trump ou Matteo Salvini, o "Capitão", para utilizar o apelido cunhado por Luca Morisi. Diz esse professor de filosofia de Verona que Salvini, hoje chefe de governo da Itália, é um campeão da comunicação polarizada. Ele não concilia, ele abraça o confronto. E é assim que envolve os seguidores, centraliza as atenções. "A continuidade do contato é a coisa mais importante", diz Morisi a respeito de seu Mussolini 2.0.

Salvini apareceu na capa de uma revista francesa, agora em maio de 2019, como "o homem forte da Europa". Se o chefe de governo da Itália de hoje é o homem forte da Europa, posso imaginar o bagaço em que está o velho continente. De qualquer modo, talvez Bannon, admirador de Matteo, tenha encontrado seu Dionísio. Ou seja, talvez ainda venha a se arrepender. Salvini ameaça bandear-se para a China (demônio de Bannon) e o papa norte-americano teve recentemente negada sua pretensão de instalar sua escola de quadros em um mosteiro perto de Roma. Será que teremos um novo Dionísio?

Pensando na dificuldade de manter unido o exército da nova direita, uma passagem do livro me chamou a atenção:

> Neste quadro, a importância da minoria intolerante é fundamental. Para que uma dúvida possa se espalhar no seio da maioria flexível, é necessário que o argumento radical obtenha uma certa massa crítica de apoios. Eis porque Trump e os outros populistas não podem se permitir renunciar a seus apoios mais extremados. São eles que constituem a pedra angular da mobilização em seu favor.

Os extremistas são, agora, o centro. Dão o tom da música. Mas há um problema, diz da Empoli.

O problema desse movimento talvez surja quando o pensamos como sistema. Porque ele é centrífugo – e instável. O problema dos coletivos humanos parece similar ao dos gases. É possível governar sociedades envolvidas em arranques centrífugos constantes e cada vez mais potentes?

A desagregação, o movimento centrífugo, não foi criado por esses engenheiros nem pelas suas criaturas políticas. Ela começou com uma dinâmica econômica mais antiga, de algumas décadas, com certa inovação tecnológica, a automação, a abertura dos mercados, a explosão das faixas de desigualdade, a precarização da vida material de massas humanas mundo afora.

No plano das informações, veio a desagregação das fontes mais ou menos unificadas, tradicionais e identificáveis das notícias. No plano da política não se podia esperar senão algo similar. A "terceira via" da "nova esquerda" *à la* Clinton ou Blair, o "conservadorismo compassivo" de Bush e Cameron, estratégias centrípetas, dão lugar a estratégias centrífugas, aquelas que galvanizam os extremismos para em seguida exacerbá-los. Até quando, sem explodir?

Pode ser que os aprendizes de feiticeiro que deslancharam o processo – Trump, Salvini, Bolsonaro – percam o jogo. Percam seu apoio e virem fumaça. Mas o estilo político que introduziram – feito de ameaças, insultos, alusões racistas, mentira deliberada, paranoia conspiratória – permaneça como o centro da "nova política".

A excitação cívica despertada por esse estilo pode não mais se acostumar com a moderação ou a tolerância. Talvez queira algo mais forte. Mais da mesma droga. Agora na veia.

'MANI PULITE'.
A TRAGÉDIA, A FARSA
E A RESSACA

04 DE JULHO DE 2019

Li agora em maio, na capa de uma revista francesa: Salvini, o homem forte da Europa. Matteo Salvini é o chefe de governo da Itália. Daí me perguntei como é que a Itália e a Europa haviam chegado a este ponto. Mas imediatamente me lembrei que em 1927 o estadista Churchill havia previsto o ascenso fascista como o caminho certo e belo para impedir o flagelo socialista. Será que Salvini, o Benito 2.0, reencarna a esperança conservadora?

Como isso se produziu? Um momento decisivo para o traçado desse caminho foi o começo dos anos 1990, com uma operação-limpeza capitaneada por policiais, promotores e juízes italianos: a operação Mãos Limpas (*Mani Pulite*, MP). Alguns dos agentes eram aparentemente bem intencionados, ainda que um pouco certos demais de suas convicções espirituais. Outros, porém, menos ambíguos, pareciam mais próximos dos prazeres da carne.

A operação foi antes de tudo uma tragédia – ainda que tenha trazido como resultado imediato um *pasticiacio* italiano, a era Berlusconi.

A operação teve lances cinematográficos. Um drama ao vivo e em cores. Com o espetáculo diário de vazamentos de informações escandalosas que faziam a alegria dos meios de comunicação. Ao todo, nos dois anos de operação, foram quase 5 mil prisões, mas apenas 1.300 condenações. Em compensação, 31 suicídios, entre 1992 e 1994. Vários deles com requintes de drama – eram inocentes que não suportavam a destruição de sua imagem e o desgaste psicológico. Alguns chamam essas ocorrências de "danos colaterais", civis atingidos em uma guerra.

A tragédia foi clara: reduziu um país de enorme tradição política à figura de uma feira de horrores. Farsa e ressaca não tardariam a revelar-se.

A operação, iniciada em 1992, prendeu muitos empresários e políticos, destruiu os partidos existentes. E terminou em 1994, com a vitória de uma nova coligação de direita, chefiada por um capitão da mídia, Berlusconi, que habilmente reagrupou com rapidez toda a Itália criminosa. No meio do processo, o país afundou como nunca, em todas as dimensões. Danos colaterais, não se faz omelete sem quebrar ovos (contanto que os ovos sejam os dos outros).

A operação também bateu outros recordes. Outros países europeus já haviam tido operações similares. A operação italiana custou quatro vezes mais... não se sabe exatamente por quais razões. Talvez porque tivesse que pagar alguma propina?

A Itália do pós-guerra havia sido reconstruída a duras penas. Um país esfarelado se transformara em potência industrial e laboratório de políticas de integração social. Nos anos 1960, a segunda geração da Democracia Cristã ensaiava uma ampliação dos acordos políticos e incorporava a aliança com o Partido Socialista, aceitando como regra a intervenção estatal e as políticas do Estado de bem-estar. Nos anos 1970, parecia iminente a extensão desse acordo em direção à esquerda. Enrico Berliguer liderava uma corrente renovadora, no mais heterodoxo partido do comunismo ortodoxo. E o "compromisso histórico", envolvendo Democracia Cristã (DC), Partido Socialista Italiano (PSI) e Partido Comunista Italiano (PCI), parecia cada vez mais trazer a Itália para o centro da política europeia, como exemplo de superação da Guerra Fria. Só que não. No meio do caminho tinha um Moro. Calma, era outro. Aldo Moro, líder renovador da DC, estava no meio do caminho, era uma pedra a ser removida, para responder aos interesses da oligarquia mais conservadora e, não esqueçamos, os interesses do império, aquele que vigiava do outro lado do Atlântico. Os manuscritos de Moro, divulgados depois de sua morte, revelavam esse conflito latente com a presença dos interesses americanos. Com a ajuda não contratada das Brigadas Vermelhas, a direita conseguiu produzir o trauma necessário à reversão de toda essa política. Moro, sequestrado, a direita fazendo corpo mole para libertá-lo, sabotando eventuais negociações... Moro morto, compromisso histórico enterrado.

Estava aberta a porta para o retrocesso, mas ele teve que esperar um pouco mais. Antes, era necessário "limpar" o espaço público, alterando o senso comum, removendo a convicção de que por meio da política se produz consensos e acordos. Difundir ideias privatizantes. Voltemos então ao começo da saga. O braço armado dessa ofensiva antipolítica – inicialmente modesta, despretensiosa – foi a tal operação MP. Um punhado de juízes, procuradores e policiais coloca na sua agenda a intenção de liberar as cidades de suas redes de corrupção. A operação, que foi inicialmente conhecida como Tangentópoli – junção de *polis* com *tangento* (propina), cresce e vai atingindo políticos cada vez mais poderosos da DC e do PSI. O PCI é atingido lateralmente, pelo envolvimento de militantes menos relevantes e, também, pelo fato de colaborar com os outros partidos, tolerando e aceitando, implicitamente, a rede de interesses escusos. A progressão dos fatos é logo capturada pela intervenção midiática – que era vista pelos agentes (juízes, promotores) como ferramenta essencial para deslegitimar a resistência dos poderosos interesses envolvidos. Só que a mídia, aparentemente, queria mais. E teve o que parecia pretender: a completa desmoralização da "partidocracia". Assim se espalharia a convicção de que o espaço da política era o da corrupção, o espaço da "sociedade" era o da pureza. Acordo, consenso passou a significar conluio, conspiração. Com um pouquinho mais de mídia, "sociedade" passava a ser "soluções de mercado", gestão, produção de todos os bens por meio de empresas privadas, supostamente mais eficientes, transparentes, imunes à corrupção. No início dos anos 1990 essa "renovação" das ideias coletivas se completava – um novo "saber convencional" tomava posse da alma dos italianos. Um novo senso comum, privatizante. Chegava ao topo do poder o homem que representava essa nova era – um empresário efusivo e, vejam só, dono de um império de mídia. Berlusconi aparecia como alguém que não era político profissional – e um gestor "sério", ainda que também ostentando seu lado de personagem de ópera de circo, um traço que iria se acentuar ao longo do tempo, até se tornar sua marca registrada.

  Berlusconi assombrou a Itália por vinte anos e, como subproduto de sua criatividade, foi trazendo para a nova cena atores um pouco similares, um pouco diferentes, em certos aspectos ainda mais radicais. Acomodou a já existente Lega Nord, campeã da rejeição de impostos, depois o Movimento Cinco Estrelas.

  O Cinco Estrelas é particularmente interessante. Um partido-antipartido, que apela a uma suposta "nova política". Construído a partir de uma empresa de comércio pela internet, especializada em interpretar e manusear os interesses dos consumidores, pode ser visto como uma espécie de *avant-premier* da Cambridge Analytica de Steve Bannon e seus amigos. Gianroberto Casaleggio, o dono da firma-partido, alçado à categoria de ventríloquo, descobre seu boneco falante, um Grillo, Bepe Grillo, comediante que passa a encarar a "negação de tudo o que está aí". Grillo é o centroavante da nova política. A Itália recria Gepeto e Pinochio.

Vale lembrar que já existira, no pós-guerra, um movimento algo similar, criado pelo jornalista e dramaturgo Guglielmo Giannini, que publicou seu *Uomo qualunque* em 1944. O Qualunquismo, uma derivação maior não inteiramente prevista pelo criador, virou uma espécie de rótulo para o cinismo, a atitude do "pouco me importa". Não é casual, portanto, que um livro recente sobre Grillo tenha este título: Un grillo qualunque (de Giuliano Santoro).[1]

Casaleggio e Grillo somaram a essa atitude absenteísta a ideia mais "moderna" da privatização das relações sociais, da ideia de que "tudo está à venda" e tudo pode ser vivido e organizado como um grande mercado. E assim se fez a Itália moderna, essa que agora vemos eleger Benito 2.0. Certamente voltaremos a este personagem mais adiante, nesta coluna, porque este drama (ou ópera bufa?) parece ter futuro. Aguardem os próximos episódios...

---

1. SANTORO, Giuliano. Un Grillo qualunque. *Il Movimento 5 Stelle e il populismo digitale nella crisi dei partiti italiani*. Roma: Castelvecchi, 2012.

DEUS, A FARDA E A FAMÍLIA – A GALERIA DOS HIPÓCRITAS

11 DE JULHO DE 2019

Glenn Greenwald ficou muito famoso desde junho deste ano de 2019. Todos sabemos a razão. Pouca gente o conhecia. Talvez ainda mal conheça, já que uma certa malta de psicopatas tenta construir uma "biografia paralela" do jornalista.

Para começar, antes de ser o repórter premiado e autor de numerosos livros de investigação, ele era advogado, com larga experiência em litígios. Não nasceu ontem.

Um de seus livros talvez tenha particular interesse para o leitor brasileiro, por conta das pimentas que fornece para que compreendamos a fauna que nos rodeia e, infelizmente, nos governa.[1]

A narrativa prima pelo foco e pelos detalhes, sobre os quais, evidentemente terei pouco espaço para falar. Localiza um paradoxo de lá deles, dos gringos, com evidentes analogias para nós, os tupiniquins. Afinal, grandes hipócritas existem lá como cá. Não poderia ser diferente numa terra em que militar expulso por baderna e indisciplina enche a boca para falar das virtudes da caserna. Mas o livro de Greenwald pega

---
1. O livro é este: GREENWALD, G. *Great American Hypocrites: Toppling the Big Myths of Republican Politics* New York: Crown Publishers, 2008.

no pé dos falsários do Partido Republicano do nosso Grande Irmão do Norte. Não porque não os haja entre aqueles do Partido Democrata, mas, sim, porque o PR, sobretudo nas últimas décadas, vestiu de modo espalhafatoso a fantasia do comportamento exemplar.

A síntese do livro-reportagem poderia ser esta:

> Nas últimas três décadas, a política americana tem sido impulsionada por uma anomalia bizarra. As pesquisas mostram continuamente que em quase todas as questões, os americanos preferem amplamente as políticas do Partido Democrata frente aquelas do Partido Republicano. Ainda assim, durante esse tempo, os republicanos ganharam a maioria das eleições. Este livro examina como e por que isso aconteceu.

A vantagem republicana depende de vários fatores, mas o livro destaca uma como primordial. Os picaretas republicanos forjam e difundem com incomparável habilidade uns mitos e imagens que os fazem parecer sempre seres superiores aos demais: corajosos, fortes, de ilibada moralidade familiar, honestos, empreendedores, gestores ímpares. Além de tudo, parecem gente "simples", patriotas e heróis de guerra, promotores da restrição fiscal e da defesa do indivíduo contra a ingerência governamental.

Os democratas, em contraposição, são sempre retratados como tipos afeminados, fracos, displicentes, imorais, esbanjadores. De vez em quando alguém escapava. Hillary Clinton, por exemplo, era pintada como a "macha" castradora, gelada e dominadora.

Não importa que juízo façamos de Hillary, é constrangedor que seja assim retratada por republicanos como o radialista Rush Limbaugh: "onde estão os homens de verdade do Partido Democrata? Hillary Clinton é um deles, mas onde estão os outros?".

O próprio Limbaugh é um impostor rematado, cuja vida não bate com a imagem. Entre outras tantas baixarias, basta lembrar o modo como se livrou do recrutamento militar, nas tantas vezes em que os americanos se envolveram invadindo outros países. Primeiro tentou inventar que era estudante de faculdade. "Deu ruim" – a junta militar ficou sabendo que ele havia abandonado a escola. Daí ele achou um atestado médico maroto, dizendo que ele tinha um quisto... no ânus. A junta abriu mão de verificar a existência do caroço incômodo. Dá para ver...

Essa é prática usual dos cínicos retratados. Pintam os adversários como anormais para fazer pose de durões exemplares. Quando você olha para a vida real... encontra casamentos e divórcios em série, aventuras variadas no quesito camas, enfim, vidas pouco tradicionais e pouco "cristãs". Isso vale para sacripantas de várias profissões. Radialistas como Limbaugh ou Bill O'Reilly, políticos profissionais como Ralph Giuliani e Newt Gingrich – figuras que mostram em seu currículo inegáveis aptidões para gerenciar prostíbulos, cassinos ou bancas do jogo de bicho.

Mas voltemos ao argumento do livro. Ele começa por um ícone dessa tribo. Nosso também muito conhecido John Wayne, o macho dos machos, reto dos retos.

Wayne do filme é um, na vida é outro, muito diferente. No filme, o *cowboy* macho, o herói de guerra, o patriota do pedaço.

Na vida real, o cara chegado ao copo de destilados fortes e que fez de tudo para escapar da convocação militar – ele preferia que outros morressem na guerra que ele convocava. Outros atores de sua geração foram para a guerra contra o nazismo – William Holden, James Stewart, Clark Gable, Tyrone Power, Henry Fonda.

James Stewart tinha 33 anos quando aconteceu Pearl Harbor, alistou-se e participou de nada menos que vinte missões de combate. Wayne alegou estar fora da idade (tinha 34). Depois disse que precisava cuidar de seus três filhos. Por fim, disse que prestava outros serviços – ganhava dinheiro fazendo filmes patrióticos. E encontrava tempo, claro, para pregar as virtudes da tradicional família americana e simultaneamente casar três vezes e rodar a baiana com muitas outras mulheres.

Repetindo a comparação. Clark Gable se alistou com 40. Henry Fonda tinha 37, três anos a mais que Wayne – e também tinha três filhos. Wayne, 32, tirou o corpo fora e animou os demais a entrar em combate. Em resumo, Wayne era, de fato, o retrato do herói de guerra dos republicanos. Mais ou menos o Rambo-Stalone de sua geração.

Mas teria imitadores no mundo da política. Como George W. Bush e Dick Cheney. Mas uma referência especial cabe ao antigo líder republicano na Câmara de Deputados, o cristão conservador Newt Gingrich. Cristão conservador – esse termo virou escracho e não é apenas aqui, no Brasil. Gingrich é um exemplo acabado de santo do pau oco. Fez todas a que tinha direito. Arrancou assinatura da primeira mulher nos documentos de divórcio quando ela estava saindo de uma cirurgia de câncer. Naquele momento, já estava em outra, já engatara uns três relacionamentos paralelos. E entrou em vários lençóis e bancos traseiros de automóveis. Ou elevadores. Onde fosse possível. O cara era um azougue, insaciável. O dramático é que mesmo assim pretendia se estabelecer como fiscal da braguilha alheia, inclusive a do Clinton, com cujo *impeachment* sonhava, por conta do *affair* Monica Levinsky. Deitou, rolou, caiu no ostracismo e... voltou como mordomo de outro paladino da família cristã, Donald Trump. Trump e Gingrich, tudo a ver. Tudo pela moral, pela família e pela civilização cristã-ocidental. Amém, Deus seja louvado.

Assim é a galeria de hipócritas que o talento de Glenn retrata, lá no hemisfério norte. Talvez o repórter não soubesse que encontraria uma fauna similar quando se mudasse para o Brasil. Aqui, também há pastores que juram Deus e a Família na TV e nos púlpitos ao mesmo tempo em que pintam o sete nas quebradas e nos motéis. Que organizam cofres milagrosos e bíblias que expelem dólares. Ah, sim, alguns deles também juram a família no microfone do Congresso. Há políticos que conclamam marchas contra a corrupção enquanto engordam contas na Suíça. E há ex-militares que exaltam o poder educativo da farda e da guerra, mas apenas para os filhos dos outros.

Talvez precisemos da edição de um *Great brazilian hypocrites*. Ou talvez tenhamos uma prévia nas famosas filtragens do Telegram, a nova novela das oito, só que muito mais apimentada.

DIREITA POPULISTA: ENTRE A REVOLTA DOS POBRES E A REVANCHE DOS RICOS

01 DE AGOSTO DE 2019

      Em 2016, os cidadãos do Reino Unido votaram em um referendo pela saída da União Europeia – o Brexit. O resultado da votação foi muitas vezes interpretado pela mídia como uma espécie de "revolta da classe trabalhadora" ou "vingança dos perdedores da globalização". Em outros termos, era o voto do lado de baixo da sociedade. Era o grito de revolta dos mais vulneráveis, dos mais afetados pela globalização, pelos "ajustes" neoliberais e pelo desmantelamento das políticas públicas de bem-estar social. Faz sentido, não?

      Quando Trump ganhou a presidência americana, essa interpretação, agora quase lenda, foi adaptada para explicar o fenômeno laranja. Dizia-se que o ricaço excêntrico tinha sido adotado como herói pela "classe trabalhadora branca", os trabalhadores de macacão no chamado "cinturão da ferrugem", a região que outrora fora o reino da indústria e hoje é povoada de cidades-fantasmas, decadentes, sem empregos e sem futuro.

      Temos aí umas verdades muito verdadeiras – os efeitos deletérios, trágicos, do capitalismo de nossos dias, dos quais se deduz algo plausível e até intuitivo –, o voto "de protesto" ou "ressentido". Até aí... parece bem, não?

Mas alguns estudos empíricos têm mostrado que há pontos cegos nessas interpretações. Por exemplo, numerosas pesquisas contestam ou relativizam fortemente a afirmação de que a vitória de Trump se baseia no voto massivo da "classe trabalhadora branca", outrora democrata.[1]

Mas antes mesmo dos dados empíricos, o problema começa, de fato, com os próprios conceitos empregados nas fórmulas explicativas. Por exemplo, a própria noção de privação, de prejuízo, é ambígua para caracterizar o povo envolvido nessas ações "rebeldes". Entre o fato da perda e a perda percebida, há uma distância que faz diferença.

Quando olhamos para essas ambiguidades, notamos o quanto são complexos os comportamentos humanos. As reações políticas (entre elas, o voto) estão longe de serem reflexos condicionados e unívocos de um mundo "dado", líquido e certo. Seres humanos não são exatamente ratos de laboratório, que respondem automaticamente e de modo uniforme aos estímulos do experimentador. Aliás, nem com esses ratinhos esse automatismo é assim...

As reações dependem de um véu interpretativo, da ação da subjetividade e da intersubjetividade, das interações entre pessoas, da política. Outro problema: não é apenas a privação, vista de fora, objetivamente, que leva a esse voto "duro" e ressentido. O gatilho motivador pode ser a percepção da privação, coisa bem diferente, que também depende do modo como ela é "presentificada" nas mentes e nos corações. E esta percepção, aliás, pode ocorrer entre aqueles que não foram atingidos pela privação, no sentido estrito do termo.

---

1. Já comentamos alguns deles em uma série de artigos, no *Jornal Unicamp*, disponível em: <https://www.unicamp.br/unicamp/ju/artigos/reginaldo-correa-de-moraes/resistivel-ascensao-de-donald-trump-o--caminho-do-sucesso-i>. Acesso em: 16 mar. 2020.

O estudioso Ted Gurr (em *Why men rebel*, de 1970) diferenciava entre privação objetiva e subjetiva. Não é necessariamente a condição econômica do indivíduo que conta para definir seu nível de tolerância, mas a percepção que ele tem de sua posição relativamente à dos outros. Nesta simples e elementar frase, um sem-número de relativizações foi introduzido. Os véus que se colocam entre os fatos e a percepção dos fatos são decisivos, portanto. Assim, se alguns tiverem como controlar esses véus, por exemplo, terão uma grande probabilidade de controlar a percepção, os fatos percebidos. Quem (ou quais organizações) detêm esse poder de modelar a recepção e percepção dos "fatos"?

Essa observação nos vacina contra inclinações "intuitivas", mas traiçoeiras, como a de sair prendendo os "suspeitos de costume" quando vemos "desordem", crimes de ódio, racismo, intolerância. Esses "desvios de conduta" não vêm necessariamente nos períodos de depressão econômica nem necessariamente nos grupos mais pobres da sociedade.

A intuição traiçoeira nos leva a desconsiderar entre os "suspeitos" os "homens de bens", por exemplo. Leva-nos a pensar que os "homens de bens" são mais estáveis, podem se dar ao luxo da generosidade e da tolerância, mesmo quando a economia desce a ladeira. Leva-nos a esperar comportamento tosco e intolerante... dos feios, sujos e malvados.

O problema é que volta e meia nos damos conta de que os "desvios de conduta" não se restringem aos perdedores ressentidos, mas são presentes, e às vezes mais fortes, entre os ganhadores embriagados pelo sucesso. Em especial, os "bem de vida" têm suas próprias ansiedades e fobias, muito fortes e que podem se traduzir em atitudes mais "*hard*" contra os de baixo.

Talvez seja menos intuitiva a ideia de que partidos "extremos" possam florescer em tempos de prosperidade. Ou entre eleitores prósperos. É aparentemente mais "normal" a ideia de que, aqueles que mais sofrem, mais berram e mais esperneiam – e que exibem seu descontentamento de modo "irracional e extremado". Mas a cada passo nos damos conta de que isto é mais um preconceito "perfumado" do que algo que tenha evidências empíricas. Um grande número de partidos e correntes extremistas começou a florescer nos Estados Unidos e na Europa em um pequeno período de prosperidade dos anos 1990, um período que um famoso príncipe-sociólogo chegou a chamar de "Novo Renascimento". E agora, analisando os dados dessas votações, BREXIT e Trump, vemos que o "voto duro" foi proporcionalmente maior entre os "homens de bens".

O EXPERIMENTO DE ROBBERS CAVE

Em 1954, uma equipe de psicologia social liderada por Muzafer Sherif realizou o chamado "Experimento de Robbers Cave". Testava a formação de atitudes e sentimentos preconcebidos e a dinâmica de conflito entre grupos. Um grupo de adolescentes foi levado a um acampamento de verão, no parque estadual de Robbers Cave, Oklahoma, sem saber que estavam sendo testados pelos instrutores (que na verdade eram pesquisadores). Os dois grupos tinham perfis muito parecidos. Eles foram divididos em dois grupos e os pesquisadores-instrutores inicialmente os separaram rigorosamente. Depois, foram sendo postos em contato – mas em competições. A pesquisa mostrava como era fácil produzir rivalidade – um confronto do "eles contra nós". Os pesquisadores-instrutores radicalizavam a tensão – por exemplo, estimulando que se rotulassem preconceituosamente. Depois de duas semanas, eram duas tribos em guerra.

Nessa altura, o experimento mostrava, de modo exemplar, como o pertencimento ao grupo modelava o indivíduo e afetava sua relação com os "de fora", os "intrusos", distorcendo a percepção da realidade e facilitando a formação de estereótipos.

Adicionalmente, foram feitos alguns testes para verificar caminhos que levassem à cooperação e não ao confronto. Por exemplo, os pesquisadores forjaram uma crise de falta de água, de modo que as duas equipes rivais precisaram trabalhar em conjunto para resolvê-la.
Por que introduzo este boxe, dentro do artigo sobre os movimentos radicais recentes? Talvez esse simples experimento nos diga algo a respeito da tribalização da política, da possibilidade de produzi-la ou explorá-la. Ou, mais longinquamente, da possibilidade de superá-la. Por vezes dá a impressão de que é necessária uma tragédia para desafiar a necessidade de desmanchar os estereótipos. Desde que não existam atores cuja política seja precisamente a de exacerbar tais estereótipos... e governar os grupos rivais.

DEBATE SOBRE O DOCUMENTÁRIO
UM SONHO INTENSO

PARTE II
POLÍTICA EDUCACIONAL E DE INOVAÇÃO TECNOLÓGICA

UMA POLÍTICA DE EDUCAÇÃO PARA FAZER OUTRO PAÍS

23 DE JULHO DE 2014

Tempos atrás, quando os tucanos ditavam as regras, um ex-ministro da educação disse: "a ênfase no ensino universitário foi uma característica de um modelo de desenvolvimento autossustentado, desplugado da economia internacional e hoje em estado de agonia terminal" (revista *Exame*, 17 de julho de 1996).

O sistema de educação superior e de pesquisa era considerado supérfluo, desnecessário, oneroso, como fica claro nessa afirmação:

> Para mantê-lo, era necessário criar uma pesquisa e tecnologia próprias [...]. Com a abertura e a globalização, a coisa muda de figura. O acesso ao conhecimento fica facilitado, as associações e *joint ventures* se encarregam de prover as empresas de países como o Brasil do *know-how* que necessitam [...]. Alguns países, como a Coreia, chegaram mesmo a 'terceirizar' a universidade. Seus melhores quadros vão estudar em escolas dos Estados Unidos e da Europa. Faz mais sentido do ponto de vista econômico.

Evitemos personalizar essa visão – ela era a visão do governo tucano, não apenas de um ministro. E era a expressão acabada de um pensamento de colonizado – ou de gerente colônia. Para essas cabeças, o melhor que o país poderia ter era um contrato de fornecimento com o país-chefe. Uma Área de Livre Comércio das Américas (ALCA) ou coisa parecida. E treinar serviçais para essa função.

Além de não ser casual, o deslumbramento está longe de ser inocente. Tem consequências graves. O deslumbramento levava a uma política desastrosa para o país. Em oito anos de governo, eles sucatearam as universidades federais e institutos de pesquisa, a PETROBRAS e outras instituições que geram conhecimento e inovação. As universidades federais foram condenadas a pão e água – em alguns casos, não tinham dinheiro nem para pagar a água. E seus quadros de professores e pesquisadores foram minguando.

O que aconteceu em 2002 não foi apenas a mudança de nomes no governo. Foi a mudança de visão de mundo, ou de país. E as ações práticas mostram isso. Veja os dados a seguir:

QUADRO 1: COMPARATIVO DA SITUAÇÃO DAS UNIVERSIDADES FEDERAIS

Situação das universidades federais	2003	2011
Vagas na graduação presencial	109 mil	231 mil
Matrículas na graduação e pós	96 mil	Mais de um milhão
Número de docentes efetivos	40 mil	67 mil
Funcionários técnico-administrativos	85 mil	98 mil

Fonte: Elaboração própria.

Em 2005, o total de recursos orçamentários disponível para as federais era de 67,5 milhões de reais. Em 2012, esse valor já atingia os 10 bilhões de reais. Os gastos de manutenção e funcionamento passaram de 2,64 milhões para 3,195 bilhões de reais. E os investimentos, para ampliação de capacidade, saltaram de 64 milhões para quase 7 bilhões de reais. Sim, estamos falando de passar da escala dos milhões para a escala dos bilhões.

Em 2008, o governo criou o Plano Nacional de Assistência Estudantil (Pnaes), para apoiar o estudante ingressante e ajudá-lo a não desistir da escola por falta de recursos. Destinou ao programa, naquele ano, 126,3 milhões de reais. Em 2012, esses recursos foram de 503,8 milhões de reais.

O programa de Reestruturação e Expansão das Universidades Federais (Reuni) foi acompanhado de um sistema de "Bolsas Reuni" para qualificação do professorado (assistência ao ensino, mestrado, doutorado, pós-doutorado). Em 2008, ano da criação, concedeu 1.050 bolsas. Em 2012, 10 mil.

Tudo isso faz muita diferença para os estudantes, para suas famílias, para professores e funcionários. Mas faz ainda mais diferença para o futuro do país. Na visão do antigo governo, o país devia se contentar em ser um novo tipo de colônia. E o governo FHC e seu ministro se credenciavam para serem os intermediários da nova subordinação imperialista.

Para nós, um outro mundo é possível e necessário – aquele em que temos um país independente, soberano e com menos desigualdades. São duas maneiras de ver o país. E com consequências claras nas políticas práticas. É esse conjunto de políticas – de desenvolvimento e de redução de desigualdades – que eles querem liquidar. E nós queremos ampliar. É isso que está em jogo.

A PÁTRIA EDUCADORA E SEUS DILEMAS REFORMADORES

06 DE MARÇO DE 2015

A pátria educadora está precisando debater seu modelo (modelo?) de ensino superior. E, com ele, o conjunto do sistema educativo (de novo: sistema?).

Uma ficha precisa cair, rápido: ensino superior não é apenas universidade. E universidade não é apenas ensino superior. Mundo afora, é assim que a coisa se revela. Aqui, o fantasma do modelo único, a "universidade" de ensino, pesquisa e extensão, habita as mentes. Apenas as mentes, porque, na realidade, é, de fato, um fantasma.

Enquanto isso, na vida real, "universidades" se valorizam de outro modo, constituindo impérios comerciais. Hoje, cinco grandes grupos, fortemente ligados ao capital financeiro, reúnem mais estudantes do que todo o sistema federal somado. E as universidades federais, esfoladas e estagnadas nos anos 1990, renovam-se e crescem, mas a um ritmo insuficiente para responder aos desafios que enfrenta.

Temos uma constelação de escolas em que é predominante o ensino privado – e com fins lucrativos. E, por outro lado, cerca de 40% de seus estudantes são beneficiários de bolsas do ProUni ou de financiamentos subsidiados do Fies.

Em outras palavras, um setor privado inchado e cada vez mais dependente de injeções públicas. Dificilmente isso mudará no curto prazo. Primeiro, porque as isenções fiscais do setor são carimbadas na Constituição. E até hoje não se conseguiu sequer regular esse princípio, em lei ordinária. Revogar? Nem se tentou. Nem o governo, nem as diferentes oposições, à esquerda e à direita.

Por onde, então, pode avançar alguma reforma? Aparentemente, o setor público teria que crescer e disputar espaço com o privado. Mas há vários problemas, além do custo. Cerca de 85% dos estudantes do setor privado frequentam cursos noturnos. E nas universidades federais, não mais do que 30% das vagas estão nesse período. E já foi bem menor, antes das inovações do Reuni.

Em suma: os estudantes das escolas privadas não teriam como estudar nas escolas federais, por mais que estas se expandissem. A não ser que expandissem para a noite. Coisa que encontra bastante resistência. Faz tempo.

Mas não é apenas a expansão do setor público que constitui problema. É o seu modo de funcionamento. Nos anos 1960, quando havia uns 100 mil estudantes no conjunto das escolas, a escola elementar começava a se massificar e o ensino médio, fornecedor de vestibulandos, era um funil estreito.

O sistema escolar cresceu, não tanto quanto o necessário, no nível médio. Mas cresceu bastante, incorporando estudantes de "perfil cognitivo" menos seleto.

Pobres começam a ter desvantagem desde que nascem e desde que frequentam a escola do beabá. Os saudosistas (em geral também conservadores) lamentam o desaparecimento daqueles "velhos tempos", aqueles que eram bons, para os bem poucos que chegavam ao "colégio".

Chega de saudade. É preciso fazer, sim, um balanço cáustico e duro do que temos. Mas colocar diante disso o que foi a escola (ou aquilo que dela lembramos) não é apenas algo próximo do inútil. Pode ser paralisante e reacionário.

O que é o nosso ensino superior de "massa" e sua qualidade, seu conteúdo pedagógico, cognitivo? Acho que não digo nada de novo afirmando que o conjunto de nosso sistema escolar tem se demonstrado incapaz de fornecer ao estudante conhecimentos mínimos necessários à vida como cidadão e profissional.

Redigir e ler adequadamente, fazer as quatro operações e resolver problemas simples como percentagens, regras de três, equações de primeiro grau, geometria elementar; ter noções básicas de ciências naturais e humanas (geografia, história). Hoje, rigorosamente, estamos mantendo um nível superior que, talvez (talvez!) chegue perto dessa tarefa civilizatória.

Em certo sentido, temos um problema "norte-americano" pela frente. Diante da escola média frágil (a *high school* pública), os americanos inventaram um primeiro ciclo da graduação (os dois primeiros anos do *college*) que é, basicamente, ensino médio. Nos conteúdos, esses dois anos iniciais da graduação são algo comparável ao liceu francês e ao *gimnasyum* alemão. É a chamada "educação geral".

Cerca de 40% dos americanos que têm diploma superior estacionam nesse nível, com um diploma provido por *community colleges*, o *associate degree*. Temos um quadro algo similar? Qualquer política para o ensino superior tem que considerar a possibilidade de caracterizar desse modo aquilo que temos.

Podemos não gostar do quadro, mas, nos fatos, o nosso "ensino superior de massa" não é muito mais do que a recuperação (nem sempre bem-sucedida) do que não se fez e deveria ter sido feito nos ciclos anteriores. Talvez menos, em alguns casos.

Há quem comece a análise de nossos problemas e saídas com um cenário "zero": trata-se de reconstruir inteiramente o edifício, com uma educação integral e inteiramente reformada desde o ventre da mãe. Esse exercício é útil e necessário. Para construir a escola daqueles que estão chegando e daqueles que virão.

Mas e o que fazemos com aqueles que já estão aqui e não tiveram nada disso? São milhões. Devemos ignorá-los? Será aceitável, do ponto de vista ético e político? E será possível – ainda mais se pensamos que são eles que colocam para operar as engrenagens do país? E se é com eles que começaremos a construir o edifício novo?

A política para reformar o ensino tem que ser sistêmica – uma política integrada, para o conjunto, da creche à pós-graduação. E tem que ser uma política calcada naquilo que se quer atingir, mas levando em conta o que se tem – as instituições e as práticas, as pessoas e competências.

Muitas das soluções da reforma serão "gambiarras" provisórias, feitas para a passagem. Terão duração limitada. Outras serão mais duráveis. Sem essa modéstia no planejamento e nas metas será difícil cultivar a ambição imprescindível dos sonhos. A pátria educadora tem que ser uma cozinheira ambiciosa, mas, ao mesmo tempo, não pode se descolar do que tem na despensa. E tem que lembrar que aqueles que preparam o manjar do futuro precisam comer no presente.

ENSINO SUPERIOR: REFORMA POSSÍVEL E NECESSÁRIA

11 DE JUNHO DE 2015

Temos muitos problemas na nossa política de educação. E talvez o ensino superior não seja o mais grave. Mas não pode ser descuidado, até pela sua importância na formação dos quadros que vão alimentar os demais níveis do sistema.

Ora, o censo do Ensino Superior (INEP) mostra os seguintes dados, que sugerem muitas dificuldades:

MATRÍCULAS NA GRADUAÇÃO PRESENCIAL, POR ORGANIZAÇÃO ACADÊMICA E TURNO

		Total	Diurno	Noturno
		6.152.405	2.213.202	3.879.203
Pública		1.777.974	1.095.894	682.080
	Federal	1.045.507	127.300	318.207
	Estadual	557.588	326.701	230.887
	Municipal	174.879	41.893	132.986
Privada		4.374.431	1.177.308	3.197.123

Fonte: Inep

Vamos simplificar ainda mais esse quadro, comparando apenas duas formas de organização acadêmica (privado x federal). Estou deixando de lado sistemas estaduais, que são bastante significativos. Em São Paulo, por exemplo, as três estaduais paulistas recebem cerca de 8,5 bilhões de reais do governo do Estado e matriculam 115 mil estudantes na graduação e 62 mil na pós-graduação.

Vejamos os dois sistemas maiores no cenário nacional, o quadro das escolas federais e o das instituições privadas:

	Instituições Federais de Ensino Superior	Escolas superiores privadas
Estudantes graduação	1,045 milhões	4,374 milhões
Estudantes no noturno	318 mil	3,97 milhões
$ (*)	28 bi	28 bi
$ por estudante de graduação	26.974	6.401
Renúncia fiscal escolas, estimado		1 bi
renúncia fiscal das pessoas físicas(**)		10 bi

(*) Para as federais, dotação prevista no Orçamento. Para as Privadas, faturamento, cf. Análise Setorial produzida pela Hoper Consultoria.
(**) Estimado, a partir do documento "Grandes Números" do site da Receita Federal, ref. 2013 (mais recente disponível). Deduções IR para educação.
Fonte: Inep

Como se vê, temos um enorme setor privado, que se beneficia de forte injeção de dinheiro público. Estima-se que 40% dos estudantes desse segmento são beneficiários do PROUNI ou do FIES. Além disso, o segmento é também altamente beneficiado pela regra tributária das deduções de IR. Estas somam mais de 40 bilhões de reais no item educação.

No quadro, estimamos (subestimamos?) 10 bilhões de reais como gasto em educação superior, o nível de educação mais privatizado.

Alguns críticos sugeriram ao governo federal "pegar esse 1 bi" de renúncia fiscal das escolas privadas e investir nas escolas federais, migrando estudantes das escolas particulares para as públicas. Útil para provocar, a proposta parece politicamente voluntarista e logicamente insustentável.

O voluntarismo decorre do fato de que as isenções e imunidades são preceitos constitucionais, algo difícil de alterar no Congresso que temos. Pelo que se sabe, não há proposta para essa emenda, nem do governo, nem de parlamentares, mesmo de esquerda. Tanto quanto eu saiba, também não há proposta (nem da direita nem de qualquer esquerda) para mudar a lógica privatista das deduções do IR.

Fora o delírio, como raciocínio contábil, a ideia de "pegar esse 1 bi" é um truque de mágica. Suponha-se que essa decisão seja tomada agora, em 2015, para vigorar no exercício de 2016. Aí, esse "1 bi" simplesmente deixaria de existir e ninguém poderia "pegar".

Os estudantes teriam migrado – e, portanto, teriam deixado de contribuir para o caixa privado e, indiretamente, para o recolhimento de impostos. É um raciocínio estranho supor que esses "consumidores" deixem de existir e, ao mesmo tempo, gerem tal receita.

O governo não poderia "pegar esse 1 bi" porque ele simplesmente não existiria ou seria reduzido a uma fração reduzida de seu valor original. E mais: suponha-se (no delírio) que as escolas federais recebessem "esse 1 bi" imaginário. Vejamos a tabela anterior: esse recurso seria suficiente para incluir algo como 40 mil estudantes!

E há um agravante em todo cálculo de "migração" que seja feito: o setor privado tem quase 75% de seus estudantes no período noturno. E as escolas federais, tradicionalmente, resistem em ofertar vagas nesse período. Mesmo depois das reformas do REUNI (que forçou essa oferta), hoje o percentual, como se vê na tabela, é de perto de 30%. Se os estudantes saíssem das escolas privadas não teriam para onde ir.

Situação sem saída? Não. É possível (e necessário) avançar alguma reforma mesmo dentro desses limites políticos. Como o setor público poderia "competir" com o setor privado e oferecer uma alternativa aos estudantes que ali se abrigam? Expandindo? Sim, mas... Como?

Parece impossível (e desnecessário) promover uma expansão linear – algo como criar uma UFRJ em cada cidade do país, ou pelo menos em umas 1.500, capilarização mínima. Mas é possível ter outro tipo de instituição. Por exemplo, universidades ou institutos "especializados", focados em um campo de conhecimento, sem a obrigação da "universalidade de campo", cursos em todas as áreas.

Há outras possibilidades, sugeridas por experimentos internacionais. Em outra ocasião voltaremos a eles. Por exemplo, a expansão francesa de cursos de curta duração, as Sections Techniques Supérieurs, alojadas em 2.000 liceus do país.

Ou os 1.100 Community Colleges públicos dos Estados Unidos – que fornecem ensino mais ou menos equivalente ao dos dois primeiros anos de graduação universitária geral. Em alguns estados americanos, essa capilarização ocorreu por meio de *campus* avançados das universidades estaduais.

O ensino superior público precisa saber como "roubar" estudantes do setor privado e oferecer a eles uma alternativa melhor. E gratuita. Contudo, isso significa que as escolas públicas precisam se reformar.

Flexibilizar suas instalações – para além das sedes retiradas e isoladas. Receber alunos dos cursos noturnos. Preparar-se para receber alunos com perfil diferente – por exemplo, alunos mais velhos, que deixaram o ensino médio há mais tempo.

Se não tivermos criatividade e ousadia para avançar nesse caminho, continuaremos a ter o sistema que temos – perverso e pouco eficiente. É tempo de inventar e de ousar. Crises não devem servir para adiar reformas, mas para avançá-las.

CIÊNCIA E TRANSPARÊNCIA: DESAFIOS PARA AS POLÍTICAS PÚBLICAS E PARA A UNIVERSIDADE

14 DE JUNHO DE 2017

      A influência norte-americana em nossa sociedade, inclusive na educação, tem-nos obrigado, no nosso Instituto, a um acompanhamento permanente de algumas políticas de desenvolvimento daquele país. Em um livro de 2013 cheguei a formular essa tentativa com uma imagem ou provocação: e se pensássemos pensar os Estados Unidos como país em desenvolvimento? O que fizeram os americanos quando estavam a caminho desse "estado avançado"? Como pensavam, o que faziam e como passaram a apresentá-lo, depois de atingido? Que tipo de lição "vendiam" aos países retardatários e que tipo de "lição de casa" haviam de fato praticado? Muitas perguntas, é claro que nem todas respondidas no livro. Aqui vai mais um capítulo dessa saga.

      Faz já uns 20 anos que se desenvolve, nos círculos intelectuais americanos, um debate sobre a formação da "nova força de trabalho", aquela que seria exigida para a nova forma de organização das empresas – a produção dita flexível, em substituição à fábrica taylor-fordista – e exigida, também, pelos novos dispositivos de produção, aqueles que têm "inteligência embutida" por meio de sistemas informáticos. Esses dois vetores de mudança parecem cada vez mais depender de mentes mais ricas e mais acostumadas ao pensamento "abstrato". Esta avaliação – a versão otimista da mudança – vem desde um famoso livro de Daniel Bell sobre a sociedade pós-industrial (1973) e teve em tempos mais recentes a adesão de Robert Reich, quando secretário do trabalho no governo Clinton. Reich, em *O trabalho das nações*,[1] previa a emergência dos "analistas simbólicos", os trabalhadores emblemáticos dos novos tempos.

Mas a mudança, aparentemente, teria impacto não apenas nos altos níveis da força de trabalho, mas, também, no terreno dos *blue-collar*, os trabalhadores manuais. Tomemos a questão dos equipamentos, em sentido estrito, para pensar os outros equipamentos (recursos intelectuais). Os aparatos mecânicos tradicionais exigiam dos seus operadores e reparadores um cuidado especial. Mas o trabalhador operava sobre peças e elementos literalmente "manuseáveis", presentes diante dos olhos. Instrumentos relativamente simples e operações aparentes eram a combinação predominante. As coisas começam a se complicar com a introdução de controles eletromecânicos – como os *relays* e as famosas ligações estrela-triângulo que faziam o mistério e o orgulho dos eletricistas de manutenção. Mas o salto maior foi com a implantação desses movimentos em misteriosas pastilhas de silício, sob a forma de instruções lógicas. As pastilhas mágicas controlam os movimentos das máquinas. Em vez de reparar porcas e parafusos, a manutenção tem que operar sobre objetos abstratos, símbolos lógicos, instruções em linguagem exótica e esotérica.

A primeira revolução industrial se valia de engenharias pré--científicas, se por ciência entendemos a massa de conhecimento pro-

---

[1] REICH, Robert. *The Work of Nations: preparing Ourselves for 21st Century Capitalism*. New York: Vintage Books, 1992.

duzida nos séculos XVII-XVIII, com a chamada revolução galilaico--newtoniana. Os aparatos da primeira revolução industrial eram em boa parte inventados por artesãos bem treinados e experientes. Mas a segunda revolução industrial – aquela do final do século XIX – depende pesadamente de outras engenharias, sobretudo a elétrica e a química, bem mais *Science-based* e bem menos intuitivas.

O senso comum tende a ver a engenharia como ciência aplicada – física aplicada, química aplicada. Contudo, a engenharia é, de certo modo, pré-científica. Pelo menos em alguns de seus ramos. Há sofisticada engenharia civil na construção de templos babilônicos, egípcios e gregos. Nas estradas e aquedutos romanos. Nas catedrais do medievo. Antes da física de Newton e Galileu. Também uma engenharia mecânica avançada pode ser vista em engenhos pré-modernos. Esses ramos da engenharia operam sobre objetos visíveis e manipuláveis – e deles produzem "re-presentações" mentais e gráficas. Contudo, é mais difícil dizer o mesmo para a engenharia elétrica, por exemplo – seus objetos são vistos apenas indiretamente, por meio de uma interpretação de sinais de aparelhos complexos ou de efeitos mensuráveis, eles, sim, visíveis. Algo similar poderia ser dito de outras "engenharias" como a molecular.

Assim, os modelos construídos pela ciência distanciam-se da compreensão do senso comum, mas permitem que o homem opere sobre o mundo com resultados espantosos. Espantoso é o termo, aliás. Afinal, para o "homem da rua", aquele que não é cientista nem tem da ciência uma compreensão razoavelmente fria, parecerá um milagre essa conexão entre as teorias "abstratas" e a realidade que elas permitem mudar.

Diante de tal opacidade e mistério, podem se produzir dois efeitos ou atitudes igualmente perversos: a) reverência e sacralização (atribuindo aos sábios um enorme poder, autoridade, inacessível ao comum dos mortais); b) temor e, no limite, hostilidade, recusa.

As políticas de educação – inclusive e sobretudo aquelas que envolvem a transição para a idade adulta, a idade do trabalho – devem responder a tal desafio. Por definição, é impossível prever o inédito. Mas é possível imaginar as condições que propiciam ou favorecem a emergência do novo – e, a partir daí, capacitar os indivíduos para a recepção desse novo. A familiarização com a ciência, a política de "popularização" da ciência tem, também, a importante missão de evitar que o novo – científico e tecnológico – seja visto com suspeição e, mesmo, com hostilidade.

Desse modo, a educação avançada – no nível médio ou superior – precisa se desdobrar em duas linhas complementares: a produção de conhecimento novo e a difusão e popularização do conhecimento já adquirido e reconhecido como válido. Não são necessariamente realizadas nas mesmas instituições, nem com os mesmos métodos e para os mesmos públicos. Articular suas conexões é um desafio de uma boa política pública. Deve ser também um desafio para o professor das universidades ditas "de excelência".

EUA E ALEMANHA: DOIS MODELOS DE EDUCAÇÃO

27 DE JULHO DE 2017

Em 1959, James Conant, o renomado reitor de Harvard, publicou seu famoso estudo sobre o ensino médio americano – *The american high school today*.[1] Neste instigante livrinho, Conant sublinha que um em cada três americanos chega ao ensino superior, taxa bem mais alta do que a europeia. Contudo, Conant estava longe de ser um provinciano. Conhecia a Alemanha, fora embaixador naquele país, nos anos 1950. Por isso, logo em seguida faz uma ressalva importante:

> Mas a grande maioria dos americanos não é estudante universitário no sentido europeu do termo – ou seja, estudantes que se preparam para uma profissão. Na verdade, a percentagem de jovens que se preparam para serem médicos, advogados, engenheiros, cientistas, estudiosos e professores de disciplinas acadêmicas é quase a mesma neste país como na Europa – uma porcentagem surpreendentemente pequena, aliás – algo como 6% de um grupo etário.

---

1. CONANT, James. *The American high school today: A first report to interested citizens*. New York: McGraw-Hill Book Company, 1959.

De fato, Conant estava indiretamente revelando que, nesses dois países, suas camadas superiores adotavam modos diferentes de defender seus nichos de prestígio e poder. Modos diferentes, com resultado final bastante similar no que diz respeito à seletividade.

Conant prefere o modo americano. Na Alemanha, diz Conant, os estudantes são classificados de modo demasiado precoce – já perto dos 12 anos são distribuídos em segmentos separados: o acadêmico e o vocacional. Isto ocorreria desde a escola elementar e média – e como direta decorrência das heranças familiares. Desse modo, diz ele, o sistema desperdiçava talentos, porque a seleção refletia critérios não meritocráticos, mas estamentais. Alguns críticos de Conant dizem que o sistema americano desperdiça de outro modo – com a evasão. E cria mais baixa estima, subvalorizando as ocupações não "superiores".

De qualquer modo, Conant argumenta que a escola média "compreensiva", uma invenção tipicamente americana, não incorria no vício da seleção precoce. Garimpava melhor, digamos. No prefácio desse livro, John Gardner, presidente da Carnegie Corporation de Nova York, patrocinadora da obra, procurava explicar esse traço peculiar dos americanos:

> A escola média compreensiva é um fenômeno dos Estados Unidos. Chama-se compreensiva porque oferece, sob uma única administração e sob o mesmo teto, ensino secundário para quase todos os jovens de uma cidade ou bairro. Ela é responsável por educar o garoto que será um cientista atômico e a garota que quer casar aos 18 anos; o futuro capitão de um navio e o futuro capitão de indústria. É responsável por educar os brilhantes e as crianças não tão brilhantes, com diferentes ambições vocacionais e profissionais e com diversas motivações. É responsável, em suma, pela prestação de boa e adequada educação, acadêmica e profissional, para todos os jovens dentro de um ambiente e princípios democráticos que o povo americano preza. (Gardner, in CONNAN, 1959, p. IX-X).[2]

---

2. GARDNER, John. Preface. In: CONANT, J. *op. cit.*, p. IX-X.

Conant minimiza a forte e clara diferenciação da high school americana – em que muitos são chamados e poucos são escolhidos. É curioso que, em outra parte do livro, Conant menciona o componente que é decisivo para produzir tal efeito, mas não vincula as duas coisas. Esse componente é a desigualdade no financiamento das escolas. O financiamento é predominantemente local, refletindo, assim, bem de perto, a renda média do distrito. Como são poucos os corretivos, por meio de alocações estaduais e da união, mesmo as escolas públicas são fortemente desiguais. Basta olhar para uma escola rente ao Central Park, na Rua 66 de Manhattan, e compará-la com uma escola do South Bronx, a 15 minutos de metrô e a uma enorme diferença na renda média anual (razão de 1 para 10!). Na mesma cidade, oito ou nove estações de metrô são quase uma fronteira de classe.

Em algum momento, a pressão pela democratização do acesso ao ensino superior – ele próprio visto como porta de acesso à democratização de outros benefícios – choca-se com as possibilidades de inclusão do sistema. Em alguns países, a seleção é forte nos andares iniciais da escola. Porém, quando e onde esta seleção precoce se fragiliza, parece restar uma solução preservadora da desigualdade, da hierarquia: a diferenciação no nível superior, em que se constrói a educação dos 5% dos "de cima" e a educação superior "para os filhos dos outros". Alguns países fazem a filtragem em um momento, a educação elementar e secundária. É o caso da Alemanha. Outros a fazem no superior, com a hierarquização, criação de um ensino superior "tipo B". É o caso da França e dos Estados Unidos.

O mesmo parece ocorrer com relação à formação profissional, mais estritamente, para a formação das profissões "médias". A Alemanha as concentra no ensino médio e vocacional. EUA e França remetem esse problema para escolas superiores de "segunda linha", construídas a partir das escolas secundárias – os *Junior Colleges* americanos (depois *Community Colleges*) nascem praticamente dentro das *high schools*, no começo do século XX, aproveitando suas instalações, seus professores, seus estudantes. Na França, as STS (*Sections de Technicien Supérieur*) fazem algo similar, escolhendo, em cada região, os liceus capazes de sustentar esse "segundo andar", profissionalizante.

O caso americano é particularmente interessante, pela sua aparente promessa de "igualdade". A escola média "compreensiva", que não discrimina, hierarquiza ou seleciona é algo difícil, raro. É quase uma ideia reguladora, como o estado de natureza rosseuaniano – aquele que certamente não existe, talvez nunca tenha existido e provavelmente nunca existirá. É volátil, como certos elementos químicos que sobrevivem apenas em condições especiais de laboratório. Mesmo quando instituída e solidamente instalada no ideário de uma sociedade, como a americana, a escola média "compreensiva" logo é empurrada para uma diferenciação de fato. Um dos resultados do processo histórico de acomodação é a emergência de um setor de escolas médias privadas de elite. Um outro efeito (talvez complementar ao primeiro) é uma diferenciação no interior mesmo do sistema público, com escolas de distritos ricos e escolas de distritos pobres. Essa segmentação é mais fácil quando financiamento e gestão são assim descentralizados e as políticas de uniformização ou nivelamento são débeis e têm pouco eco social.

Mas, nos Estados Unidos, o lado mais forte da desigualdade de acesso se transfere para dentro do sistema de educação superior – pela estratificação das instituições e cursos, estratificação que se estabelece, sobretudo, a partir da renda, isto é, pelo modo como o gasto em educação é efetivamente distribuído. E esse gasto deve ser entendido em dois sentidos. Um deles é o gasto público – financiamento desigual das escolas e cursos, subsídio direto ou indireto às escolas. O outro é o gasto privado, basicamente, a renda das famílias para pagar escolas desiguais.

Sessenta anos depois do ensaio de Conant, ele continua válido: os caminhos podem ser diferentes, e são, mas os resultados, nem tanto. Países que ensaiam reformar seu sistema ganhariam muito estudando as vantagens e desvantagens de cada caso, bem como as raízes que os ligam às peculiaridades de seus sistemas sociais.

A REFORMA EDUCATIVA NÃO DEVE SER UMA ESTRATÉGIA PARA DESVIAR ATENÇÕES

03 DE AGOSTO DE 2017

Aparentemente, a "prioridade da educação" é um tema não controverso. Coloque pessoas de diferentes orientações ideológicas e esse mantra tende a virar uma unanimidade. Amém. Ao mesmo tempo, comece a falar sobre a "crise da educação" e logo em seguida temos um festival em que todos atiram a primeira, a segunda e a enésima pedra. Talvez seja instrutivo ver esse *script* na história americana recente, porque nela a pedreira é longa e complexa.

É conhecida e colorida a história de amor e ódio dos americanos com suas escolas. É certeira a avaliação de Norton Grubb e Marvin Lazerson:[1] os norte-americanos parecem ter adotado o evangelho da educação, a afirmação da escola como panaceia para todos os males. Não há mal que uma boa escola não resolva, trate-se de dissolução moral, da competitividade econômica, da desigualdade, do racismo, da segurança pública, do trânsito engarrafado ou dos distúrbios alimentares. De outro lado, ciclicamente esse herói se transforma em vilão,

---

1. GRUBB, N. & LAZERSON, M. *The education gospel*: the economic power of schooling. Harvard University Press, 2007.

quando se precisa explicar porque tais problemas persistem mesmo quando o sistema educativo se expande.

Nas últimas décadas do século XX, uma onda de reavaliações e propostas de reforma avançou com vigor naquele país. Pode-se dizer que começou a fermentar na década de 1970. A potência americana tinha passado pelos chamados 25 gloriosos do pós-guerra como se fora uma era dourada. Supremacia econômica, política, militar, cultural – o mundo se americanizava ou se dobrava, paulatinamente, ao poder do dólar, dos fuzileiros, de Hollywood. Mas em 1969, pela primeira vez, ocorre o chamado déficit gêmeo – sinal vermelho no orçamento federal e nas contas externas, simultaneamente. Em seguida, esfarelam-se as regras de Bretton Woods, as paridades fixas e o lastro-ouro do dólar. Mas é em 1973 que a ficha cai para o grande público, com as filas de automóveis diante dos postos de gasolina. O famoso choque do petróleo revelou a fragilidade de um sistema que podia esbanjar porque sabia de onde extrair o gás para desperdício. Nos anos 1970 desenvolve-se uma literatura do "declinismo", com a aparição de supostos herdeiros da hegemonia ianque – japoneses, em primeiro lugar. Um politico norte-americano chegou a dizer que em breve futuro engenheiros americanos varreriam o chão de laboratórios dirigidos por japoneses. No começo dos anos 1980, um relatório dramático mostrava este quadro como uma espécie de suicídio: tudo ocorria, dizia o *Nation at risk*, como se um poder inimigo (mas, surpreendentemente, não estrangeiro) tivesse atacado o calcanhar de Aquiles da "civilização" americana.

A escola – na sua dupla face, de problema e solução – volta ao plano frontal do debate público. Vem à luz uma enorme quantidade de estudos – oficiais, paraoficiais, privados, acadêmicos, proselitistas ou diletantes. Em todos, a educação, ainda uma vez, aparece como chave do mistério. Como santo potencial ou aspirante a demônio, mas sempre como protagonista.

Larry Cuban e David Tyak sintetizam essa questão em *Tinkering toward utopia: a century of public school reform* (1995). Lembram que desde longa data os americanos transformam suas ansiedades e esperanças em demandas de reforma educacional. Logo depois, em outro ensaio, o mesmo Cuban problematiza as razões dessa sublimação:

> Por que soluções para problemas econômicos mais amplos são com frequência apresentadas como reformas da escola? [...] Por que de fato os formuladores de política, federais e estaduais repetidamente apelam às escolas para ajudar a resolver os problemas econômicos nacionais? [...] por que os políticos e seus consultores tantas vezes têm denunciado o problema de um mercado de trabalho em transe como uma lacuna de competências (*skills gap*) entre os jovens, consequentemente virando o olhar para as escolas quando as crises econômicas acenam? Será preciso dizer que parece mais fácil consertar as escolas do que a economia?"[2]

A LINHA DE MENOR RESISTÊNCIA É EXIBIDA COM CLAREZA

"Também é mais fácil apontar o dedo para o despreparo dos jovens como o problema a ser resolvido do que culpar executivos por decisões míopes ou apontar as mudanças em uma economia impulsionada pelas forças de mercado que são mal compreendidas".

Aquilo que se produz com tais operações diversionistas, não importa quão conscientes sejam, é algo ainda mais complexo e ambíguo, dizem Cuban e Tyak. Por um lado, pode surgir – e volta e meia efetivamente surge – um movimento reformista com impacto saudável nos "movimentos cívicos". Por outro, a confusão no diagnóstico

---

[2]. CUBAN, Larry. "What policy makers and experts see (and do not see) in school-to-work transitions". In: LESGOLD, A. *et all. Transitions in Work and Learning.* Implications for Assessment. Papers and Proceedings (Washington, D.C., March 22-23, 1996). Disponível em: <https://eric.ed.gov/?id=ED423412>. Acesso em: 16 mar. 2020.

também pode levar (e muitas vezes leva) a receitar reformas condenadas à derrota, com o consequente indiciamento da escola como inimiga do progresso desejado. Mais ainda:

> Mais importante, a tradição utópica de reforma social por meio da educação tem frequentemente desviado a atenção de reformas sociais mais caras, politicamente controversas e mais difíceis. É mais fácil fornecer educação profissional do que corrigir as iniquidades no mercado de trabalho e as brutais disparidades de riqueza e renda.

Assim, as escolas passam rapidamente da posição de panaceia para a de bode-expiatório. Também com frequência, a manufatura dessa "crise estrutural" ou "existencial" é um argumento de ocasião, quase um pretexto, para uma solução que estava na manga e sequer dependia do diagnóstico, mas dos interesses e preconceitos: do caos produzido sai a luz das soluções milagrosas do *Market alike*, as "soluções de mercado". Certa vez, ouvi, com incredulidade, um economista dissertar sobre os "bens naturais de mercado, como a educação e a saúde". Quem diz isso diz qualquer coisa. Ou nada.

EDUCAÇÃO EM TEMPOS DE CÓLERA

10 DE AGOSTO DE 2017

Em outubro deste ano de 2017, a Faculdade de Educação da Unicamp vai promover um seminário de grande importância: "Escola Pública – Tempos Difíceis, mas não Impossíveis". Fiquemos de olho na programação.

Um dos participantes, David Berliner,[1] conheço faz algum tempo, pela leitura de livros imperdíveis como: *50 myths and lies that threaten america's public schools: the real crisis in education (teachers college press, 2014)* e *The manufactured crisis*.[2]

A referência me veio a calhar pela leitura, agora, de matérias que têm saído na nossa imprensa, a respeito de algo banal e rotineiro, mas nem sempre devidamente notado e calibrado.

Talvez pouca gente saiba, mas a cada dois meses, o MEC faz uma avaliação da frequência escolar dos estudantes beneficiários do Bolsa Família, uma preocupação que certamente não deixa dormir

---
1. Recomendo também seu estudo: *Our Impoverished View of Educational Reform* (Teachers College Record, agosto de 2006). Disponível em: <http://www.tcrecord.org/content.asp?contentid=12106>. Acesso em: 16 mar, 2020.
2. BERLINER, David; Biddle, Bruce J. *The manufactured crisis: myths, fraud and the attack on america's public school*. New York: Basic Books, 1996.

muita gente que não precisa de bolsa alguma. Já faz algum tempo que essas crianças e jovens pobres vêm tendo resultados muito positivos, para surpresa (e talvez descrença ou desespero) de razoável contingente de não pobres.

No levantamento mais recente (junho de 2017), 87,16% dos estudantes beneficiários do programa compareceram às aulas regularmente. O número deve ser comparado com a média nacional, que é de 85%.

Parece uma boa notícia? Não, não parece. Ela é uma boa notícia. Mas o engraçado (ou trágico) é o comentário que ouvi ou li de algumas pessoas supostamente educadas – ou pelo menos muito escolarizadas. Uma delas, pasmem, me disse que "ir à escola devia ser obrigação, ninguém deveria receber para isso". Dali a pouco, como se fora em outro ambiente planetário, vi a mesma pessoa "negociando" a mesada de um de seus filhos. Não sei bem porque ele recebe o dinheiro, já que o pai paga todas as suas despesas, inclusive, claro, a escola. Ah, sim, quando "passou de ano", o rebento ganhou uma viagem de presente. Um bom exemplo de alquimia moral. "Ninguém deveria receber para isso". Salvo se... O rosado guri, este, sim, precisa receber para estudar. Ah, sim, o papai tem deduções no imposto de renda em nome do filho: primeiro, pela própria existência do garoto, segundo, por conta das despesas de educação, terceiro, pelo plano de saúde. Em renúncia fiscal, ele está recebendo bem mais do que um bolsa-família. Mas é claro que isso "não conta". Faz parte, como diz a gurizada. Faz parte da paisagem social em que vivemos e que tomamos como "natural". A alquimia moral transforma tudo isso em "direito".

Outra sumidade disse que "eles vão à escola, mas ficam matando aula, saindo e entrando da sala, ouvindo música com fones de ouvido". Esse notável estudioso deve ter feito uma cuidadosa observação participante. Aparentemente, pelo comentário se deduz que as crianças do Bolsa-Família também tiveram acesso a algum tipo de bolsa-Ipod e MP3, para utilizar equipamentos como aqueles que o comentarista coloca à disposição de seus filhinhos estudiosos e comportados.

Na verdade, a coisa elementar que estamos constatando é que o Bolsa Família simplesmente está tornando possível o acesso à escola. Simples, banal.

Ainda teremos que estudar muito para melhorar o acesso a uma educação de qualidade, mas convido os interessados à leitura do artigo de David Berliner. A situação do pobre – desde o ventre da mãe até os primeiros anos de vida – traz prejuízo suficiente para danificar suas condições de sucesso escolar. O estrago é pesado, quase estrutural. Dá para consertar depois, mas demora muito e custa caro. Em suma: ou temos uma política de suporte a essas crianças nesse período ou ficamos com um déficit pesado para administrar. Com consequências de todo tipo. Alguns analistas, como o ganhador do prêmio Nobel, James Heckman, fizeram o cálculo, estritamente pragmático: esse desleixo vai custar caro em produtividade perdida, em gastos com saúde e... encarceramento.

Berliner faz um sumário breve de estudos médicos que apontam o quanto esse ambiente prejudica as estruturas de percepção e de formação de sentimentos das crianças. Contudo, o mais chocante é a lista de males banais que afetam o que se chama de sucesso escolar. Coisas simples, como nutrição baixa ou inadequada, miopia, otite, bronquite, asma...

Lembro-me da ocasião em que me alistei no serviço militar, apresentando-me para o exame médico. Eu era míope e quase fui liberado por essa razão. Mas era miopia leve. Alguns de meus colegas de "tropa" descobriram apenas ali, com 17 anos, que tinham uma enorme miopia, eram "ceguetas" como costumávamos dizer. Pois bem, um grande número de crianças pobres passa por "inensinável" ou "distraída" devido a males como esses, evitáveis ou remediáveis: miopia ou desnutrição. Quando deixam de ver algo essencial na sala de aula, desistem, desligam. Depois de uns dez minutos de atenção, se a "pilha está baixa", isto é, se estão mal nutridos, também desligam. Acho que quase toda criança tem alguma otite, sarampo, catapora, caxumba. A classe média cura tais coisas facilmente. Mas para os pobres isso pode se arrastar e virar um dano permanente, com sérios impactos na aprendizagem, na capacidade de "prestar atenção". Em outro estudo, Berliner lembra que na cidade de Nova Iorque – umbigo do império – muitas crianças de distritos pobres perdem dias e dias de aula por conta de doenças de respiração – asma, bronquite, por exemplo. Causa próxima ou adjunta: calefação precária, dificuldade de pagar pela energia que aquece residências e escolas dos distritos pobres.

Por razões como essas, aqui, neste pedaço do sul do mundo, o Bolsa Família é uma espécie de bálsamo, pequeno para o orçamento público, mas de enorme impacto para as crianças que dele se beneficiam. Para compreender esse feliz paradoxo, talvez seja sábio abandonarmos a nossa visão da pobreza, uma visão ela própria muito pobre... Mas, os comentários sobre a avaliação do MEC mostram que cidadãos bem alimentados nem sempre fazem bom uso de suas sinapses. Mais uma vez, uma das melhores frases que ouvi a esse respeito: donos de cachorros de raça muitas vezes acabam ficando com cérebros semelhantes aos de seus cachorros.

A EDUCAÇÃO DOS ELEITOS E O QUE RESTA PARA O RESTO – DILEMAS NÃO APENAS NORTE-AMERICANOS

30 DE AGOSTO DE 2017

Os Estados Unidos possuem um ensino superior admirado, imitado e invejado. Procurei descrevê-lo com algum detalhe em meu livro *Educação superior nos Estados Unidos – história e estrutura*.[1] Nos últimos vinte anos, porém, a liderança acadêmica daquele país vem sendo disputada pelos competidores europeus e asiáticos. Os americanos ainda ocupam o primeiro lugar no pódio, mas já não estão sozinhos nas primeiras fileiras.

Tenho tratado desses desafios e impasses em outros textos. Neste artigo vou mencionar apenas um deles, a dificuldade de passar da extraordinária massificação do acesso para a melhora nos resultados, ou seja, no terreno que se pode chamar de sucesso.

Antes, porém, para contextualizar essa questão, convém reconstituir alguns momentos na espetacular trajetória desse sistema educativo. Alguns momentos marcantes da educação americana mostram como ela

---

1. MORAES, Reginaldo C. *Educação superior nos EUA – história e estrutura*. São Paulo: Editora Unesp, 2015.

antecipou o que outros países só fariam décadas depois. A saga iniciou com o chamado "*common school movement*" dos anos 1840 e 1850 – levando à universalização da escola elementar, já no final do século XIX. Depois, houve o movimento em prol da *high school* "compreensiva", 1910 a 1940, levando a uma quase universalização da educação secundária.

Enfim, a massificação do ensino superior, marcado por dois grandes eventos, duas intervenções decisivas do governo federal. Primeiro, a lei de doação de terras do século XIX – com a criação dos Land-Grant Colleges e Land-Grant Universities (1862, reeditado em 1890). Depois, o G.I. Bill (1945), nome pelo qual é conhecido o plano que visava reincorporar os desmobilizados da guerra. Os formuladores esperavam a adesão de duzentos ou trezentos mil "veteranos", na rubrica ensino superior. Mas foram mais de 2 milhões. No final dos anos 1940, o sistema de ensino superior tinha dobrado de tamanho e tinha mudado sua característica, já era majoritariamente formado por escolas públicas (*colleges* e universidades). Em 1949, metade dos estudantes do ensino superior eram bolsistas do GI Bill!

Para concluir a massificação, nos anos 1960 vieram os programas de Lyndon B. Johnson (a grande sociedade), que ajudaram a expandir terrivelmente os *community colleges*, o ensino superior de curta duração (*two-year colleges*). Essas instituições peculiares incorporaram enormes contingentes de minorias étnicas, principalmente negros e latinos.

O movimento dos impressionantes números pode ser visualizado no Gráfico 1, adaptado de ensaio de Martin Trow.[2]

Essa expansão era parte de uma escalada de otimismo, de crescimento da opulência e de relativa redução de desigualdades, sobretudo no período 1945-1970, um período róseo para o chamado *American Dream*, a expectativa, real ou ilusória, de que havia um caminho aberto ao sucesso para todos os que nasciam ou cresciam na

---

2. TROW, Martin. *Twentieth-century higher education: Elite to mass to universal*. Baltimore: Johns Hopkins University Press, 2010.

"América". Uma parte do *American Dream* era a obtenção do diploma de ensino superior e da conquista de emprego correspondente a esse diploma, com bons salários e prestígio social. *College for All* (CA) não era apenas um caminho. Era, aparentemente, o "caminho único". A *high school*, a escola média compreensiva, deixava ser o *ticket* de entrada no mundo do sucesso.

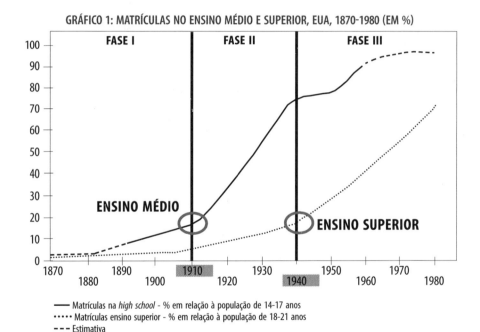

Fonte: Trow, 2010, p. 55

OUTROS CAMINHOS PARA O SUCESSO?

Salvo engano, foi James Rosenbaum que primeiro utilizou esse termo, em 2011, com o livro *Beyond college for all: career paths for the forgotten half*.[3] E o título já mostrava uma tendência nova: a ideia de

---

3. ROSENBAUm, James. *Beyond college for all: carreer paths for the forgotten half*. New York: Russel Sage Foundation, 2001.

que havia alternativas a esse caminho e que elas deveriam ser seriamente consideradas.

É, contudo, razoável lembrar que a febre do *college for all* já fora alvo de críticas, anteriormente. Essa ideia-força – que foi crescendo depois da Segunda Guerra – teve altos e baixos depois do final dos anos 1960 – junto com as oscilações do conjunto do sonho. Nos anos 1970, a demanda pelos bacharelados arrefeceu e declinou seu diferencial de salários, isto é, o que ganhavam a mais, comparados com os trabalhadores detentores de certificados de ensino médio, apenas.

Nessa conjuntura, começou a vicejar uma literatura crítica ao *college for all*. Alguns mencionavam a "sobre-educação" dos americanos, outros, a ilusão ou má relação custo/benefício do bacharelado. Alguns altos e baixos atingiram o CA, em suma. Mas no começo do novo milênio a crítica voltou a crescer, agora mais robustecida pela sugestão de alternativas mais claras, tais como aquelas sugeridas nos livros de Kenneth Carter Gray e Edwin L. Herr[4] e de Kevin Fleming[5].

Tento representar, no diagrama a seguir [sem dados numéricos], uma das ideias centrais do diagnóstico traçado no livro de Gray e Herr.

Os dados são oficiais (departamento de Educação). Cada quadrícula representa 5% das crianças e adolescentes (escolares). Apenas 10% deles podem ser considerados "vencedores" se o padrão for este: tirar um diploma de bacharelado (qualquer) e obter um bom emprego no campo desse diploma. O resto é feito de "perdedores". Bom, o problema é o tempo e o dinheiro que se perdeu para produzir tantos perdedores. Sem contar o gasto em autoestima. Ou seja, na opinião dos críticos, é preciso ter uma política melhor para esses 90%, não

---

4. Gray, Keneth C.; HEER, Edwin L. *Other ways to win: creating alternatives for high school graduates*. Thousand Oaks-CA. Cowin Press, 2006
5. FLEMING, Kevin. *Redefining the goal: the true path to career readiness in the 216 century*. Scotts Valley, California: createspace platform, 2016

```
                            SUCESSO
     INSUCESSO?      CONCLUEM ENSINO FUNDAMENTAL      INSUCESSO?


 CONCLUEM ENSINO MÉDIO
 E VÃO P/ MERCADO DE TRABALHO   INGRESSAM NO ENSINO SUPERIOR   ABANDONAM ENSINO MÉDIO


                         CONCLUEM GRADUAÇÃO         ABANDONAM FACULDADE


                          DIPLOMADOS E              DIPLOMADOS E
                          BEM EMPREGADOS            SUB-EMPREGADOS
                                        10%
```

apenas despejar nas suas cabeças que é este o caminho. Se ficarmos na ilusão do "universidade para todos", dizem eles, estamos levando em conta e estimulando corretamente apenas os 10% que "vencem".

O diagnóstico desemboca em uma receita: a difusão de "outros caminhos para vencer". Basicamente, esses outros caminhos são a escolha de educação técnica pós-secundária, aquela que, por exemplo, oferecem os *community colleges* em seus programas vocacionais. Dada a debilidade dos programas norte-americanos de formação de força de trabalho – comparados, por exemplo, com seus competidores europeus –, a proposta tem encontrado razoável repercussão entre empresários e analistas de políticas. Contudo, é bem menos acolhida entre estudantes e suas famílias, que ainda sonham com o *college* e o emprego bem pago e "na carreira".

A recusa dos *other ways* (outros caminhos) é ainda reforçada pelo fato de que, em geral, o ensino superior "alternativo" é, com muita frequência, aquele que pensamos "para os filhos dos outros".

Na sociedade americana, diferentemente da alemã ou da sueca, por exemplo, é enorme a distância entre o trabalhador *blue colar* (operário), mesmo altamente qualificado, e os engenheiros e executivos. Tanto no que diz respeito ao salário quanto ao prestígio. Assim, a promessa do *college for all* segue sendo ouvida, ainda que manifestamente condenada ao fracasso. Haverá modo de ser diferente? Esse é um problema exclusiva ou tipicamente americano? Bom, não esperem deste artigo resposta a tais questões. Enunciá-las já nos parece relevante, por enquanto.

O FINANCIAMENTO DO ENSINO SUPERIOR AMERICANO E ALGUNS DE SEUS MEANDROS

21 DE SETEMBRO DE 2017

Muita coisa se diz sobre o sistema americano de pesquisa e ensino superior. Nem sempre é fácil distinguir aquilo que é relevante, no meio dos clichês e imprecisões veiculados pela grande mídia. Vale a pena, portanto, tentar entender os mistérios daquele mundo, enorme, diversificado, complexo. Comecemos por uma descrição simplificada, estilizada, do conjunto.

O sistema americano, ainda que pouco coordenado nacionalmente, tem o formato de uma pirâmide. No topo, há uma centena de universidades de pesquisa "tipo I" – concentram 70% das verbas de pesquisa, 70% dos doutoramentos. Dois terços dessas escolas são públicas, estaduais, o restante é composto de fundações sem fins lucrativos. Um pouco abaixo, mas ainda no andar nobre, há umas duas ou três centenas de universidades de pesquisa "tipo II", recebendo o restante das verbas de investigação e gerando os outros 30% dos doutorados. Nesse andar superior, as escolas privadas (todas sem fins lucrativos) têm proporcionalmente mais alunos na pós-graduação e escolas profissionais (medicina, direito, engenharia) do que na graduação *stricto sensu* (o *college*). E nelas o *college* é fortemente concentrado em poucas especialidades, as mais demandadas. As escolas públicas não podem fazer isso – precisam oferecer um leque muito grande de carreiras, inclusive as menos "nobres" e mais baratas. Assim, as escolas privadas, inclusive aquelas famosas, são relativamente pequenas e focadas, em um sistema que tem 5 mil ou 6 mil instituições e perto de 20 milhões de estudantes. Princenton tem menos de 10 mil estudantes, Harvard tem uns 22 mil. Só a unidade Los Angeles da Universidade da Califórnia (UCLA) tem duas vezes isso – e uma oferta de especialidades (carrreiras) três vezes maior.

No andar imediatamente abaixo, há um grande número de escolas (faculdades e universidades estaduais) ditas "compreensivas", oferecendo numerosas graduações (*bachelor degree*) e alguns mestrados, especializações. E finalmente, na base da pirâmide, há uma rede enorme *de two-year colleges* ou *community colleges*, de franco acesso, oferecendo cursos de curta duração (*advanced degrees e certificates*). É por meio deles que quase a metade dos "calouros" ingressa no mundo mágico do ensino superior. Essa capilaridade do sistema é um dos segredos da expansão do acesso.

A propósito: todas essas escolas cobram anuidades dos estudantes – inclusive as públicas. Contudo, desde pelo menos a Segunda Guerra, o número de bolsas é muito grande – deixo esses detalhes para o leitor do meu livro.

Temos outro modo de ver esse universo quando tomamos os dados coligidos pelo *Profiles of american colleges*, publicação da editora Barrons destinada a orientar o "público consumidor" dessa área, isto é, as famílias dos estudantes. Faço uma adaptação para resumir o argumento. Aí se vislumbra um perfil de seus ingressos e egressos, isto é, dos frutos da árvore – de onde vêm os "calouros" e qual o resultado que obtêm. E o retrato – num total de 1.416 escolas selecionadas pela Barrons – é instigante:

TABELA 1: DISTRIBUIÇÃO DE ESCOLAS, INGRESSANTES E CONCLUINTES A GRADUAÇÃO NORTE-AMERICANA (ANO 2000)

Tipo de escola	Número de escolas	%	Número de ingressantes	%	Número de concluintes	% do total	Concluintes/ ingressantes
Top	146	10,3	170.000	12,5	136.000	18,8	0,80
Seletivas	253	17,9	300.000	22,0	210.000	29,0	0,70
Média seletividade	588	41,5	570.000	41,8	313.500	43,3	0,55
Não seletivas	429	30,3	325.000	23,8	65.000	9.0	0,20
	1416		1.365.000		724.500		0,53

DINHEIRO PÚBLICO: COMBUSTÍVEL.
GUERRA: CATALISADOR

Pois bem, como se sustenta isso tudo? Como se construíram seus patrimônios e estruturas, ao longo do tempo? Desde logo, um componente decisivo foi a injeção de recursos públicos. Isso vem desde a colônia, com a doação de terras e a isenção de taxas. Mas aquelas eram escolas pequenas, muito pequenas, inclusive as famosas Harvard, Yale, Princeton. Depois da Guerra Civil veio algo de porte – a doação de terras do governo federal. Enormes quantidades de terras foram doadas a instituições (públicas e privadas) para a constituição de um patrimônio a ser explorado ao longo do tempo. Surgiram assim as *land grant universities*, até hoje conhecidas pela sigla "A&M" (agricultura e mecânica). A doação de terras foi decisiva para as universidades e para as ferrovias. Esses dois empreendimentos ocuparam o oeste e o sul, de certo modo "reinventando" o país.

Depois veio o GI Bill, o "Plano Marshall" dos veteranos, um mar de bolsas para 8 milhões de veteranos da Segunda Guerra. O sistema acadêmico dobrou de tamanho, com dinheiro federal. Reedições desse plano ocorreram com os confrontos na Coreia, no Vietnã, no Golfo. Essa montanha de dinheiro federal redefiniu completamente o sistema.

A guerra, porém, não rendeu recursos apenas para o ensino. Construiu instalações e financiou a maior parte da pesquisa relevante nos Estados Unidos, inclusive da pesquisa industrial. Estamos falando das guerras "quentes" e da guerra fria, aquela que se tramava na corrida armamentista contra os "vermelhos" e, hoje, na guerra contra inimigos "desterritorializados" (os grupos terroristas transnacionais).

O padrão de financiamento da pesquisa chama atenção. Faz tempo, Richard Nelson e seus colegas fizeram um histórico desse financiamento, para os anos do pós-guerra. Está em seu *Tecnologia e desenvolvimento econômico*, publicado no Brasil pela editora Forense. Com dados mais recentes montei o gráfico abaixo (National Science Board, *Science and Engeneering Indicators* – 1996). Ele é extraído de um conjunto que montei para um livro meu que está no prelo (*Modelos internacionais de ensino superior*, Editora Unesp).

Elaboração própria

No livro mencionado, com as mesmas fontes de dados, faço alguns ensaios para evidenciar as diferenças entre o que cada um dos setores financia e o que cada um deles executa. Em geral, a indústria, as universidades e os centros independentes executam mais do que financiam – o governo federal financia mais do que executa. O governo federal financia sistematicamente pesquisa na indústria, nas universidades e em centros e institutos vinculados a universidades. Além disso, a partir de 1980, para ajudar esse baldeamento de dólares, seguidas leis de renúncia fiscal subsidiam a pesquisa supostamente financiada pela indústria.

É instrutivo olhar para os dados de uma notável instituição, o MIT. Vejamos o Gráfico 2, retirado de uma publicação comemorativa da universidade.

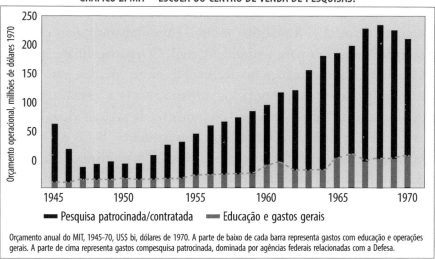

GRÁFICO 2: MIT – ESCOLA OU CENTRO DE VENDA DE PESQUISAS?

Orçamento anual do MIT, 1945-70, US$ bi, dólares de 1970. A parte de baixo de cada barra representa gastos com educação e operações gerais. A parte de cima representa gastos com pesquisa patrocinada, dominada por agências federais relacionadas com a Defesa.

O título que introduzimos no gráfico é uma provocação. Mas como responderíamos a essa pergunta? É possível que o retrato das dez principais universidades de pesquisa seja bem parecido com esse. É possível, também, que o retrato das 120 universidades de pesquisa seja algo parecido com esse. Daí, faz sentido perguntar o que elas são, quem as sustenta e a quem servem. O que temos, espelhado naquele orçamento: uma escola superior que pesquisa e forma pesquisadores? Ou um centro de pesquisa que subsidia cursos de pesquisadores?

Sim, o MIT talvez pareça menos uma escola que faz pesquisa e mais um centro que vende pesquisa a patrocinadores e mantém, em anexo, uma escola de quadros. Uma tremenda escola, aliás.

Se recuarmos no tempo nos damos conta, ainda, de outros fatores relevantes. O MIT foi uma das várias escolas privadas que receberam terras do programa federal do século XIX. Depois, durante a Segunda Guerra, foi o estuário de volumosas verbas de "pesquisa programada" do Departamento de Defesa (DOD), coisa que continuou durante a Guerra Fria. E segue assim, ainda que outra fonte, também federal, tenha passado à frente do DOD como fornecedora de recursos – trata-se do sistema da saúde, concentrado nos NIHS (institutos nacionais de saúde). A pesquisa militar, como sabemos, tem notáveis resultados colaterais para a produção civil. O massivo financiamento da indústria da informática foi decisivo, durante décadas, para fazê-la gerar e popularizar os computadores de uso civil (e a internet, filha de um programa militar, o Arpanet). A indústria da aviação viu o Boeing e o DC-10 evoluírem a partir dos bombardeiros B-52 e Douglas. Quando o governo federal paga o projeto e o protótipo dos aviões garante a frota civil que daí decorre. Fábrica de lucros. Ainda que exagerado pelos falcões militares, esse *spin-off* é real. Em quase tudo que possamos imaginar dos produtos de uso diário.

O "modelo de negócios" que financia o MIT é assim fruto de uma circunstância muito peculiar, quase certamente irrepetível. E muito focada em duas ou três dezenas de grandes escolas americanas. Não pode ser extrapolada para uma política para um país. Mas a injeção de recursos públicos (estaduais, federais, locais) é decisiva para o funcionamento da pirâmide acadêmica, inclusive de seus braços privados.

Dentro desse contexto, vale a pena olhar um quadro resumido da economia interna das instituições. Reparemos que para as escolas *privadas* sem fins lucrativos é absolutamente essencial a participação do recurso *público* para sua sustentação. O dinheiro público supera o valor de anuidades e taxas. Mas o cofre público subsidia diretamente também as instituições privadas com fins lucrativos. O quadro abaixo precisaria ser atualizado. Pelo que tenho reunido de fontes novas, veríamos inchar os valores injetados pelo setor público no setor lucrativo, que conseguiu convencer os legisladores e formuladores de política a relaxar bastante as restrições anteriores, no famoso Título IV da Lei da Educação. Há escolas lucrativas que chegam a ter 90% de seu orçamento operativo dependente de diversas fontes oficiais.

TABELA 2: FONTES DE RENDA DAS ESCOLAS SUPERIORES, 2006 (EM PERCENTUAIS)

	Anuidades e taxas	Recursos governamentais; dotações, bolsas, contratos federais, estaduais e locais	Doações, bolsas e contratos privados	Vendas e serviços educativo	Vendas de empresas auxiliares	Outras fontes
Públicas						
4-Anos	17,1	65,1	2,7	-	9,1%	4,7
2-Anos	14,7	77,6	1,1	-	4,3	1,9
Sem fins lucrativos						
4-Anos	31,4	31,8	12,7	8,7	9,9	5,6
2-Anos	20,0	50,0	4,5	3,6	8,2	13,6
Fins lucrativos						
4-Anos	68,8	18,8	0,3	4,4	5,0	2,7
2-Anos	55,9	26,8	0,6	3,4	7,6	5,6

Fonte: adaptado de WEISBROD, Burton et al. *Mission and money – understanding the university*. Cambridge: Cambrigde University Press, 2008.

Como eu disse, o modelo das escolas do alto, como o MIT, é não apenas irrepetível – não vamos inventar outras guerras, frias ou quentes, para fazer decolar réplicas daquelas escolas. É também apenas um pedaço – não inteiramente representativo, para dizer o mínimo – do conjunto do ensino superior americano. Uma política nacional de educação tem que ter critérios mais amplos e diversificados. Sem o contexto, o "exemplo" corre o risco de se transformar em caricatura.

O MIT é admirável e ensina muita coisa, mas o MIT não é aqui, diria a Universidade Estadual do Oregon. Outros também poderiam dizer. Exemplos como o do MIT devem ser estudados, de fato. Não para copiá-los, mas para aprender com eles, contextualizando-os. Isso talvez nos ajude a investigar quais os substitutos funcionais que podem emular alguns de seus sucessos, bem como evitar alguns de seus problemas e obstáculos.

DA MERENDA ESCOLAR AO COMPOSTO PARA ASTRONAUTAS

19 DE OUTUBRO DE 2017

Em 1729, Jonathan Swift publicava sua *Modesta proposta para evitar que as crianças da Irlanda sejam um fardo para os seus pais ou para seu país*. Faz alguns anos, a Editora Unesp me convidou a escrever um prefácio à edição brasileira do livrinho, uma peça imperdível do escritor irlandês.

A "solução" de Swift é conhecida, um humor macabro, agressivo. A ideia de transformar as crianças pobres em alimento é de chocar as boas almas. Parafraseando a frase de Marx sobre a religião, é um grito do espírito em um mundo sem espírito.

Volta e meia nos damos conta de que nos faltam alguns Swifts. Ou, então, que nem mesmo com milhares de Switfs conseguiríamos dar conta do que nos oferecem as propostas nada fictícias geradas por mentes criativas como a do alcaide paulistano. A última invenção do jovem sexagenário é a comida de astronauta produzida a partir de alimentos em vésperas de virar lixo. Sim, a ideia é "agregar" alimentos de supermercados, com data de validade em cima da risca. E desse agregado produzir pacotes de granulados a servir como ração para os famintos da grande cidade, incluindo os estudantes, com merenda escolar "reforçada" pelo preparado. Os protótipos de alimento foram fornecidos para teste por uma empresa um tanto estranha, que não tem fábrica nem parece ter condições de ter – ela própria "agrega" serviços de outros fabricantes. Uma outra invenção, quem sabe candidata à inserção no cadastro de fornecedores da prefeitura. Analisada a forma de implementação da política, chega-se à conclusão de que será, de fato, um grande negócio. Os fornecedores dos alimentos "quase invendíveis" deixariam de perder esse saldo. E, mais ainda, teriam incentivos fiscais. Ganham em dobro. Um achado.

A ideia parece original – talvez seja. Não quer dizer que mereça um prêmio por isso. Mas devemos reconhecer que é criativa. Não me refiro à criatividade dos tecnólogos que inventaram o produto e o processo, a tal farinata. Talvez sejam, mesmo, engenhosos. Talvez alguns deles tenham a melhor das intenções. Sempre existe a tentação de utilizar a ciência e a tecnologia como um atalho ou alternativa ao enfrentamento de problemas sociais que buscamos abafar. E aí os inventos excêntricos se multiplicam. Às vezes de modo sofisticado e "sério", claro.

O que a proposta evidencia, de modo bem criativo, é um modo de encarar a existência dos "carentes" aos quais se destinaria o engenho. Eles não comem, eles são supridos de fontes energéticas. Melhor isso do que nada, diz o secretário do prefeito, com certa lógica. Mais clara ainda foi a frase do próprio alcaide: "Você acha que gente humilde, pobre, miserável vai ter hábito alimentar? Se ele se alimentar, tem que dizer graças a Deus".

Essa lógica – um modo peculiar de olhar o andar de baixo da sociedade – tem história, tem seus momentos. Vejamos alguns, apenas alguns exemplos, que recolhi de minha apresentação ao texto de Swift.

No século XIX, diante da polêmica sobre o trabalho infantil, as chamadas classes proprietárias alardeavam, alegando base científica, que a eliminação dessa prática destruiria a economia inglesa, física e moralmente. Na mesma época, no Brasil, os donos de escravos previam o caos se e quando a abolição "rompesse os contratos" e agredisse seus "direitos adquiridos" quanto a negros, negras e respectivas proles, atuais ou em gestação. No sul dos Estados Unidos, fazendas negreiras eram montadas para reproduzir esse insumo fundamental. Um pouco mais tarde, no esplendor do Terceiro Reich, o Vorstand (Conselho de Administração) da IG Faberben e as SS discutiam seriamente como liquidar judeus e eslavos com o menor custo e "esgotar" os trabalhadores em ritmos adequados à produção.

Será que as mentes criativas não conseguem produzir solução melhor para a fome? Alguma que, por exemplo, não agrida a autoestima do chamado público-alvo? Que não reduza a alegria de viver (e de comer!) à ingestão de energéticos consumidos "até por astronautas", como diz o elegante prefeito em sua turnê romana.

De fato, numerosos estudos, em diferentes campos da ciência, garantem, sim, que as crianças que não recebem calorias e proteínas necessárias, durante as últimas semanas intrauterinas e os primeiros meses após o nascimento, ficarão mentalmente prejudicadas de forma duradoura: as "pilhas" do cérebro não irão manter o "*set-up*" da memória e da inteligência. Elas tendem a se transformar em adultos apáticos. A degradação trará alguma perda para o mundo produtivo – aceitável desde que sejam peças sobrantes. Mas, por outro lado, talvez os apáticos um dia esperneiem. Keynes certa vez fez uma profecia terrível em seu *Consequências Econômicas da Paz (1919)*:

> A privação econômica avança por fases lentas e, enquanto os homens a suportam pacientemente, o mundo exterior pouco se importa. A eficiência física e a resistência à doença diminuem vagarosamente, mas, de alguma forma, a vida continua até o limite da resistência humana, até que os conselhos do desespero e da loucura afastem as vítimas da letargia que precede as crises. Então, o homem se abala e afrouxam-se as relações estabelecidas.

O poder das ideias torna-se soberano e os homens passam a dar ouvidos a quaisquer promessas transmitidas pelo ar [...]

nem sempre os homens morrerão em silêncio. Isto porque, se a fome leva alguns à letargia e ao desânimo irremediável, ela conduz outros temperamentos à nervosa instabilidade da histeria e a um louco desespero. Em seu sofrimento, estes podem derrubar o que resta de organização, e afogar a civilização em suas desesperadas tentativas de satisfazer as prementes necessidades individuais.[1]

Nosso poeta João Cabral, descrevia de outro modo o homem reduzido e abreviado produzido pela fome: ele "está aquém do homem, ao menos capaz de roer os ossos do ofício; capaz de sangrar na praça; capaz de gritar se a moenda lhe mastiga o braço, capaz de ter a vida mastigada e não apenas dissolvida".

Não é dessa escola que vêm os pensamentos do alcaide. Bons cabritos não berram – parece ser esse o lema ou expectativa da "farinata" engendrada nos misteriosos laboratórios da empresa.

Recentemente tivemos um caso doloroso e ainda abafado, o desvio de recursos da merenda infantil. Agora, a cozinha dos pobres é revisitada por mãos estranhas e ágeis. Já se assemelha a um padrão, quase um fetiche.

Um dos males deste nosso mundo é que nos acostumamos rapidamente a um "novo normal" que até ontem era impensável. Precisamos, de vez em quando, de alguns choques, para pensar pelo avesso, já que o mundo está direitinho demais para estar certo. Direitinho como um suéter rosa, jogado sobre os ombros com estudada indiferença.

---

1. KEYNES, John Maynard. *Consequências econômicas da paz* London: Macrnillan & Co. Ltd., London. 1919.

ENSINO SUPERIOR E INOVAÇÃO. PARA ONDE VÃO OS ESTADOS UNIDOS?

01 DE MARÇO DE 2018

O sistema de educação superior norte-americano – com destaque para suas universidades de pesquisa – já havia adquirido porte em 1930. Já era suficientemente forte para atrair cientistas europeus, inquietos com as turbulências e incertezas políticas de seus países.

Mas foi depois da Segunda Guerra que esse sistema se transformou em uma tremenda máquina de pesquisa e inovação, inovação fortemente impulsionada pelo gasto militar – pesquisa encomendada de grande porte e praticamente a fundo perdido. Essa máquina – o complexo industrial-militar-acadêmico – gerou tecnologias de aplicação genérica e transbordou para aplicações civis que deram ao mundo produtivo americano uma vantagem suplementar no cenário do pós-guerra. Foi assim, por exemplo, que a pesquisa para o desenvolvimento do B-52 desdobrou-se no Boeing. Ou que o projeto Tiger desdobrou-se no Federal Express. Há milhares de exemplos. Até coisas triviais como o forno micro-ondas nasceram em laboratórios militares.

Dizemos que desse complexou resultou uma vantagem suplementar porque já havia uma vantagem derivada do próprio conflito bélico, de seu efeito destrutivo – as economias europeias e asiáticas (Japão, especificamente) saíam desse cenário destruídas, enquanto a indústria americana e seu setor público, pelo contrário, haviam se construído por meio da guerra.

Esse cenário foi decisivo enquanto durou – até o final dos anos 1960, mais ou menos. A partir daí, a reconstrução dos aliados começava a gerar competidores. Em algumas áreas, as indústrias europeias e nipônicas estavam mesmo à frente dos americanos, beneficiadas por algo que se costuma chamar de vantagem dos tardios – podiam adotar a última palavra nos equipamentos, processos, desenhos produtivos, enquanto os americanos tinham um lastro de instalações e linhas de produção mais antigas.

Passados os "25 anos gloriosos" do pós-guerra, as empresas norte-americanas teriam que tratar com esse novo quadro adverso – e ajustar-se a ele. Talvez tenha sido Robert Reich o primeiro a difundir a tese de que esse ajuste, em vez de caminhar pelo antigo processo de inovar tecnologicamente (na produção), optou por um caminho menos virtuoso, até mesmo perverso, por meio de inovações especulativas e contábeis, o "capitalismo de papel". As empresas passaram a disputar nacos dos fundos públicos, explorando brechas da legislação para pagar menos impostos, furar regulações, especular com produtos financeiros etc. Uma variante dessas táticas é a enorme renúncia à nacionalidade americana – centenas de empresas agora se declaram cidadãos das Bahamas, Bermudas e outros paraísos fiscais. Um subproduto desse novo *mood* teria sido, por exemplo, o redesenho do perfil dos managers – não sairiam mais do setor de vendas e engenharia, sairiam da finança; não eram mais *organizational men*, que subiam na empresa depois de anos e anos dentro da firma, eram *experts* financeiros contratados, que por vezes sequer sabiam o que a empresa produzia. Daí para a especulação com papéis e 'contabilidade criativa', há apenas um passo. Para a instalação de "sedes" em paraísos fiscais... quem sabe um passo e meio. Vários estudos foram feitos mostrando tal mudança. E outro subproduto, aparentemente, foi a inclinação maior dos estudantes para campos outros que não a engenharia e as ciências, mas para as escolas de direito e administração. Ainda outro subproduto parece ter sido a mudança das atividades de "consultoria". As empresas desse tipo deixaram de trabalhar sobre produtos e processos, manufatura etc. Desenvolveu-se tremendamente um outro tipo de consultoria: contabilidade criativa, orientação tributária, estudos sobre modos de contornar regulações legais etc.

Quando olhamos o quadro dos prêmios Nobel, elaborado por estudiosos especializados, temos esta revelação:

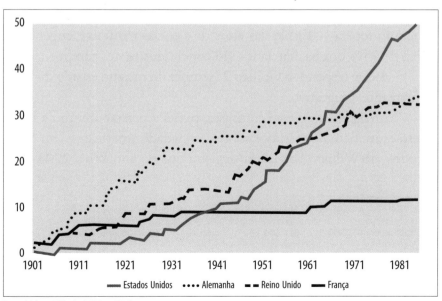

GRÁFICO 1: PRÊMIOS NOBEL DE FÍSICA E QUÍMICA

Fonte: Nelson & Wright (1992, p. 1941)

O que Richard Nelson e Gavin Wrigth[1] procuram mostrar, nesse ensaio, é um traço claro da liderança econômica e tecnológica americana na segunda metade do século XX. Enquanto a "ciência dura" dos europeus estagna ou reduz sua velocidade, os americanos decolam, inclusive pela incorporação de cientistas daqueles países, um outro saldo da guerra.

A fila anda, diz a frase popular. Esse quadro foi se alterando ao longo do tempo, com um ponto de inflexão ali pela metade da década de 1980. Tem algo revelador a identificar a data de tal ponto de inflexão – a metade dos anos 1980, precisamente quando os americanos estão passando pela "revolução financeira" de sua economia, em que a engenharia *stricto sensu* parece ceder espaço para a engenharia financeira, tanto na direção das corporações quanto nas expectativas dos jovens estudantes (a escolha dos cursos).

Anos mais, tarde, um estudo da National Science Foundation[2] adverte: "As universidades europeias e asiáticas são geralmente mais focadas em ciências naturais e engenharia (NS& E) do que as dos Estados Unidos. Cerca de 30% dos diplomas de graduação nos países da União Europeia (UE) são das áreas de ciências naturais e engenharia; cerca de 15% dos bacharelados são concluídos nestes campos".

A esse respeito, o Gráfico 2 (sempre do mesmo estudo da NSF) é instigante e sugestivo.

Intrigado com esse contraste, passei a prestar atenção a tal aspecto específico, nos estudos sobre a sociedade americana. Um desses estudos, de William Lazonick,[3] registra que no ano letivo 2003-2004

---

1. NELSON, R. & WRIGHT, G. The Rise and Fall of American Technological Leadership: The Postwar Era in Historical Perspective. In: *Journal of Economic Literature*, 1992. Disponível em: <https://www.researchgate.net/publication/4722490_The_Rise_and_Fall_of_American_Technological_Leadership_The_Post_War_Era_in_Historical_Perspective>. Acesso em: 19 mar. 2020.
2. NATIONAL SCIENCE FOUNDATION. *Human resources for science & technology: the european region*. NSF-96-316, 1996.
3. Para quem tiver interesse, o estudo é: *Sustainable prosperity in the New Economy – Business Organization and High-Tech Employment in the United States*. Upjohn Institute for Employment Research. Kalamazoo-Michigan, 2009

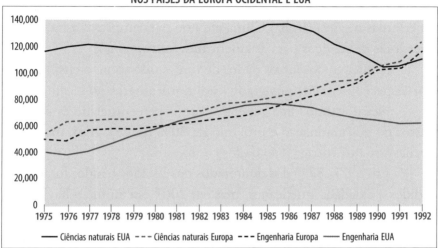

GRÁFICO 2: BACHARELADOS CONCEIDOS EM CIÊNCIAS NATURAIS E ENGENHARIA NOS PAÍSES DA EUROPA OCIDENTAL E EUA

as universidades americanas haviam gerado uns 137 mil bacharelados nas áreas de engenharia, ciências da computação e tecnologia da informação. No mesmo período, a Índia havia diplomado 139 mil – e China, nada menos do que 361 mil. Lazonick comenta que um grande número desses graduados indianos e chineses ia em seguida para os Estados Unidos para fazer pós-graduação.

Lazonick discute esse quadro dentro de uma tradicional polêmica americana – quase uma obsessão – com os flagrantes declínios do desempenho de estudantes de nível médio, em especial quando medidos em exames padronizados internacionais, nos quais ficavam atrás de países bem menos aquinhoados. Não é esse viés que vou explorar. Lazonick aponta outro, talvez mais intrigante – o desempenho particularmente fraco dos estudantes de 'minorias', como os latinos e negros. E a participação declinante (para os negros) ou estagnante (latinos) destas minorias no emprego em grandes corporações – e em especial nesses empregos STEM (Science, Technology, Engineering, Mathematics). E o emprego crescente de asiáticos. Mais revelador ainda é outro indicador que tem sido apontado por diversos estudos: a exportação de empregos de nível superior para as filiais de empresas americanas na Ásia (Índia, China etc.) ou para empresas asiáticas fornecedoras de serviços para as americanas (*outsourcing*).

Anotei então outros dados de um estudo sobre o ensino superior (especialmente de pós-graduação) norte americano recente.[4]

Nesse estudo, fico sabendo que o percentual de evasão nos cursos de pós-graduação é próximo de 50% (p. 27). Alto, mas não é apenas isso que intriga. São dados como estes:

Em 1977, 82% dos doutorados nos Estados Unidos foram concedidos a cidadãos americanos, mas em 2007 esse número havia caído para 57%. Em engenharia, apenas 29% dos doutoramentos foram obtidos por cidadãos americanos (abaixo dos 56% de 1977), e a porcentagem hoje nas ciências físicas é de 43% (abaixo dos 76% de 1977). Mesmo na área de educação, a porcentagem de doutoramentos para cidadãos dos EUA diminuiu, de 91% em 1977 para 81% em 2007 (p. 21).

Muitos desses estrangeiros ficam nos EUA. Uma outra parte volta para os seus países e ali se empregam em filiais americanas ou empresas locais fornecedoras destas – a preços bem menores do que se estivessem vendendo sua força de trabalho nos EUA. E assim se redesenha a distribuição da força de trabalho de nível superior no mundo, um fenômeno que alguns estudos já estão apontando.

Resta saber qual o impacto acumulado dessa tendência dentro dos Estados Unidos. A renda e sua distribuição, por exemplo. Quando juntamos essa 'exportação' de empregos com a transferência de sedes de empresas para paraísos fiscais – um esporte florescente nos Estados Unidos – temos um quadro do quanto pode ser predatória a atividade das grandes corporações americanas. Elas ganham de vários modos, inclusive reduzindo seus compromissos com o fisco. Even-

---
4. WENDLER, C. et al. *The Path Forward: The Future of Graduate Education in the United States*. Princeton, NJ: Educational Testing Service, 2010.

tualmente, também alguns empregados qualificados no terceiro mundo ganham com isso – e o Estado americano perde capacidade de investir na infraestrutura, nas políticas sociais, na educação. Pode ser que esteja virando verdade algo que se dizia como provocação jocosa anos atrás – será que os Estados Unidos estão mesmo se tornando um país do terceiro mundo? Sim, exagero, exagero, impressões ainda pouco fundadas. Mas os dois últimos presidentes – tão diferentes como são – fizeram constantes declarações dando a entender que achavam tais impressões no mínimo dignas de preocupação.

TODOS PELA EDUCAÇÃO, MAS NEM TODOS DO MESMO MODO

06 DE JUNHO DE 2018

Se queremos escolher uma encarnação recente e efervescente do evangelho pedagógico, uma das melhores escolhas seria o secretário de educação de Obama, Arne Duncan. Em 2009, diante do terremoto provocado pela crise financeira, ele declarou, com a solenidade dos profetas do já consumado: "O fato é que estamos não apenas em uma crise econômica; estamos um uma crise educacional". No ano seguinte, repetiu a arenga, num longo discurso para a Unesco: "A educação é ainda a chave para eliminar desigualdades de gênero, reduzir a pobreza, criar um planeta sustentável e promover a paz. E numa economia do conhecimento, a educação é a nova moeda por meio da qual as nações sustentam a competitividade econômica e a prosperidade global".

Ah, a economia do conhecimento, ah, a educação como canivete suíço. Ah, a educação como exercício diversionista sempre à mão. Tantas vezes se repete a "estória" que ainda vira história.

Sim, ela é antiga. Se quisermos apanhar apenas o que se pode chamar de tradição recente, vamos lá para 1964, quando Gary Becker publicava seu livro *Human Capital* e sustentava que o crescimento econômico passava a depender de conhecimento, informação, ideias, habilidades mentais da força de trabalho. Educação é investimento nesse capital humano. Mais tarde ele buscaria escantear um termo incômodo, que cheirava mal: "Uma economia como a dos Estados Unidos é chamada de economia capitalista, mas o termo mais acurado seria economia de capital humano ou de capital cognitivo".[1]

A fábula da "*knowledge economy*" faria carreira em certo meio acadêmico bem intencionado mas todo preocupado com a sensibilidade dos capitais. Daniel Bell faria quase um retrato ficcional desse admirável mundo novo, pós-industrial. A crer em sua elegia, os Estados Unidos deixariam de ser a fábrica do mundo, aquela coisa fumacenta e monótona, para virar um grande viveiro de engenheiros, cientistas, artistas. Em suma, um jardim de criadores de ideias.[2] O famoso guru da administração, Peter Drucker, ia no mesmo rumo, asseverando, até, que a riqueza e o poder estavam migrando dos proprietários e gerentes para os "*knowledge workers*".[3] O secretário de trabalho de Bill Clinton, Robert Reich, na mesma década, garantia que a desigualdade entre as nações (e das pessoas dentro delas) resultava de diferenças nesse acervo – conhecimento e habilidades. O "investimento em educação" era a chave para reduzir esse fosso.[4]

Isso era o que vertia do lado dos economistas e gurus da futurologia. E os partidos e candidatos? Uma convergência básica. As plataformas dos dois partidos americanos compartilham o mesmo tipo elementar de abordagem. Cada um dos presidentes quer aparecer como o "general da educação".

Bush (pai) proclama o mandamento do "*No child left behind*" (nenhuma criança deixada para trás) e acelera a paranoia dos testes

---

1. Para os que desejarem conferir (ou se espantar), as reflexões de Becker sobre o tema estão disponíveis nestes endereços: <www.um.edu.uy/docs/revistafcee/2002/humancapitalBecker.pdf>; <http://media.hoover.org/documents/0817928928_3.pdf>.
2. BELL, Daniel. *The coming of the post-industrial society*, New York: Basic books, 1973.
3. DRUCKER, Peter. *Post-capitalist society*, New York: HArper Business, 1993.
4. REICH, Robert. *The work of nations: a blueprint for the future*. New York: Simon and Schuster, 1991

padronizados, avaliação dos professores e arrocho pela produtividade. E a escalada tem apoio de pedagogos de prestígio, como Diane Ravitch, que anos mais tarde faria uma pesada autocrítica e se tornaria a inimiga mais dura e consistente do "testismo".

Se isso ocorria com os republicanos, os democratas não ficariam atrás. A agenda eleitoral do partido incluiria uma seção prometendo nada menos do que uma "*World class education for every child*" (educação de classe mundial para todas as crianças).

Para não dizer que cabulou essa aula, Obama, no seu famoso livro-programa *The audacity of hope*[5] repete o tema e insiste na educação milagrosa, porta de escape para os problemas dos indivíduos e do país: "em uma economia baseada no conhecimento, onde oito em cada nove ocupações que mais crescem nesta década requerem habilidades científicas ou tecnológicas, a maior parte dos trabalhadores precisa de alguma forma de educação superior para preencher os empregos do futuro".

Ao que parece, para todos eles, é irrelevante que tais "dados" sejam "ajeitados" e reflitam distorções analíticas bem dirigidas. Analistas mais céticos e menos entusiasmados com o evangelho pedagógico mostram o quanto tais expectativas refletem mais um desejo ou fantasia do que o andar efetivo da carruagem econômica norte-americana. De fato, é o que dizem os estudos com mais base empírica: o número de empregos para *operar* instrumentos de alta tecnologia vai ser maior do que os empregos que requerem profissionais como cientistas e engenheiros, educados em universidades.

É por essas e outras que voltamos a um tema que temos teclado com insistência nesta coluna do *Jornal da Unicamp*. A que se deve tal resiliência do evangelho pedagógico, da educação como panaceia indefectível e inarredável? E quais os instrumentos que fazem esse discurso tão penetrante, tão persuasivo?

---

5 OBAMA, Barack. *The audacity of hope: thoughts on reclaiming the american dream*. New York: Crown publishing group, 2006.

Para ter pistas que respondam a essa pergunta, talvez ajude lembrar como a educação tem sido "promovida" no discurso público norte-americano. Exemplos não faltam, vamos a um deles.

No final dos anos 1950, como sabemos, os vermelhos mandaram satélites para o espaço. O choque inicial veio com a cadelinha Laika. Depois, com o famoso Iuri Gagarin, primeiro homem no espaço sideral. Choque e ranger de dentes na terra de Tio Sam. Sentimento de derrota e vergonha. O que diziam, então, os líderes políticos da terra de Marlboro? Que isso refletia a decadência das escolas americanas... Choviam estudos e propostas de reforma, com o usual apelo para que a grade de matemática e ciência fosse ampliada. Rigor, padrões, muita ciência, mais álgebra, mais testes. Sai do forno uma nova lei de educação e ela é sintomaticamente denominada *National Defense Education Act*. A educação é a guerra por outros meios, parece ser a nova paráfrase de von Clausewitz.

Mas... o problema reside nas escolas elementares e médias? É nelas que temos que bater? São elas que temos que reformar, com urgência? Ora, se assim é, a falha na produção de cérebros, para redundar no fiasco do Sputnik, deveria ter ocorrido em 1920 ou 1930, quando estavam nessas escolas os prováveis cientistas e engenheiros dos anos 1950. Por que então chicotear as escolas e professores de 1960? Não importa, o argumento pegou. Como pegaria em outras situações, com outros termos.

Sempre a educação na mira – como promessa de futuro ou como culpada do atraso. É por isso que vale relembrar o comentário de Larry Cuban e David Tyak em seu *Tinkering toward utopia: a century of public school reform (Harvard University Press, 1995)*:

> Por que soluções para problemas econômicos mais amplos são com frequência apresentadas como reformas da escola? [...] Por que de fato os formuladores de política, federais e estaduais repetidamente apelam às escolas

para ajudar a resolver os problemas econômicos nacionais? [...] Será preciso dizer que parece mais fácil consertar as escolas do que a economia? [...] Também é mais fácil apontar o dedo para o despreparo dos jovens como o problema a ser resolvido do que culpar executivos por decisões míopes ou apontar as mudanças em uma economia impulsionada pelas forças de mercado que são mal compreendidas.

Assim caminha a humanidade, com passos de formiga e sem vontade. O roqueiro sabia o que dizia...

INOVAÇÃO. MUITO ALÉM DO PROFESSOR PARDAL

23 DE AGOSTO DE 2018

Muita gente ainda acredita que inovação é a famosa invenção que sai da cabeça do professor Pardal, o personagem de Walt Disney. De repente, um "eureca" e ele inventa um bagulho revolucionário e improvável.

Na verdade, isso praticamente não existe na vida real. E esclarecer esse fato, para o grande público, deveria ser uma preocupação do jornalismo científico. Para prevenir contra simplificações que nos levam a pensar políticas de educação e pesquisa simplistas ou inteiramente erradas. O esclarecimento do significado das coisas pode ser um bom começo.

Desde as últimas três décadas do século XX, foi-se constituindo um acervo considerável de estudos sobre os "sistemas nacionais de inovação". Nas minhas investigações sobre os sistemas de ensino superior, em especial o norte-americano, tornei-me uma espécie de consumidor interessado desse material, produzido por especialistas que durante anos estudaram o dia a dia do problema.

Uma das aquisições dessa literatura foi o refinamento e consolidação de um razoável conjunto de categorias analíticas, elaboradas por sucessivas distinções e diferenciações e corroboradas por estudos empíricos cada vez mais abrangentes. É o que acentuam os papers reunidos por Edward Lorenz e Bengt-Ake Lundvall em *How Europe's economies learn – Coordinating competing models*.[1] Nesse sentido, talvez se possa mesmo falar num progresso da teoria. Uma sequência de "aquisições" cumulativas.

A primeira distinção relevante – presente já em praticamente todos os manuais e livros-texto do ramo – parecer ser aquela entre invenção e inovação. E, no que diz respeito à inovação, um dos refinamentos das análises é aquele que vê o processo inventivo como algo mais do que a "eureka" do gênio criador, mas como um processo social, compartilhado. Whitehead chega a dizer que a maior invenção do século XX foi a indústria da invenção – refere-se à consolidação de um método, mas, indiretamente, pressupõe um compartilhamento, uma produção, propriedade e uso coletivo de procedimentos...

A segunda distinção é aquela entre a inovação radical e a inovação incremental, que em grande parte tem raízes no processo de adaptação e imitação e na tríade uso, manutenção e reparo. Se você procurar na web, pode encontrar um interessante livro a respeito, de David Edgerton, *The shock of the old*.[2] A Editora da Unicamp publicou livro de Limsu Kim que mostra essas ligações no importante caso coreano: *Da imitação à inovação – a dinâmica do aprendizado tecnológico da Coreia*.[3]

Paralelamente, foram-se constituindo também diferenciações na caracterização do tipo de conhecimento atrelado a cada uma dessas definições anteriores. A mais relevante e conhecida talvez seja aquela

---

1. LORENZ, Edward; LUNDVALL, Bengt-Ake. *How Europe's economies learn: coordinating competing models*. Oxford: Oxford University Press, 2006.
2. EDGERTON, David, *The shock of the old – Technology and global history since 1900*. Oxford: Oxford University press, 2007.
3. KIM, Limsu. *Da imitação à inovação – a dinâmica do aprendizado tecnológico da Coreia*. Campinas: Editora Unicamp, 2005.

que separa conhecimento codificado e conhecimento tácito, sobre a qual disserta farta literatura. Mais recentemente foi-se consolidando a convicção de que partes cada vez maiores do conhecimento tácito podem ser codificadas e, assim, transmitidas e ensinadas. Mais ainda: se o conhecimento for inteiramente codificado, está aberta a possibilidade de ser "embutido" em dispositivos não humanos.

Uma outra importante consequência do avanço dessas investigações é a percepção de que as condições propícias para a formação do conhecimento tácito podem ser criadas. Ainda assim, isso precisa ser feito dentro de um quadro prévio, relativamente codificado ou ossificado. Esse quadro é composto por elementos como a assimilação de códigos elementares (alfabetização), do hábito de uso desses recursos, de conhecimentos prévios do campo em questão, tais como os nomes de ferrramentas, por exemplo.

Essas distinções, progressivamente construídas ao longo de três ou quatro décadas de estudos histórico-empíricos e debates conceituais, foram também dando outro perfil à própria ideia de "sistema nacional de inovação". Esses complexos têm sua compreensão ampliada, indo além do seu "núcleo duro" – as instituições de R&D *stricto sensu*, como os laboratórios e equipes de ciência e engenharia de empresas, universidades e centros de pesquisa independentes. Passaram a ser incorporadas nesses sistemas algumas instituições aparentemente paralelas e auxiliares, mas, agora sabemos, essenciais ao processo inovador – desde comportamentos e sistemas legais até os sistemas educativos e formadores de força de trabalho especializada, por exemplo.

Essa extensão da própria ideia de SNI[4] tem particular interesse não apenas porque reforça a inclusão do ensino superior no centro desse sistema, mas, também, porque exige que se veja essa educação e seu papel de modo mais plural. Instituições de educação superior,

---

4. Provavelmente o autor tratou com a sigla SNI de um sistema nacional de informação (N.E.)

mais do que lócus de pesquisa e criação, geração de invenções e patentes, são, também e essencialmente, parte do sistema de formação de *national capabilities*, de agentes portadores do conhecimento (codificado e tácito) essencial à geração de inovações.

A extensão do conceito implica uma extensão dos "lugares da inovação" e, também, dos personagens nela envolvidos. Assim, Lam e Lundvall chamam a atenção para que levemos em conta não apenas os segmentos produtivos carimbados como *high-tech*, mas os *low-and medium-technology sectors with a focus on an incremental innovation strategy* (setores de baixa e média tecnologia, com foco numa estratégia de inovação incremental). Destacam o caso da Dinamarca, como exemplo. Mas, ao que parece, é ainda mais relevante o caso da Alemanha, país que se destaca pela capacidade de gerar inovação em setores tradicionais da economia e não apenas nos *high-tech*. Prestar atenção nessas variedades nos salvaria do risco de ver modelos como o Silicon Valley como um padrão exclusivo de inovação e desenvolvimento. O estudo de Lam e Lundvall sintetiza essa questão, que merece ser considerada pelos formuladores de políticas e, também, pelas lideranças acadêmicas:

> De fato, a aprendizagem que ocorre em setores tradicionais e de baixa tecnologia pode ser mais importante para o desenvolvimento econômico do que aquela que se realiza em um pequeno número de empresas de alta tecnologia isoladas. O potencial de aprendizagem (oportunidades tecnológicas) pode diferir entre setores e tecnologias, mas em setores mais amplamente definidos, haverá nichos onde o potencial de aprendizagem é alto. Isso é importante em um período onde a política do conhecimento tende a ser identificada com política de ciência e com o apoio a empresas de base científica.

Esse tema merece mais compreensão. Este é apenas um convite a pensar na sua complexidade. Para isso montei o quadro a seguir. Como um exercício de compreensão desse debate – e um exercício, também, de imaginação dirigida a pensar a elaboração de políticas de conhecimento.

QUAIS CONHECIMENTOS E COMPORTAMENTOS INOVADORES SÃO RELEVANTES PARA UMA POLÍTICA DE DESENVOLVIMENTO? E COMO ISSO PODE SER ESTIMULADO?

1. Inovação é diferente de invenção.
2. Invenção é basicamente uma "ideia nova", geralmente embutida em um produto (aparelho, substância etc.) ou processo, um modo de fazer.
3. Inovação é outra coisa: envolve o uso, a inserção desse novo no mundo produtivo (indústria, comércio, serviços, agricultura) ou nas atividades sociais (serviços públicos, educação, saúde etc.).
4. A inovação só vinga se demonstrar ser melhor do que o já existente e já utilizado. "Melhor", nesse caso, quer dizer: mais eficiência técnica e econômica.
5. Há diferentes tipos de inovação. Produto e processo. Mas, também: radical e incremental (adaptativa).
6. Inovação radical é algo que se identifica com um objeto radicalmente novo (aparelho, fármaco etc.). Ou processo radicalmente novo – modo radicalmente novo de fazer algo.
7. Inovação incremental é, fundamentalmente, a modificação em um produto ou processo. Um modo diferente de usar, por exemplo, é inovação.
8. Inovação radical é algo em geral vinculada a um tipo de instituição, a um núcleo duro dos sistemas de inovação (universidades, laboratórios). É filha do laboratório, da prancheta, da engenharia.

9. Inovação incremental depende de SNI em sentido amplo – de uma *learning economy*. De hábitos disseminados de inovar, adaptar etc. Depende muito mais do chão de fábrica e menos da prancheta (do laboratório, da engenharia).
10. Quais dessas inovações são mais relevantes para o desenvolvimento do país? Depende do contexto e do momento. Há países que se desenvolveram muito, de início, sem ter um "núcleo duro" significativo (Japão, Coreia, Taiwan, Dinamarca). Importam, aprendem, adaptam, usam.
11. Respondido o anterior, outra questão: quais são as fontes de cada uma dessas inovações? Quais os atores envolvidos nelas? Em que circunstâncias elas têm probabilidade de surgir? Como podem ser criadas ou estimuladas? Perguntas como essas orientam as políticas de conhecimento.
12. Inovação não é apenas inventar nem mesmo adaptar e imitar. Implica criar condições para uso e disseminação e aceitação. A inovação "cria" conhecimento novo, mas também destrói muita coisa pelo caminho. A máquina ferramenta controle numérico marginaliza ou mesmo elimina o uso do conhecimento "embutido" em ofícios especializados que substitui. O container foi uma invenção trivial, mas implicou a reorganização do trabalho nas docas e plataformas – e destruir os empregos e um "saber-fazer" antigo.
13. Criar condições para uma *learning economy*, uma economia de inovação sustentável, depende também de imaginar instituições de acomodação das consequências. Instituições que forneçam compensações para os perdedores, amenizando as resistências à inovação.

NOVAÇÃO NOS ESTADOS UNIDOS. O VIÉS MILITAR E SEUS LIMITES

25 DE OUTUBRO DE 2018

A máquina norte-americana de produzir conhecimento e inovação transformou significativamente o país e seu lugar no mundo. A manufatura americana já era um exemplo de sucesso em 1900, quando superava a Inglaterra nos indicadores de produção. E já nos anos 1930, o jovem sistema acadêmico norte-americano e os laboratórios de suas indústrias atraíam cientistas e engenheiros europeus – fustigados pelas diferentes crises e incertezas europeias.

Depois da Segunda Guerra, esse dinamismo transbordou na criação de uma rede que por muito tempo ficou sem rivais. Apenas nos anos 1970 os limites e contradições desse modelo começaram a se tornar claros. E eram realçados pelos contrastes com os avanços de competidores como a Alemanha e o Japão.

Estudos sobre os impasses do SNI americano costumam enfatizar 3 eixos críticos:

1. a estrutura do sistema de pesquisa, seu viés militarizado e high-tech, sua relação problemática com o mundo produtivo. A passagem de uma invenção ou descoberta para a inovação propriamente dita (produção, vulgarização do uso etc.) parece menos rápida e me-

nos bem-sucedida nos EUA do que na Alemanha e Japão, por exemplo. Também se acentua a dificuldade de gerar inovações incrementais ou aquelas produzidas pela interação com o mundo do uso, do reparo e da manutenção. Ainda nessa linha, aponta-se outra dificuldade, a de gerar ou introduzir inovações em setores ditos tradicionais ou não *high-tech*;

2. a estruturação socialmente polarizada do sistema educativo e a frágil articulação entre os diferentes níveis e modalidades de ensino. É cada vez mais flagrante o contraste entre o vibrante ensino superior americano e o seu medíocre sistema de educação elementar, média e profissional. Não por acaso, um estudo da National Science Foundation (NSF) que estuda as políticas de inovação da Europa dedica a esse tema especial atenção, retomando a crônica insatisfação dos americanos com seu sistema de educação pré-terciária.[1] Aparentemente, também, esses níveis de ensino pré-terciários, pela sua fragilidade ou baixa capacidade de criação de "talentos", surgem como um dos fatores a explicar o fraco interesse dos jovens americanos na formação em engenharia ou "ciências duras", campos em que europeus e orientais ameaçam liderar – esse estudo também está disponível *online*. Aparentemente, os americanos correm atrás dos rivais nesses indicadores. Ironia da história, no caso dos asiáticos, sobretudo, isto parece ocorrer por meio do envio de seus estudantes para estágios de especialização e pós-graduação nos EUA, precisamente nessas áreas;

3. a forma de financiamento das empresas, com implicações sobre a gestão e as decisões de investimento. Esse elo débil, paradoxalmente, instala-se em um campo que à primeira vista era vantajoso para os norte-americanos: o vigor de seu sistema financeiro. Ao que parece, a excessiva financeirização das empresas americanas, pós-1980, com a consequente ênfase em resultados de curto prazo, tem tido implicações perversas no investimento em inovação, atividade

---

1. O estudo está disponível em: <https://www.nsf.gov>.

mais dependente de "paciência". Sim, havia vibrantes nichos de *venture capital* – ainda assim eram nichos. Demonstravam relevância para fazer vingar startups. Os nichos bem-sucedidos, contudo, não compensavam um efeito perverso: a substituição da engenharia *tout court* pela engenharia financeira, como força motriz das corporações (e das aspirações dos jovens...). Esta substituição tem sido indicada por certas mudanças fortes: os dirigentes das empresas não são mais antigos quadros do campo da produção (engenharia) ou de vendas, mas formados em business, contratados para gerir mesas de operação; os cursos de *business* crescem muito mais do que engenharia; a remuneração dos dois setores também se distancia cada vez mais. O capitalismo de papel – engenharia financeira, legal, tributária etc. – sobrepuja o capitalismo das oficinas, ângulo de análise desenvolvido em estudos de William Lazonick publicados pela *Business History Review* (número 84, winter 2010) e Ashish Aroray e colaboradores.

PECULIARIDADES DO SISTEMA

A organização da política norte-americana de R&D foi profundamente marcada pelo chamado "esforço de guerra". Alguns estudos bateram forte nessa tecla. Ralph Landau e Nathan Rosenberg organizaram um volume que descreve esse desenvolvimento.[2] Seymour Melman enfatizou e popularizou o vínculo com o Departamento de Defesa, desde seu *Pentagon capitalism – The political economy of war (Mc-Graw-Hill, 1970)*. Muitos outros estudos seguiram essas pistas.

De fato, as três armas, mais a Nasa e o Departamento de Energia (sucessor da Comissão de Energia Atômica) figurariam no centro do sistema, ao lado da NSF e dos NIH, outras duas grandes fontes, não militares. Descentralizada nessas agências, ela é, porém,

---

2. LANDAU. Ralph; Rosenberg, Nathan. *The positive sum strategy: Harnessing technology for economic growth*. Andesite Press, 2015.

fortemente concentrada em um punhado de instituições acadêmicas e umas poucas centenas de corporações que executam os contratos.

A literatura especializada costuma realçar as virtudes do sistema norte-americano de pesquisa básica e aplicada, com forte participação de "supridores" principalmente universidades e centros de pesquisa a elas vinculados, como os Federaly Funded Research and Develoment Centers (FFRDCs). Essa forma de articulação ajuda a formar gente para pesquisa e, sobretudo, a formar quadros especializados em pesquisa encomendada, programática. O sistema de pós-graduação e as escolas profissionais (engenharias) se beneficiaram tremendamente desse arranjo. Uma outra peculiaridade americana: o sistema compra serviços de universidades privadas. É o que mostra em detalhes o estudo de David Mowery e Nathan Rosemberg, *Technology and the pursuit of economic growth*.[3]

Essas práticas e protocolos – muito marcados pela experiência de guerra, como dissemos – acabou por delinear uma espécie de política "clandestina" de R&D análoga à política industrial *"american style"* [Bingham, 1998, cap. 1], a política industrial que não ousa dizer seu nome, evidenciada por outro analista conhecido[4].

A PERCEPÇÃO DE RACHADURAS NO MODELO

Esse caminho americano teria consequências. Como a guerra era o fator não declarado, mas sempre presente, I&D passa a ser identificada com algo muito preciso e focado – a investigação "militarizada" do *breaktrough*, um pouco independente e mesmo displicente com a consideração de custo-benefício. Esse é o balanço coordenado por John

---
3. Mowery, David; Rosemberg, Nathan. Technology and the pursuit of economic growth. Cambridge: Cambridge University Press, 1989.
4. BINGHAM, D. *Industrial policy american style: from Hamilton to HDTV*. Armouk-NY/London: M.E. Sharpe: M.E. Sharpe, 1998.

Alic e Lewis M. Branscomb em *Beyond spinoff – Military and commercial technologies in a changing world*.[5] Mary Kaldor chama o desenvolvimento desse aparato de um "arsenal barroco", cada vez mais insustentável. Já nos anos 1960, desenvolve-se, pouco a pouco, uma crítica militante da militarização excessiva da pesquisa, envolvendo sobretudo as organizações de engenheiros. Uma das críticas: tal tipo de pesquisa é muito pouco familiarizada com o *follow-through*, negligencia a prosaica tarefa de produzir a vida cotidiana. Tende a confundir-se com a invenção – não com seu uso, reparo e difusão. E passa a ser vista como propriedade exclusiva do "*core*" científico, o laboratório corporativo ou acadêmico, não como um comportamento ou prática socialmente difundida.

O modelo concentra enormes recursos e poderes (arbítrio) em cientistas e engenheiros. Por outro, acentua ou quase sacraliza o lócus e a atividade de invenção e inovação em setores de ponta (breakthrough) em detrimento da inovação incremental e adaptativa, bem como da disseminação, sobretudo para setores "tradicionais". Isso é pior quando se combina com o modelo Taylor-fordista de organização do trabalho (na indústria, na agricultura, no comércio e nos serviços). Na sua versão extremista, tende a qualificar a manufatura como prescindível para a saúde econômica do país, vendo como aceitável (quando não recomendável) a transferência de atividades manufatureiras mais "mundanas" para partes do planeta em que sejam mais baratas. É a visão extremada da "sociedade pós-industrial" de Daniel Bell e do mandamento "inove aqui, produza lá fora".

Qual o impacto desse enviesamento na organização do ensino superior, ensino e pesquisa? Haverá outros caminhos para estimular o desenvolvimento tecno-científico, sem submetê-lo às demandas das armas? Vernon Ruttan faz desse tema o título de um livro, em

---

5. ALIC, John; Branscomb, Lewis. *Beyond spinoff – Military and com-mercial technologies in a changing world*. Harvard: Harvard Busisness School,1992.

2006: *Is war necessary for econononic growth? Military procurement and technology development.*[6] Será esse sistema vocacionado excessivamente para a geração de *breakthroughs* e *cutting-edge technologies* – inovações disruptivas, radicais, em áreas de fronteira? Seria mais ineficiente para a geração de inovações em indústrias maduras? Seria negligente para com a difusão e negligente para as inovações incrementais geradas no ambiente do uso, do reparo, da manutenção, incrementos esses decisivos para, de fato, gerar uma "ecologia socioeconômica inovadora"?

A lista de vulnerabilidades do "modelo americano" é periodicamente reforçada pelos fantasmas que assombram seus empresários, líderes políticos e acadêmicos. Os fantasmas mudam de cara, etnia, território. Tema do próximo artigo...

LEITURA ADICIONAL PARA
QUEM QUER APROFUNDAR
OS TEMAS DESTE ARTIGO:

ABRAMSON, H. N. *et al.* (ed.) *Technology Transfer Systems in the United States and Germany.* Washington DC: National Academy Press, 1997.

ADAMS, Gordon. *The Politics of Defense Contracting:* The Iron Triangle. ed. New Brunswick: Transaction books, 1982.

ALIC, John A. "A weakness in diffusion: US technology and science policy after World War II", in: *Technology in Society,* n. 30, 2008. p. 17-29.

---

6. RUTTAN, Vernon. *Is war necessary for economic growth? Military procurement and technology development.* Oxford: Oxford University Press, 2005

_____. "Everyone an Innovator". In: BLOCK, R. & KELLER, M. R. (eds). *State of Innovation* – the US Government's Role in Technology Development. Boulder/London: Paradigm publishers, 2011.

_____. "Postindustrial technology policy", in: *Research Policy*, n. 30, 2001.

_____ *et al. Beyond Spinoff*. Military and Commercial Technologies in changing world., Boston: Harvard Busissness School Press, 1992.

ARORA, A.; BELENZON, S. & PATACCONI, A. *Killing the Golden Goose?* The changing nature of corporate research, 1980-2007. January 9, 2015. Disponível em: <https://www.semanticscholar.org/paper/Killing-the-Golden-Goose-The-changing-nature-of-%2C-Arora-Belenzon/c24b06fcfe989cd4ba2df14eb93f7f2146129a29>. Acesso em: 19 mar. 2020.

BINGHAM, Richard D. *Industrial Policy American Style – From Hamilton to HDTV*. Ed. M.E. Sharpe, Armonk-NY/London, 1998.

LANDAU, Ralph & ROSENBERG, Nathan (eds.) *The Positive Sum Strategy*: Harnessing Technology for Economic Growth. National Academy Press Washington, D.C., 1986. Disponível em: <http://www.nap.edu/catalog/612.html>. Acesso em: 19 mar. 2020.

EDGERTON, David. *The Shock of the Old – Technology Oxford and Global History since 1900*. Oxford: Oxford University press, 2007.

FLORIDA, Richard & KENNEY, Martin. *The Break-through Illusion – Corporate America's Failure to Move from Innovation to Mass Production*. New York: Basic Books, 1990.

KALDOR, Mary. *The Baroque Arsenal*. Ed. London: Ed. Abacus, 1983.

MACCORQUODALE, Patricia L. et al. (eds.) *Engineers and Economic Conversion* – from the Military to Marketplace. Ed. Springer-Verlag, NY, 1993.

MARKUNSE, Ann *et al. The Rise of the Gunbelt – the Military Remapping of Industrial America.* Oxford University Press, Oxford/NY, 1991.

WISNIOSKI, Matthew. *Engineers for Change – Competing Visions of Technology in 1960s America.* Cambridge: *MIT Press,* 2012.

A TECNOLOGIA DOS AMERICANOS E SEUS FANTASMAS. AÍ VÊM OS ALEMÃES!

31 DE OUTUBRO DE 2018

Em 2013, sob a direção de Suzanne Berger, um estudo do MIT alertava para as virtudes da manufatura alemã, capaz de produzir e/ou difundir inovações, mais do que engendrar produtos e negócios radicalmente novos, algo em que os Estados Unidos pareciam melhores. Virou livro: *Making in America – from Innovation to Market (MIT Press, 2013)*. O tema – e a comparação com os alemães – era reincidente. De um modo ou de outro, outros relatórios de pesquisa haviam insistido nessa tecla – assinados por equipes do MIT e de Harvard, da National Sciences Foundation e da National Academy of Engineering.

Na comparação, destaca-se a apreciação do peso dos gastos norte-americanos com pesquisa comprometida com objetivos militares. Este segmento é avassalador no caso americano e praticamente negligenciável no caso alemão, nos orçamentos e na organização das instituições. Por exemplo, diz o estudo na NSF, nos EUA, há cerca de 700 laboratórios federais e apenas uma centena deles transfere tecnologia para a economia "civil". Mais da metade do orçamento desses laboratórios é vinculado a projetos de defesa.

Outro traço distintivo do sistema alemão é a rede de transferência e suporte tecnológico para "indústrias tecnologicamente maduras", inclusive e sobretudo as pequenas e médias, em forte contraste com o caso americano. Em suma, no caso alemão, toda uma "ecologia da inovação" garante absorção contínua e disseminada da inovação. Dentro dessa "infraestrutura de conhecimento" tem enorme importância o sistema educativo.

SISTEMAS EDUCATIVOS: DIFERENÇAS FUNDAMENTAIS E IMPLICAÇÕES

O sistema escolar alemão sempre foi reconhecido pela força de seu nível secundário e vocacional (o sistema de treinamento dual). O sistema americano parece mais piramidal, o esmero da qualidade concentra-se nos níveis superiores. Uma outra característica peculiar do sistema germânico – agora no nível superior – é a complexidade e o tempo ao longo das formações. Um estudo da NSF, em 1996, chega a afirmar que, para equiparar-se a uma graduação superior alemã, um estudante médio americano precisaria finalizar seu *master*.[1]

Quando observados pelo ângulo da grande mídia, as comparações são mais alarmistas e se alimentam, com frequência, do desempenho dos estudantes norte-americanos nos testes padronizados internacionais, desempenho frequentemente apresentado como decepcionante. Contudo, observando mais de perto, os especialistas alertam que existe algo mais preocupante por detrás dessas médias: a dispersão que em torno delas se observa. E, mais uma vez, essa percepção se forma por meio do viés comparativo:

Os japoneses visam trazer todos os alunos para um elevado nível comum de competência, e eles são em grande parte bem sucedidos [....]

---

1. O estudo está disponível em: <https://www.nsf.gov>.

Como resultado deste elevado nível comum de competência, os ingressantes na força de trabalho japonesa geralmente são alfabetizados, com conhecimentos matemáticos e preparados para aprender. Na força de trabalho dos EUA, em contraste, os empregadores descobriram altos índices de dificuldade com matemática básica e leitura em trabalhadores com diploma de ensino médio. (DERTOUZOS, 1989)[2]

Mas não se trata de problema que atinja apenas o ensino de conhecimentos básicos, no sistema escolar universalizado (escola elementar e média). Os especialistas americanos mostram preocupação com a fragilidade da educação dita vocacional. O estudo do MIT coordenado por Dertouzos chama atenção para essa fragilidade da educação profissional nos Estados Unidos, além do estigma que a acompanha. Talvez por isso se multipliquem, nas últimas décadas, apelos de empresários e estudiosos para que sejam adotadas nos Estados Unidos as práticas de aprendizagem germânicas.

É sintomático que os dois grandes estudos de MIT, o de 1989 e o de 2013, tenham títulos que destaquem o *"make in America"*. O foco da preocupação parece ser a reconquista da "fronteira produtiva" por parte das empresas americanas. E, ainda assim, dois de seus 11 capítulos temáticos versam sobre a organização do sistema educativo. As passagens acima reproduzidas indicam a relevância da chamada educação pré-terciária para criar certas capacidades nacionais estratégicas: a capacidade de selecionar, de absorver e usar inovações, mas, também, a capacidade para gerar as adaptações, as inovações incrementais, decisivas, em última instância, para o sucesso das 'invenções' de cientistas e engenheiros. É importante, aqui, tomarmos algum tempo para discutir duas questões embutidas nessa observação.

---

2. DERTOUZOS, Michael L. *et al. Made in America – Regaining the Productive Edge.* New York: Harper Perennial, 1989.

A primeira refere-se às deficiências de longo prazo enfrentadas por sistemas educativos excessivamente polarizados. Por um lado, pelos seus resultados "técnicos", como a dificuldade de formar competências inovadoras "para baixo", na direção, por exemplo, do chamado "chão da fábrica". Por outro, há seus danosos resultados sociais – a distribuição muito polarizada de rendas e remunerações, assim como de prestígio social, a concentração de poder nas formas de organização do trabalho e controle dos empreendimentos, isto é, sobre um conjunto enorme de aspectos do que se pode chamar de tecido social. Um traço fundamental, nesse aspecto, é a diferença da representação e participação laboral, nos Estados Unidos e na Alemanha, tema que valeria a pena explorar em outra ocasião.

A segunda questão acentuada pelos pesquisadores é esta: a necessidade de superar as concepções restritivas sobre o que é inovação e, daí, sobre o lócus e agentes de sua geração. Cada vez mais se incorpora, nesse campo, o conjunto de inovações incrementais que transformam a inovação original até chegar ao uso e à disseminação. E, assim, se é também levado a considerar algo mais do que o ambiente fechado dos engenheiros e cientistas, incluindo no processo criativo os ambientes (e agentes) do uso, do reparo e da manutenção.

As concepções populares – ou, mais exatamente, popularizadas – de desenvolvimento tecnológico operam com a ideia de uma relação linear entre o conhecimento científico de ponta, ou "recentemente adquirido", e suas "aplicações". Dentro desse arrazoado ou imagética de senso comum, as inovações relevantes para o desenvolvimento de um país são produzidas em "momentos eureca", em lugares especiais, os laboratórios, por seres também especiais, cientistas e engenheiros. Contudo, lembram dois especialistas americanos, "muitas das principais fontes de inovação estão localizadas 'a jusante', sem qualquer dependência inicial ou sem o estímulo da investigação científica de fronteira. Estas fontes envolvem a percepção de novas possibilidades ou opções para melhorar a eficiência, percepção que se origina com a participação de diferentes tipos de trabalhadores no chão da fábrica ou próximo dele" (MOWERY & ROSEMBERG, 1989).

POLÍTICAS DE CONHECIMENTO – DIFERENTES, MAS ARTICULADAS

Essas duas questões estão evidentemente ligadas, por meio de três políticas de conhecimento dos Estados modernos – a política de geração de conhecimento "de fronteira", a política de formação de competências tecno-científicas em diferentes níveis e a política de disseminação e popularização do conhecimento já estabelecido como verdadeiro.

Em outras palavras, uma "cultura da inovação" precisa se expandir para fora ou para além dos núcleos mais sofisticados, de fronteira. E os sistemas nacionais de educação são pressionados a prover essa infraestrutura de competências e capacitações diversificadas. Ciclicamente, os educadores norte-americanos mencionam o contraste entre o grau de excelência atingido pelas suas universidades de pesquisa e as mazelas e desigualdades de seu sistema educativo de nível elementar e médio. O tema reaparece no já mencionado estudo da NSF de 1996:

> Os Estados Unidos estão passando por uma reforma sistêmica visando melhorar todos os níveis da educação, particularmente para reforçar a matemática e a educação científica nas escolas secundárias. Parte desta reforma sistêmica volta-se para a baixa qualificação dos professores de matemática e de ciências. A grande maioria dos professores de ciências e matemática do ensino médio dos Estados Unidos não têm um curso de graduação na ciência que estão ensinando. Uma grande porcentagem dos estudantes formados em universidades europeias, em ciências naturais e engenharia, vão para o ensino secundário. Isto leva a perguntar como as novas reformas no sistema dos EUA podem aprender com a experiência europeia. (NSF-96-316)

As tentativas de reformar o sistema educativo – em qualquer de seus níveis – esbarra em um traço marcante da sociedade americana, de sua "variedade de capitalismo". A desigualdade e "ineficiência seletiva" do ensino médio têm inevitáveis reflexos mais acima, na composição do ensino superior.

Que lições pode tirar um país em desenvolvimento de tais contrastes? Se fazem sentido as comparações acima, uma política de desenvolvimento deveria visar uma *learning society* (sociedade aprendiz), mais do que uma *inventing society* (sociedade inventiva). Deveria contemplar significativamente a criação de práticas que estimulassem a "reinvenção" diária, pontual e incremental, naquilo que se usa chamar de "chão de fábrica". E seus agentes não são apenas cientistas e engenheiros, são também os operadores, fabricantes, usuários informados. A política de formação de capacidades disseminadas deveria ser associada a políticas de difusão que tornassem mais fácil a aceitação de inovações. Se tudo isso faz sentido, como parece que faz, então a dimensão da "formação de capacidades" tem tanta ou mais relevância estratégica quanto aquela centrada na geração de invenções, patentes etc. Assim, desdobrando essa ideia, poderíamos listar os diferentes níveis ou modos de aplicação das políticas de conhecimento: 1. uma política que estimule a geração de conhecimento novo, de fronteira; 2. uma política de disseminação e popularização do conhecimento estabelecido; 3. uma política de produção de capacidades, de treinamento na pesquisa e no uso dos métodos dedutivo-experimentais, em sentido amplo.

À luz das experiências nacionais que examinamos, todas essas dimensões parecem igualmente relevantes, interdependentes e... nada simples.

LEITURA ADICIONAL PARA QUEM QUER APROFUNDAR OS TEMAS DESTE ARTIGO:

ABRAMSON, H. N. et al. (eds.) *Technology Transfer Systems in the United States and Germany*. Washington DC: National Academy Press, 1997.

BERGER, Suzanne. *Making in America – from Innovation to market*. Cambridge: MIT Press, 2013.

DERTOUZOS, Michael L. et all. *Made in America – Regaining the productive edge*. New York: Harper Perennial, 1989.

HART, David M.; STEPHEN, Ezell; ATKINSON, Robert D. "Why America Needs A National Network for Manufacturing Innovation", in: *The Information Technology & Innovation Foundation (ITIF)*, December 2012.

LAZONICK, William. *Sustainable Prosperity in the New Economy – Business Organization and High-Tech Employment in the United States*, W.E, Kalamazoo -Michigan: Upjohn Institute for Employment Research, 2009.

LEGLER, Harald; LICHT, Georg; SPIELKAMP, Alfred. *Germany's Technological Performance*. Heilderberg: Physica-Verlag, 2000.

MOWERY, David; ROSEMBERG, Nathan. *Technology and the Pursuit of Economic Growth*. Cambridge: Cambridge University Press, 1989.

NATIONAL SCIENCES FOUNDATION (NSF). *Human Resources for Science & Technology: The European Region*, 1996 (NSF-96-316).

POWELL, Justin J.W; FORTWENGEL, Johann. "Made in Germany" – Produced in America? How Dual Apprenticeship and Dual Studies Can Help Close the Skills Gap in the United States. American Institute por Contemporary German Studies, Johns Hopkins University.

É VERDADE QUE A CLASSE TRABALHADORA SE INCLINOU À DIREITA?

PARTE III
POLÍTICA EDUCACIONAL E DE INOVAÇÃO TECNOLÓGICA

E O VENTO LEVOU: SOBREVIVENTES DE UMA GUERRA DE CLASSES

22 DE NOVEMBRO DE 2016

Em pouco tempo, a imprensa mundial registrou uma sequência de eleições com resultados entre o esperado e o surpreendente. Primeiro, a votação pela saída britânica da União Europeia, o BREXIT. Depois, a vitória de Trump. Nas duas ocasiões, apareceu em cena um agente social que parecia ter se desbotado pela globalização, até quase ficar invisível. É a classe trabalhadora ou, mais especificamente, aquilo que no mundo anglo-saxônico se tem chamado de *White working class* (WWC), a classe trabalhadora branca, cada vez mais empobrecida e humilhada.

Nesse contexto, vale a pena resumir algumas ideias de um interessante livro de Justin Gest – *The new minority*.[1] Gest é professor da George Mason University, no estado de Virginia.

O comentário que segue é menos que uma resenha, é uma seleção de algumas ideias, certamente empobrecendo a rica narrativa do autor. Gest escolheu duas comunidades para estudar o comportamento político desse segmento social.

---

1. GEST, *Justin. The new minority: white working class politics in an age of immigration and inequality*. Oxford: Oxford University Press, 2016.

Uma, a East London, uma antiga região operária em que se localizava, por exemplo, a fábrica gigante da Ford, nos anos 1950 (ainda tinha uns 30 mil empregados em 1975, caindo para 7 mil em 2000).

Outro, Youngstown, Ohio, no meio-oeste americano, outrora cinturão da indústria, o centro do aço no mundo, nos 25 gloriosos do pós-guerra. Não é um vilarejo caipira. Tem dois teatros sinfônicos de padrão internacional, museus e galerias, uma universidade com 15 mil alunos, um espaço verde desenhado pelo mesmo cara que projetou o Central Park de Nova York.

Nos dois espaços, o furacão globalizador deixou atrás de si um rastro de destruição e um cenário povoado por sobreviventes inconformados. Mas são duas regiões devastadas, alguns traços são repetidos: desindustrialização, empregos "exportados" para o sul e para o exterior, leis trabalhistas e ambientais relaxadas, na vã esperança de atrair novos negócios (como a predatória exploração do xisto), sindicatos enfraquecidos e uma demografia cada vez mais preocupante para os 'brancos'. Em suma, o furacão cria um grande contingente de "deixados para trás" da globalização, modernização, do "progresso".

Em resposta, a WWC mergulha em construções nostálgicas sobre 'velhos bons tempos' imaginários que fortalecem o ressentimento contra as grandes empresas que abandonaram a cidade, o governo que nada fez para evitar isso e uma rejeição a minorias que alteram a composição da vizinhança.

A WWC é um segmento significativo do universo eleitoral, mas vota menos do que se esperaria. Ainda hoje, 50% da população americana é branca sem curso superior (um indicador aproximado de "classe trabalhadora branca"). No entanto, esse segmento representa apenas 39% dos votantes em 2008 e 35% dos votantes em 2010. Sub-representação estatística no universo eleitoral ativo.

Ao lado disso, esses brancos veem o país mudar (tanto quanto seu bairro): a população "não branca" representa 37% da população total dos EUA em 2015, mas quando você olha para a população de menos de 5 anos isso sobe para 50%, ou seja, a velocidade de crescimento dos "não brancos" é bem maior.

Assim, não deveria surpreender, no nível nacional, uma política de ressentimento, plataformas xenófobas, apoio a políticas de cortes em programas sociais (que, supostamente, favorecem, desmerecidamente, as minorias não brancas).

Um elemento interessante é colhido pelo autor nos escritos de um autor conservador (um republicano de centro-direita, Dennis Jay Saffran). Diz ele que a WWC tende a ser predominantemente liberal (intervencionista, democrata) nas questões econômicas e conservadora em questões "sociais", o que levaria a uma armadilha para os democratas, já que quando se enfatiza a questão "social" os indivíduos votam contra seu interesse econômico. Ou seja, dependendo de como você conduz a pauta, já se coloca no lado perdedor. Depende de como você polariza a disputa. Quando faz a pergunta, você dirige a escolha: centralize uma campanha em questões morais marteladas pela direita, seu time já sai correndo atrás do resultado adverso.

Nas entrevistas colhidas pelo autor – um farto registro – há um detalhe curioso. A maioria dos seus "*wwc people*" começa sua fala "esclarecendo" que não é racista ou preconceituosa. É praticamente um padrão. Comenta ele: ao que parece, eles sabem que suas ideias seriam desqualificadas por esse rótulo, enquanto, na verdade, querem expressar uma visão legítima de como suas vidas foram transformadas. A acusação de racismo deslegitimaria suas narrativas, invalidaria suas queixas e, por isso, preventivamente, eles começam por aquela "declaração de fé".

Youngstown talvez chame mais a atenção do leitor de hoje (hoje, literalmente), porque nesse tipo de região e nesse tipo de eleitor, Trump parece ter fincado uma vantagem que garantiu sua vitória.

A fervilhante cidade industrial, desde 1980, perdeu dezenas de milhares de empregos na indústria do aço. Um baque de 1,5 bilhão de dólares em salários de operários industriais. A cidade tinha quase 200 mil habitantes em 1970, tem hoje menos de 70 mil. E, nesse total, os brancos, que eram 80% da cidade, foram virando minoria, importante, mas declinante (47% no último censo).

A perda da indústria significou perda de salários, impostos e taxas. Mas significou também o desaparecimento de redes outras – planos de saúde e de aposentadoria, moradias construídas pelas empresas, programas comunitários. E hábitos de vida social vinculados a tudo isso.

Para quem olha os mapas eleitorais da eleição de 2008, 2012 e 2016, comparando onde Trump ganhou e onde os democratas recuaram, é interessante o comentário do autor:

> Embora estejam distribuídos por todo o país, há significativa concentração da WWC em regiões pós-industriais como Youngstown, ao largo do Alto Meio-Oeste e dos Grandes Lagos – englobando vários estados oscilantes (*swing states*) em eleições nacionais. Eles incluem Pennsylvania, West Virginia, Ohio, Indiana, Michigan e Wisconsin. De acordo com vários estudos, a WWC soma perto de 53% do eleitorado em Michigan, 55% na Pennsylvania, 58% em Wisconsin, 62% em Ohio, 66% em Indiana e cerca de 70% em West Virginia.

E instiga ainda mais:

> Pesquisadores, organizadores de campanhas se perguntam se os eleitores de Youngstown se retiraram permanentemente da disputa, perdendo qualquer esperança no governo. Contudo, a evidência sugere que os cidadãos de Youngstown – e muitas cidades pós-traumáticas do American Rust Belt (cinturão da ferrugem) – estão simplesmente esperando por partidos e organizações que os mobilizem.

Será que é assim? E será que isso está sendo percebido por essas organizações?

Para falar a esse segmento, segundo Justin Gest, é preciso:

1. apresentar candidatos fora das elites, candidatos extraídos do meio popular;

2. empregar narrativas da classe trabalhadora, com sua linguagem, seu estilo e seu ponto de vista;

3. não confundir classe trabalhadora com os indefesos ou derrotados. Trabalhadores querem ser vistos como independentes, autossuficientes, batalhadores;

4. não parta da ideia de que sindicatos são sinônimo de classe trabalhadora. Os tempos mudaram, a maior parte dos trabalhadores não são sindicalizados e por vezes nem sindicalizáveis;

5. desafie a visão da nostalgia com a da esperança.

Como se percebe, está aí um conjunto de problemas que atravessam fronteiras, marcando numerosas cidades e países "pós-traumáticos", comunidades em que estão quem sabe adormecidos, temporariamente, aqueles que foram "deixados para trás" pela corrente globalizadora, supostamente modernizante.

O QUE PODEMOS APRENDER COM A CRISE NO SINDICALISMO NORTE-AMERICANO

26 DE JANEIRO DE 2017

Há muitas estórias sobre o sindicalismo norte-americano. Algumas foram até popularizadas em filmes que mostram traços de "gangsterismo", penetração da máfia etc. Mesmo os que conhecem apenas superficialmente aquele mundo (nisso me incluo), sabem da tradição "apolítica" dos sindicatos, do controle estrito que os "*staffs*" de dirigentes "técnicos" mantêm, subordinando a participação e a mobilização dos trabalhadores ao ritual das negociações fechadas com o patronato.

De fato, por outro lado, nem tão apolítico é esse sindicalismo. Desde os anos 1930, quando a classe trabalhadora branca foi beneficiada pela legislação de Roosevelt, os sindicatos têm sido um elemento fundamental nas coligações do Partido Democrata. E desde os anos 1950, sobretudo, a central sindical (AFL-CIO) tem se alinhado fortemente com a política externa norte-americana, nos seus traços mais imperialistas.

A atitude "negociadora" e desmobilizadora foi relativamente bem-sucedida nos chamados "25 anos gloriosos" do pós-guerra, o período em que o capitalismo americano cresceu como nunca. As gigantescas corporações ianques vendiam muito dentro do país e também no mercado externo, não apenas por meio da exportação, mas também da implantação de uma enorme rede de subsidiárias de suas manufaturas em todo o mundo. A classe trabalhadora passou a ser integrada numa hipotética "classe média" por meio de um consumo sofisticado, de hábitos e valores cuidadosamente cultivados pela mídia, pela publicidade e por uma "religião da prosperidade" e do sucesso individual. Comprava casa própria, automóveis, eletrodomésticos, educação, tudo.

Para aqueles que trabalhavam em grandes corporações, o emprego era mais do que emprego – era uma carreira ascendente, de longa duração, bons salários e benefícios indiretos (plano de saúde e de previdência, sobretudo). Farta bibliografia tem mostrado como as frágeis políticas públicas de bem-estar americanas foram sendo contornadas por uma espécie de "estado de bem-estar privado", organizado em torno do emprego nas grandes corporações, um *welfarestate* dependente desse vínculo trabalhista. Tudo parecia indicar que, na pátria do capital, a classe trabalhadora tinha encontrado seu lugar ao sol. Tranquilo, sem sustos. Só que não.

Já no final dos anos 1960, havia sinais de rachaduras sérias nesse edifício. E nos anos 1970 explodiram análises fortes apontando para o "declínio americano" e o eventual surgimento de uma nova potência hegemônica, o Japão. Não vamos entrar no debate sobre o declinismo – se a decadência era real e em qual medida, quais suas causas e fatores determinantes. Esse debate, ainda que relevante, nos desviaria de nosso tema imediato. O importante é registrar que, de fato, o chão se movimentava no mercado de trabalho e tinha impactos decisivos na vida da classe trabalhadora e nos seus sindicatos.

Desde a metade dos anos 1970, começa uma fase de reformas macroeconômicas liberais (privatizações, desregulamentações) e de reengenharia das empresas. Fragmentação, *outsourcing* e terceirizações são acompanhados de transplantes de fábricas para lugares com menos sindicatos e menos legislação – os estados do sul, primeiro, depois o México, a Ásia etc. E cidades industriais inteiras viraram o "cinturão da ferrugem".

Cresceram cada vez mais os *Macjobs*, empregos temporários e precários, sem direitos e sem benefícios indiretos, empregos mal remunerados nos quais se amontoam jovens, mulheres, imigrantes. E cada vez mais claramente se constrói quase uma ex-classe ou subclasse, a antiga "*white working class*" que um dia fora convencida de que era parte da "classe média".

Nesse terreno, os sindicatos "negociadores" perdem terreno. Quase não têm o que nem como negociar. E cada vez mais assistem ao desaparecimento de suas bases de representação – que escorrem entre os dedos dos dirigentes, acomodados e burocratizados. Em 1980, uns 25% dos trabalhadores eram sindicalizados, com percentual ainda maior na manufatura. Em 2010, já havia baixado para uns 12% – e na manufatura a queda era ainda maior.

É nesse quadro que aparecem os primeiros sinais de renovação nos sindicatos e na central AFL-CIO, que, em 1995, tem, pela primeira vez, uma chapa de oposição vencendo a disputa. Os rachas e cisões se sucedem. E nas tentativas de resposta à crise econômica e ao déficit de representação, surgem algumas políticas de organização inovadoras, participacionistas. E várias delas apontam para a tentativa de ampliar as bases dos sindicatos atingindo os não organizados e os aparentemente "não organizáveis", os precários, os temporários, os imigrantes.

As tentativas levam à formação de um sindicalismo de novo tipo, envolvido com movimentos populares e comunitários, o "*social movement unionism*". As iniciativas são empíricas, na base da tentativa e erro. Algumas perduram, outras desaparecem. E a maioria encontra um obstáculo relevante: atentam para o "organizacionismo", a ampliação da participação, mas nem sempre se dão conta da dimensão política estratégica: a adoção de um posicionamento de classe, mais crítico com relação à ideologia patronal e às políticas do estado norte-americano.

Mesmo as correntes renovadoras da AFL-CIO, pós 1995, vacilam em se distanciar da política globalista e hegemonista do estado norte-americano e das corporações. Ainda são hipnotizadas pela ideologia do capital e dos políticos "globalistas" do Partido Democrata.

Um conjunto de livros recentes tenta mostrar esse tema para um público não especialista (ou não acadêmico). Alguns procuram mostrar o que é a nova classe trabalhadora, como ela se reconfigurou. Outros especulam sobre as tais inovações nos sindicatos. E um terceiro, que já comentamos em outra nota, mostra alguns dos impactos desse terremoto socioeconômico na cabeça e no comportamento político da tal *white working class*.

Segue lista que pode ser localizada no formato digital ou em papel.

Voltaremos a esse tema, comentando alguns desses livros. Até porque (e foi o que nos levou a ele), aprendemos muito com esses impasses dos camaradas do norte. Aliás, nossas lideranças e estrategistas sindicais poderiam aprender muita coisa com o *social movement unionism*, a organização dos não organizados e a politização das demandas para além dos limites corporativos da "categoria". Tá faltando um pouco de classe no nosso meio.

LEITURA ADICIONAL PARA QUEM QUER APROFUNDAR OS TEMAS DESTE ARTIGO:

DRAUT, Tamara. *Sleeping Giant*: H*ow the New Working Class Will Transform America*. New York: Doubleday, 2016.

FLETCHER Jr., Bill; GASPARIN, F. *Solidarity Divided*: *The Crisis in Organized Labor and a New Path toward Social Justice*. Oakland: University of California Press, 2018.

GEST, Justin. *The New Minority*: *White Working Class Politics in an Age of Immigration and Inequality*. Oxford: Oxford University Press, 2016.

GREENWALD, Richard. *Labor Rising*: *The Past and Future of Working People in America*. New York: The New Press, 2012.

JONES, Robert P. *Beyond Guns and God*: *Understanding the Complexities of the White Working Class in America*. Washington DC: Public Religion Research Institute, 2012.

LEVISON, Andrew. *The White Working Class Today*. Democratic Strategist Press, 2013.

LOPEZ, Steven H. *Reorganizing the Rust Belt*: *An Inside Study of the American Labor Movement*. Oakland: University of California Press, 2004.

RUDOLPH A. Oswald *et al* (ed.). *Organizing to Win*: *New Research on Union Strategies*. New York: ILR Press, 1998.

TAIT, Vanessa. *Poor Workers' Unions: Rebuilding Labor from Below Why Unions Matter*. Chicago: Haymarket Books, 2016.

TEIXEIRA, Ruy. *America's Forgotten Majority*: *Why The White Working Class Still Matters*. New York: Basic Books, 2000.

YATES, Michael. D. *Why Unions Matter*. New York: Monthly Review Press, 2009.

ZWEIG, Michael. *The Working Class Majority*: America's Best Kept Secret. New York: ILR Press, 2011.

OS BILIONÁRIOS: SERIA TÃO BOM SE FOSSEM APENAS 1%!

16 DE FEVEREIRO DE 2017

Por que mandam e como mandam os famosos do "1%"? É verdade que temos um país (e um mundo) que se divide entre "eles" e "nós", os de cima e os de baixo. Mas a divisão é um pouco mais complicada... e decisiva.

Não se controla uma sociedade apenas com 1% de nababos. Em torno desses 1% tem mais gente, muito mais. Os grupos sociais que controlam a gestão econômica, os cordéis do poder, da mídia – pode ser que não estejam entre o tal 1% mais rico, mas pensam como eles, trabalham para eles, sonham em ser como eles.

Um relatório recente da organização humanitária Oxfam traz algo que já sabemos e que está disponível no sistema de contas federais e nos relatórios do INCRA.[1]

A estória é crua e dura. Começa com o fato de que no Brasil existem, sempre existiram, políticas sociais... para ricos e associados. No Brasil, umas 4 mil pessoas físicas ou jurídicas (empresas) devem

---

1. "Terrenos da desigualdade – terra, agricultura e desigualdades no Brasil rural", *Oxfam Brasil*, 2016. Disponível em: <https://oxfam.org.br/publicacao/terrenos-da-desigualdade-terra-agricultura-e-desigualdade-no-brasil-rural/>. Acesso em: 17 mar 2020.

ao Fisco quase 1 trilhão de reais. Para ter uma ideia da coisa, o PIB do país em 2016 foi algo próximo de 5 trilhões de reais. Outro dado para comparar: o "rombo" no orçamento federal, que o governo do golpe anunciou com estardalhaço, é de 170 bilhões de reais.

Essa comparação permite avaliar uma coisa básica: se esses fazendeiros devedores pagassem o que devem não teríamos rombo algum. Muito pelo contrário. Mas eles não são forçados a pagar nem vão para presídios, como os pobres que devem a pensão alimentar.

A coisa fica ainda pior quando olhamos para cima nessa pirâmide: umas 700 dessas pessoas devem 200 bilhões de reais. Maior do que o rombo do Meirelles!

Esses 700 ricos devedores certamente estão entre os grandes financiadores de campanhas – elegem legisladores e executivos. São também os clientes fortes do sistema judiciário – do mundo seleto de advogados, juízes, procuradores e desembargadores. Assim florescem os grandes escritórios de advocacia, assim florescem os regalos e festejos com os quais se azeitam as sentenças e decisões judiciais. Assim se produzem as leis, os decretos e normas que distribuem subsídios, créditos baratos, isenções e outros benefícios.

O 1% MOVIMENTA LÁ OS SEUS 10% DE LACAIOS

Os nababos da terra são como os nababos dos bancos e da indústria. Eles elegem aqueles que fazem as leis e tomam as decisões. E estes eleitos fazem leis e tomam decisões que aumentam ainda mais a riqueza daqueles 700, reduzem seus impostos etc. Com isso, eles têm mais dinheiro para comprar políticos e juristas. O círculo se fecha. É simples entender quem compra o poder. É uma questão de classe e eles sabem disso.

Por isso a coisa é um pouco mais complicada do que o cerco ao 1%. Eles têm seus cães de guarda e seus cães de lazer.

Um escritor espanhol disse algo interessante sobre os cães de raça. Diz ele que com o tempo seus donos adquirem o cérebro do cão, começam a morder os pobres. Resolvi desenvolver o raciocínio. Por que isso ocorre e o que revela? Por que o cão morde o pobre? Ele vive diariamente cercado de gente com gestos de rico, fala de rico, roupa de rico, cheiro de rico. Rico, para ele, é gente "normal", segura, confiável. Daí, vem alguém com roupa diferente, gestos e fala diferentes, cheiro diferente. É classe perigosa, a tal gente diferenciada. Eles mordem você se você não morder antes. As pessoas "de bens" vivem assim. Seus filhos vivem assim, crescem assim, como seus cães – aliás, gente de bens não distingue muito a criação dos cães e dos filhos.

São Paulo deve ter mais *pet shop* e clínica para animais do que posto de saúde. O raciocínio se aplica, inclusive e dolorosamente, para aqueles garotos e garotas que vão para os cursos que cuidam de gente, como a medicina. Quando cheiram um pobre, reagem como aquele cão. Morder seria muito. Mas aprendem outros modos de atacar, como um reflexo condicionado de defesa. Do pobre, do sujo, de cheiro estranho, do rude, do... perigoso e mal comportado.

Pois é. Há uns 10% ou 20% do Brasil que se comportam desse modo, pensam desse modo. E se reproduzem desse modo. É assim que são educados os filhos dos homens de bens, aqueles que serão os advogados, promotores, juízes, médicos, administradores. São esses jovens que estamos "educando"? Some-se a isso o fato de que o Brasil praticamente não tem imposto sobre herança. Desse modo, no país em que tanto se fala em meritocracia e vencer pelo próprio esforço, estamos reproduzindo uma safra de herdeiros estúpidos e preguiçosos. Isso vai acabar mal. Por que insistimos em chamar de elite esses caras?

A CLASSE TRABALHADORA VIROU A VANGUARDA DO ATRASO?

14 DE MARÇO DE 2017

Muita coisa se diz, mundo afora, sobre a migração da classe trabalhadora para os partidos e candidatos da direita. Isso teria acontecido na Europa, nas últimas duas décadas. Repetir-se-ia agora, na eleição norte-americana: o Tea Party e Donald Trump teriam seduzido a *white working class*, arrancando-a da tutela política do Partido Democrata. Muita confusão reina em todas essas interpretações. Mas vamos nos concentrar no caso americano.

Faz algum tempo, uma pesquisa encomendada pelo New York Times mostrou a composição fortemente classe média (e nada baixa) do Tea Party. Mas, com Trump, podemos ser mais detalhados, desagregando resultados das urnas.

Antes de mais nada, vale lembrar que, na supostamente épica eleição de 2008, Obama ganhou somando quase 70 milhões de votos, contra 60 milhões de seu opositor, McCain. Já naquela ocasião, vários analistas chamaram a atenção para esse elo menos forte da coalizão democrata, o segmento trabalhista branco. Os democratas perdiam, como antes, no sul, em que se precisa considerar o ruído local, produzido por uma orquestra direitista bem organizada e bem azeitada.

Mas, agora, os "azuis" também balançam nos tradicionais redutos do meio-oeste e do nordeste, o vibrante Manufacture Belt que, em tempos recentes, se tornou o melancólico Rust Belt, o cinturão da ferrugem, da sucata.

Novo, mas nem tanto. E nada surpreendente para observadores atentos. Devemos lembrar Mitt Romney, o candidato perfumado que não fazia qualquer esforço para mostrar que detestava cheiro de pobre. Pois bem, ele ganhava de Obama entre os eleitores da chamada *white working class* (48% x 35%), mesmo nos estados do nordeste e meio-oeste, embora sua grande vantagem fosse entre os trabalhadores do sul (62% x 22%!).

Mas é pelo menos um exagero afirmar que Trump e a nova direita conquistaram o coração e a mente da *white working class* desviando-a do seu suposto e badalado leito "progressista e democrático". Primeiro, é preciso dizer que esse eleitorado nunca foi tão progressista e democrático assim. O movimento trabalhista americano sempre foi solidamente habitado por direções racistas, ultraconservadoras e imperialistas. Os falcões democratas eram até mais bicudos do que os republicanos. Segundo, é mais do que impreciso afirmar que esse segmento migrou em proporção significativa para a chamada nova direita.

É muito mais realista afirmar que o que se viu, sim, foi a desistência de votar em Hillary-Killary. Não apenas por parte da tal classe trabalhadora branca, mas, também, para boa parte do eleitorado negro e latino. E isso ocorreu em estados decisivos para a contagem dos delegados do colégio eleitoral. O colunista da revista *Forbes*, Omri Ben-Shahar, explica esse fato em seu artigo "The Non-Voters Who Decided The Election: Trump Won Because Of Lower Democratic Turnout".[1]

---

1. Disponível em: <https://www.forbes.com/sites/omribenshahar/2016/11/17/the-non-voters-who-decided-the-election-trump-won-because-of-lower-democratic-turnout/#2e7eb4f553ab>. Acesso em: 17 mar. 2020.

Em Michigan, por exemplo, Obama venceu por 350 mil votos de diferença, mesmo em 2012. Hillary perdeu por 10 mil. Ela simplesmente viu sumir 300 mil daqueles votos obamistas. Com resultados de chorar em regiões de trabalhadores, em Detroit e Wayne Conty. Note bem: esses eleitores não migraram para Trump, eles simplesmente não foram para Hillary. Trump não brilhou nesse reduto – recebeu apenas 10 mil votos a mais do que Romney tinha conseguido, um crescimento desprezível para alguém que se pretende campeão da classe trabalhadora. Algo semelhante ocorreu, ainda mais severamente, em Wisconsin, onde Trump simplesmente não cresceu. Empacou no mesmo número de votos de Romney em 2012. Mas o voto democrata simplesmente desabou.

E a debandada não atingiu apenas os trabalhadores brancos. Hillary venceu entre os negros, é verdade, mas com percentual menor do que Obama (85% contra 93%). Em outras palavras, uns 2 milhões de negros desistiram de votar no PD. Olhe para o mundo latino e verá algo parecido.

Essa nossa interpretação fica reforçada quando tentamos compreender a monstruosa abstenção, numa eleição que se diz tão "eletrizante". Uma pesquisa do conhecido Pew Resarch Center[2] focaliza esse mundo nebuloso dos "não votantes", isto é, da enorme massa que desiste de escolher. A tendência geral é gritante. Nas eleições presidenciais, 52% dos eleitores votaram. Clinton e Trump dividiram esse pacote – mais ou menos 25% do eleitorado para cada um deles. Mais de 100 milhões resolveram simplesmente ficar de fora. Com base na pesquisa, pode-se dizer que nessa massa a grande maioria rejeita Trump, embora não faça grande esforço para votar em alguém como Hillary. Pouco se lixa. Ou muito se lixa, depende de como olhamos.

---

2. "The party of non voters", 29 oct. 2010. Disponível em: <https://www.pewresearch.org/2010/10/29/the-party-of-nonvoters/>; "Nonvoters: who they are, what they think", 01 nov. 2012. Disponível em: <https://www.people-press.org/2012/11/01/nonvoters-who-they-are-what-they-think/>. Acesso em: 17 mar. 2020.

As pesquisas do Pew Research mostram que os *"nonvoters"* são majoritariamente simpatizantes ou potenciais votantes do PD (54% x 30%). Que votariam em Obama contra Romney na proporção de 59 x 24%! O condicional do verbo faz a diferença.

Daí se entende por que, para os conservadores, é estratégico baixar o *quorum*, esfriar o eleitor, principalmente o eleitor com determinado perfil. Nos últimos dez anos, os republicanos montaram verdadeiras máquinas voltadas não para conquistar votos, mas para "cassar" o direito ao voto, com foco em potenciais eleitores democratas. Vários recursos legais foram utilizados, mas talvez o principal seja mesmo o ideológico, a indução ao alheamento político. Como se produz esse alheamento? Desmoralizando o próprio ato de votar ou fazer política. Esse seria o resultado da prática midiática de criminalizar a política ou rebaixá-la em confronto com as "decisões de mercado", supostamente mais eficientes e "justas", meritocráticas.

O problema desse esvaziamento da política e do voto aparece mais tarde. Afinal, que alternativa resta para os "indignados e desanimados", aqueles que se veem derrotados pela batalha cotidiana (no mercado) e ao mesmo tempo descreem na política? As possíveis respostas não são muito animadoras.

Mas essa é a pergunta que resta para a esquerda, se quiser ter um papel no futuro. A esfinge está aí. Resta decifrar. Diz o roqueiro mineirinho que a resposta sabemos de cor, só nos resta apreender.

A AÇÃO AFIRMATIVA JÁ TEVE OUTRA COR. E DURANTE MUITO TEMPO

7 DE SETEMBRO DE 2017

A expressão "ação afirmativa", que já se tornou conhecida também no Brasil, tem origem nos Estados Unidos dos anos 1960. Aparentemente, a expressão foi criada em um documento de Lyndon Johnson, quando ainda era senador e presidia a Comissão sobre Igualdade de Oportunidades de Emprego. Johnson aconselhava o presidente Einsenhower a mudar as normas dos contratos federais "para impor não meramente a obrigação negativa de evitar discriminação, mas o dever afirmativo de empregar demandantes".

A partir daí, ação afirmativa ficou quase automaticamente identificada com a proteção dos afro-americanos, embora seja mais do que isso. A "racialização" dessa política teria enormes efeitos na sociedade americana, marcada como poucas (mas não tão poucas) pela sombra da escravidão negra.

Em uma certa ocasião, o general Collin Powel disse algo a respeito:

> Para aqueles que dizem que sistemas de preferências são ruins, eu gostaria de lembrar os de sistemas de preferências que consideram aceitáveis: deduções fiscais em hipotecas, benefícios para veteranos, faculdades que

recrutam avidamente os estudantes bons em futebol ou ginástica. Como se vê, nós não somos contra preferências, somos apenas contra as preferências que se relacionam com a cor da pele.[1]

Powell fora instigado a opinar por um simples motivo – era negro e nascera no Harlem. Literalmente, vivera esse drama na própria pele. Mas estava longe de ser um "radical". Compunha a equipe de George W. Bush e chegou a ser cotado como candidato republicano à presidência da república.

A frase do general-ministro talvez servisse de chamada publicitária para um livro provocativo de Ira Katznelson. Trata-se de *When affirmative action was white: An untold history of racial inequality in twentieth-century America*.[2] O livro foi publicado em 2006 e, de certo modo, abriu um caminho para uma linha de investigação intrigante. Recentemente, por exemplo, nessa trilha foram lançados[3] de Carol Anderson e *The color of law: A forgotten history of how our government degregated America*, de Richard Rothstein[4].

O tema básico do livro de Ira Katznelson (IK, daqui em diante) é este: "como os efeitos cumulativos de diversas políticas públicas do governo federal, nos anos 1930 e 1040, modelaram uma ação afirmativa para brancos". E o subtítulo acrescenta um subtema: sobre isso não se fala.

IK mostra como as ações afirmativas pró-brancos foram muitas. E de enormes consequências. Por exemplo, as leis do New Deal, de Roosevelt, nos anos 1930, favorecendo os trabalhadores. IK mostra como os políticos racistas do Sul manipularam habilmente essa distância, de modo a manter um constante poder de veto às políticas sociais de Washington.

---
1. POWELL, Colin., *USA Weekend*, 16 nov. 1997.
2. KATZNELSON, Ira. *When affirmative action was white. An untold history of racial inequality in twentieth-century America*. New York: W. W. Norton & Company, 2006
3. ANDERSON, Carol, White. *White rage: the unspoken truth of our racial divide*. New York: Bloomsbury, 2016.
4. ROTHSTEIN, Richard, *The color oh low: A forgottew history of low our government degrated America*. New York: Liver right Publishing Corporation, 2017.

IK conta detalhadamente como a história americana do século XX, principalmente depois de Roosevelt, foi marcada por um paradoxo – políticas "progressistas" federalizavam o país, mas, ao mesmo tempo, a execução dessas políticas era enviesada por um uso maroto do "federalismo" e da "autonomia local". Os programas eram "universais", isto é, na letra eles não discriminavam os negros. O problema é a distância entre a letra, a declaração dos nobres objetivos, e a execução (em que mãos ficava).

UM MODO TODO BRANCO DE SER

Em algumas manifestações, essa defesa cerrada da autonomia dos estados e a oposição à "tirania" do governo federal chegava às raias do inacreditável. Veja esta pérola, no editorial do *Charleston News and Courier* em 1934: "Com nossas políticas locais ditadas por Washington, não teremos mais a civilização com a qual estamos acostumados".

Essa "civilização" a que se referia o jornal era nada menos do que a prática da segregação racial – a ferro e a fogo, muitas vezes de modo literal. Alguns anos depois desse editorial, os norte-americanos iriam às armas para obrigar alguns alemães a abrir mão da "civilização à qual estavam se acostumando". Sabemos qual era ela.

Os congressistas do "Sul profundo", racista e oligárquico, foram mestres em manobras que distorciam as aplicações e efeitos de políticas federais. Conseguiram firmar, na prática, uma espécie de poder de veto. Os fundos e as regras gerais eram definidos pelo governo federal, confrontando a "civilização" dos brancos sulistas. Tinham cheiro de "políticas universais", sem cor. Mas a execução era deixada nas mãos dos poderes locais, que restauravam a "civilização à qual estamos acostumados".

O sul tinha uma armadilha especial, branquinha, branquinha. Pela lei, os estados contavam sua população negra, registrada pelo censo, para ter muitos deputados. Só que os estados detinham o poder de definir quem tinha direito de votar e ser votado. Em qualquer eleição – local ou não. E as regras eram muito curiosas, para usar palavras doces. Até a metade dos anos 1960, por exemplo, em alguns estados do sul, um branco se registrava quase que automaticamente. Um negro precisava comparecer diante de um juiz local, recitar uma parte da constituição, solicitada pelo juiz, e depois explicar esse item. O juiz determinava se era suficiente.

Desse modo, os sulistas tinham muitos deputados (proporcionais à população), mas apenas a parte branca escolhia esses deputados. E eles eram, evidentemente, brancos na pele e brancos nas crenças. Os negros eram contados para ampliar a força dos Estados do Sul? Mais exato seria dizer que eram contados para ampliar a força de seus senhores.

Vejamos um exemplo sutil de escantear os negros: os direitos sociais implantados pelo New Deal, nos anos 1930 – como o acesso às políticas de aposentadoria e de defesa trabalhista. A lei dizia, apenas, que certas categorias de trabalhadores não seriam incluídas nas regras – trabalhadores domésticos e trabalhadores rurais. Só que... mais de 60% da força de trabalho negra, na ocasião, estava nessas rubricas. E uns 75% deles estavam nos estados do sul. Ficavam fora da lei da aposentadoria, da lei do salário mínimo, das regulações sobre horas de trabalho, do direito à sindicalização. Sem que a lei falasse em cor da pele. Não precisava.

Um outro viés. As outras políticas do New Deal – de socorro às vítimas da depressão – eram administradas pela agência chamada Federal Emergency Relief Administration (FERA). Os custos das políticas eram divididos com os estados, mas perto de 60% das verbas da FERA vinham do tesouro federal. Essa proporção subia para perto de 90% nos estados do sul, a região mais atingida. Contudo, ainda que as verbas e o desenho dos programas fossem concentrados em Washington, a execução era posta na mão das autoridades locais. E aí eram filtradas discricionariamente.

GI BILL – UM PLANO MARSHALL DE USO INTERNO

Em outras palavras, a letra da lei não dizia que "ela não era para negros". Só que... O velho "Sul profundo", escravocrata e oligárquico, mesmo um século depois da guerra civil, seguia a tradição dos pais fundadores. Afinal, estes, quase sem exceção, eram senhores de escravos. O famoso George Washington, por exemplo, era dono de uns quatrocentos escravos. E cem deles eram crianças – ou seja, ele não era apenas dono de escravos, tinha um viveiro de escravos.

Foi assim, de modo desigual, que se aplicou o famoso New Deal, marca de uma década que dividiu a história americana em um antes e um depois radicalmente distintos.

Mas foi ainda mais assombroso o enviesamento pró-branco de notáveis políticas do pós-Segunda Guerra. Uma delas, que mudou a cara do país, merece atenção. Trata-se do GI Bill, a chamada lei dos veteranos, um pacote de ajudas aos desmobilizados da Segunda Guerra. Pacotes um pouco menores vieram em edições posteriores da lei – para a guerra da Coreia, Vietnã, Golfo. Mas o GI Bill dos anos 1940 foi algo muito maior. Alguns o consideravam um verdadeiro Plano Marshall interno ou um New Deal para os veteranos e suas famílias.[5] Era o GI Bill um outro New Deal, salvador da pátria? Sim, só que... mais uma vez, essa ação afirmativa tinha cara branca. E, mais uma vez,

---

5. Há vários livros apresentando o programa para o grande público. Para os interessados, aí vai uma amostra: ALTSCHULER, Glenn. *The Gill Bill*: the New Deal for Veterans, New York: Oxford University Press, 2009. BENETT, Michael. *When Dreams Came True, The GI Bill and the Making of Modern America*. Washington DC: Brassey's, 1996. METTLER, Suzanne. *Soldiers to Citizens*, ; OLSEN, Keith. *The G.I. Bill, the Veterans, and the Colleges*. Lexington: The. University Press of Kentucky, 1974 (esse último traz uma instigante coleção de fotos de época, ilustrando a narrativa).

a segregação não ocorreria pela letra da lei, mas pela forma de sua execução, o que os sulistas forçaram, mais uma vez, explorando a aversão "federalista" contra a "tirania do poder central". Desse modo, o governo federal criava um programa, dava o dinheiro, mas quem decidia como distribuir era o poder dos brancos nos estados e localidades.

Não é um exagero dizer que o GI Bill era mesmo um Plano Marshall – aliás, os recursos eram maiores do que aquela transfusão de recursos, que ajudou a reconstruir a Europa. IK mostra que em 1948, por exemplo, nada menos do que 15% do orçamento federal ia para o GI Bill!

O pacote previa ajudas de vários tipos. Pagava mensalidades e outras despesas para aqueles que quisessem cursar ensino superior – conto parte dessa história em meu *Educação superior nos Estados Unidos*.[6] E isso se aplicou de imediato a mais de 2 milhões de pessoas. Em 1949, metade dos estudantes de ensino superior eram bolsistas desse programa! Um outro montante ia para os que quisessem fazer algum tipo de escola técnica ou vocacional – e foram mais de 5,5 milhões de pessoas. Outras ajudas incluíam financiamento para compra ou construção da casa própria – cerca de 5 milhões de imóveis foram adquiridos ou construídos desse modo. Outros recursos viabilizaram a compra de terra agricultável. Ou a criação de um negócio na cidade (uma loja, uma oficina) – mais de 200 mil americanos embarcaram nesta alternativa, com dinheiro emprestado a juros negativos.

O GI Bill era uma escada social para uma parte considerável dos americanos que vinham da classe trabalhadora ou da classe média baixa. Em vários sentidos, eles "faziam a América". O comentário de Michael Bennett é eloquente:

> Tudo era novo: novas casas, novos carros, novos empregos, novos mercados, novos alimentos, novos amigos, novas formas de entretenimento[...]

---

6. MORAES, Reginaldo C. *Educação superior nos Estados Unidos*. São Paulo: Ed. Unesp, 2015.

novas escolas, até mesmo novas igrejas [...]Raramente, na história do mundo, tanta gente desfrutou de tantas novas coisas tão rapidamente. Ao mesmo tempo, essas pessoas estavam se transformando em um novo povo com uma cultura social definida, sobretudo, pela propriedade da casa própria nos subúrbios.[7]

Bennett ressalta o florescer dessa América suburbana. O GI Bill foi, para a expansão dos subúrbios, aquilo que a lei do Homestead – para terras agricultáveis – tinha sido para a expansão rumo ao Velho Oeste. E subúrbio significava estratificação social e separação espacial, deterioração dos centros das cidades, inchaço do sistema de automóveis e de *shopping centers* e grandes supermercados. Uma cultura suburbana de tipo especial, americana. Na primeira metade do século XX, os Estados Unidos tinham se urbanizado aceleradamente. Na segunda metade, foram suburbanizados. E graças a políticas federais de rodovias, subsídios para compra e construção de casas, estimulo à compra de automóveis e eletrodomésticos. E crédito para expansão de pequenos e médios negócios – lojas, oficinas e assim por diante.

Ora, qual o problema? Não é isso que um bom Estado intervencionista faz? Sim, foi o que o Estado intervencionista americano fez, reinventando o país. Bom, alguns efeitos não esperados e, talvez, indesejados, iriam estourar lá pelos anos 1960, com a revolta dos guetos, as mobilizações dos negros excluídos e a descoberta da pobreza, denunciada com eco em um livro de Michael Harrington que aqui no Brasil foi publicada com o título de *A Outra América*.[8]

O GI Bill tinha o mesmo perfil enviesado das políticas do New Deal. Na letra da lei, acesso universal, na execução, porém, diz Michael Bennett,

---

7. BENNET, Michael. *op. cit.*
8. HARRINGTON, Michael. *A outra américa*. Rio de Janeiro: Zahar, 1964.

no exato momento em que amplo conjunto de políticas públicas estavam provendo a maioria dos brancos americanos com ferramentas valiosas para melhorar sem bem-estar social – assegurar sua velhice, obter bons empregos, ter segurança econômica, acumular ativos, ganhar *status* de classe média – a maior parte dos negros eram deixados para trás ou para fora.

DOIS PAÍSES, SEPARADOS, MAS IGUAIS, IGUAIS, MAS SEPARADOS

O resultado produzido pela aplicação dessas políticas é um cenário dramático, desenhado por Katznelson[9]:

Imagine dois países – um deles, o mais rico do mundo, o outro, entre os mais destituídos. Então suponha um programa global de ajuda externa transferindo mais de 100 milhões de dólares, mas para a nação rica, não para a pobre. Foi isso exatamente o que ocorreu nos EUA como resultado do impacto cumulativo das mais importantes políticas domésticas dos anos 1930 e 1940.

Vejamos, por exemplo, os empréstimos para casas e para investimentos destinados a montar um negócio. Eles teriam efeitos assombrosos para cristalizar as desigualdades e ampliar um verdadeiro *apartheid* social.

Os diferentes créditos do GI Bill tinham democratizado o acesso ao capital para "construir riqueza". E foi assim que muitas famílias fizeram seu maior investimento, isto é, sua casa própria. Katznelson mostra como os empréstimos e compra de casa por hipotecas eram sistematicamente difíceis, quase impossíveis, para os negros. As consequências foram profundas e se cristalizaram:

> Em 1984, quando as hipotecas do GI Bill tinham maturado, em sua maior parte, a família mediana tinha uma riqueza líquida próxima dos 39.135

---
9. KATZNELSON, Ira. op. cit.

dólares; o número, para as famílias negras, era de apenas 3.397 dólares, ou seja, 9% do valor dos ativos dos brancos. A maior parte da diferença era devida à ausência de casa própria.[10]

Assim foi-se consolidando uma ação afirmativa tácita, silenciosa, exclusiva para brancos. Aquela sobre a qual pouco se fala, que se naturaliza na consciência dos "homens bons". Um escandaloso (mas muito realista) artigo no Journal of Blacks in Higher Education chamava a atenção para essa "ação afirmativa" nas escolas superiores, contrastando-a com a ação afirmativa *stricto sensu*, a política de cotas. Entre outros dados, mostrava como o número de negros admitidos pelo sistema de cotas era bem inferior aos chamados *"legacy"*, os brancos herdeiros, os filhos de ex-alunos que tinham feito grandes doações a essas escolas, mesmo que eles tivessem resultados medíocres nos testes padronizados (SAT).

Mais uma das "preferências" sobre as quais é conveniente silenciar. Os interessados podem vê-lo debatido em livro organizado por Richard Kahlenberg, *Affirmative action for the rich – Legacy preferences in college admissions (Century Foundation Press, 2010).*

Como se vê, a ação afirmativa, tal como se estabeleceu e configurou nas últimas décadas do século XX, está longe de ser uma reparação ao tráfico e ao trabalho escravo – afinal, isto já se liquidara no meio do século XIX. Os atingidos pela escravidão estão mortos há muito tempo – e não há como lhes oferecer reparação. As políticas de ação afirmativa referem-se à correção de uma discriminação bem mais recente e com profundas consequências para os negros do presente. Talvez seja o caso de dizer que ela se refere a uma segunda política de escravidão, sem correntes e sem chicotes. Uma vez, Frantz Fanon disse algo mais ou menos assim: a colonização deforma o colonizado, mas, também, o colonizador. Vale?

---

10. KATZNELSON, Ira. *op. cit.*

DIVERSIDADE, DESIGUALDADE, O MARAVILHOSO MUNDO NOVO DO PÓS-GOLPE

02 DE AGOSTO DE 2017

Quanta desigualdade pode suportar uma democracia? E quanta democracia pode suportar a desigualdade? Não, este artigo não vai enveredar por essa discussão que arrisca resumir-se na famosa charada Tostines: vende mais porque é fresquinho ou é fresquinho porque vende mais? Não, aqui vai uma reflexão mais subjetiva, feita de memória, em tempos de pouca memória.

Se nunca escutou, escute Lulu Santos cantando *Minha Vida*. Vale pelo balanço da balada tropical, mas vale também pelas tiradas. Uma das que mais gosto: "[..] Aí veio a adolescência e pintou a diferença [...] a garota mais bonita também era a mais rica". Pois é. Ou melhor, assim era, hoje não é. Já houve tempo em que a mesma escola abrigava a garota rica e o garoto pobre. Lembro-me disso no meu curso ginasial no começo dos anos 1960. *I'm sorry*, periferia, isto não existe mais.

Eu morava na Vila Leopoldina. Naquele que então era um bairro operário a 40 minutos da Lapa. Hoje é uma selva de prédios metidos a besta; as fábricas e casas operárias, construídas em finais de semana, foram "reurbanizadas", ou seja, nadificadas. Naquele tempo dizia Jesus a seus apóstolos: uns e outros vão juntos para a escola. E iam. Eu tinha colegas que moravam na elegante *City* Lapa, palacetes ajardinados. Alguns dirigiam (mesmo sem idade para tanto) e fumavam Marlboro importado. Calça Lee, também importada. Mas frequentavam aquela escola e jogavam futebol na mesma quadra. Eu xingava a mãe deles e vice-versa. De vez em quando, uns socos trocados marcavam a convivência de pobres e não pobres.

De vez em quando eu emprestava a bicicleta de meu tio, que estava suando no torno da fábrica, e ia para mais a oeste, em direção ao Jardim Piratininga e Rochdale, bairros de Osasco. Era a mancha urbana se espalhando, com ruas e casas ainda mais precárias. O eixo imaginário City Lapa – Piratininga era o máximo de estratificação que podia ver.

Dizia o *jingle* da TV: o tempo passa, o tempo voa e a poupança Bamerindus continua numa boa. O Bamerindus afundou, mas as rendas de poupanças sobem, os salários estancam. O edifício social continua com dois andares, mas agora não há escada entre eles e nenhum espaço de convivência comum. Viva a diversidade? Não me venham com esta. Diversidade é o que havia na minha escola pública. O que temos hoje é desigualdade e cada um confinado ao seu gueto. Isso não é pós-moderno, é pré-antigo.

A menina mais rica já não vai atormentar Lulu, ela estuda em um colégio de 3 mil reais ao mês, mora em condomínio fechado, frequenta círculos seletos de seus iguais e passa férias em Miami ou algo assim. Não é o pessoal da Praia Grande nos finais de semana. Nem do churrasco na laje. Quando essa menina vê um desses espécimes da plebe tem um sentimento distinto – medo, repulsa, asco? Pessoas que têm cachorros de raça acabam ficando com o cérebro do cachorro, diz um jornalista espanhol. Faz sentido.

A CONFORTÁVEL TEORIA DO SACRIFÍCIO TEMPORÁRIO

Um economista antigo dizia que era assim, tinha que ser: o desenvolvimento inicialmente aumenta as diferenças, depois a riqueza dos de cima vai pingando para os de baixo e melhorando a vida da plebe. É só no começo, dizia ele, depois melhora. Diziam-nos isso nos anos fervilhantes do desenvolvimentismo dos anos 1950. Depois repetiram a coisa no milagre dos 1970: primeiro o bolo cresce, depois ele se espalha e se divide... Venderam-nos os tais "ajustes estruturais" do Banco Mundial com a mesma ladainha. E agora... Volta a fábula, com palavras flamejantes: aprimoramento do mercado de trabalho, desengessamento, liberalização e meritocracia.

Um exemplar cético do pelotão de baixo pode ruminar: é conversa para boi dormir. E de fato os bois dormem. Um ou outro, porém, pode pensar e, quem sabe, murmurar: sai dessa, vaqueiro, sei bem que nós dois vamos pro mesmo churrasco, mas você vai mastigando e eu vou mastigado.

Mais uma vez com Lulu Santos: "assim caminha a humanidade, com passos de formiga e sem vontade". A boiada segue. Torço para ouvir o famoso "mas um dia me montei" do Vandré. Bem ou mal, faço o que posso para que a paisagem mude, "porque gado a gente marca, tange, ferra, engorda e mata, mas com gente é diferente". Talvez seja diferente, mas, depois da tal reforma trabalhista, estou sentindo no lombo uma queimadura incômoda... E vejo nele a marca, o nome de nossos senhores. Sai Lulu, entra Stanislaw Ponte Preta: "E foi proclamada a escravidão".

A BASE SOCIAL
DA ESQUERDA POLÍTICA:
UM MUNDO A RECONQUISTAR

02 DE MAIO DE 2018

Entende-se por "esquerda política" o conjunto diversificado de partidos políticos que defendem plataformas visando a reformar ou revolver o sistema capitalista: trabalhistas, socialistas, social-democratas, comunistas. A base social dessa esquerda foi, desde o século XIX, o proletariado. Mais especificamente, o proletariado industrial. Mais focalizado ainda: o proletariado das grandes plantas produtivas (privadas ou estatais).

A reestruturação do mundo produtivo tem levado a um relativo esvaziamento e/ou fragmentação dessa base social. E a um concomitante esvaziamento das organizações que concorriam para formar sua identidade cotidiana – como os sindicatos e associações. A partir desse cenário, é pertinente perguntar se essa base social "migrou" para outros alinhamentos políticos, à direita no espectro político.

Em termos rudes: a "nova" classe trabalhadora virou para a direita? Ou adotou formas de comportamento de outra natureza, como o alheamento, a apatia, por exemplo? De qualquer modo, isso teria efeitos negativos para a esquerda política, no confronto relativo das forças. A direita pode até não crescer numericamente, mas se a esquerda se desmobiliza, a direita fica relativamente mais forte.

Dois fatores importantes contribuíram para a transformação dessa base social, com impacto significativo na estrutura ocupacional, nas formas de contrato, na distribuição geográfica e nas formas de vida.

Um desses vetores é a automação – a possibilidade de substituir atos humanos por conjuntos de rotinas lógicas embutidas em equipamentos. O outro vetor é o conjunto de reformas macroeconômicas e microeconômicas que marcaram as economias modernas depois de 1980, sobretudo. As reformas macro incluem a privatização e a desregulamentação de atividades econômicas – além de reformas também muito fortes nos sistemas de bem-estar e serviços públicos, cada vez mais "mercadorizados".

E as reformas microeconômicas? São as diversas formas de subcontratação e terceirização, o que levaria a uma terciarização das empresas e dos empregos e a uma redistribuição do emprego no espaço.

Ao lado desses vetores – que a esquerda política por vezes chama de "fatores objetivos", há também mudanças relevantes nos "fatores subjetivos", isto é, nas iniciativas políticas dos sujeitos sociais relevantes. Um desses fenômenos é o crescimento ou ressurgir de uma "nova direita". Ela é fortemente apoiada, nos Estados Unidos, sobretudo, em ONGs e fundações neoconservadoras, com "grupos de combate" relevantes em igrejas e aparatos de mídia. Essa nova direita tem enfatizado temas que parecem atrair a base social da esquerda: a imigração como bode expiatório para o desemprego e a degradação das comunidades; a religião; um nacionalismo difuso "antiglobalista"; uma rejeição ativa do "liberalismo intelectual". Com adaptações, esse movimento também se observa em países como o Brasil.

Em vários países, essa combinação tem produzido não apenas ganhos eleitorais (votos) para os partidos e candidatos da nova direita. Talvez ela tenha gerado algo até mais preocupante: um crescente desinteresse pela política, por vezes com recusa muito ativa e (paradoxalmente) militante da política. Assim, em várias situações, não se trata apenas (nem sobretudo) da migração de eleitores da esquerda para a direita, mas para a apatia e o alheamento.

NOVO CENÁRIO, NOVOS PERSONAGENS?

Essas transformações da sociedade têm enorme impacto na vida material cotidiana, em que se solidificam as forças do hábito e da associação, a formação dos sentimentos, ideias e comportamentos políticos.

No espaço da vida material das massas, há um fenômeno forte e muito visível para qualquer observador atento. O esvaziamento relativo das grandes unidades fabris foi acompanhado pelo florescimento de uma enorme "classe trabalhadora de serviços" empregada em pequenas unidades que operam segundo uma lógica de redes – com a propriedade e a gestão centralizadas, padronizadas. Mas, ao mesmo tempo, organizam-se segundo uma lógica de unidades espacialmente segmentadas, fragmentadas.

O exemplo mais chocante dessa mudança de cenário (com implicações no comportamento dos personagens) é a multiplicação dos *shopping centers*, aglomerados de lojas, algumas delas unidades de redes (de farmácias, cafeterias, magazines de vestuário etc.). Em São Paulo havia quase 5 mil fábricas metalúrgicas, em 1980 – grandes, médias, pequenas, minúsculas. Desde produtoras de máquinas até oficinas de bijuterias. Hoje, esse montante certamente é uma fração daquele número. Mas há perto de 500 *shoppings*, com essas redes comerciais distribuídas pela cidade.

O lugar de encontro dessa classe trabalhadora não é mais o local de trabalho. Talvez seja – é provável que seja – o local de moradia ou alguns lugares de consumo, como as escolas, os bares e *"points"* da juventude trabalhadora-estudante. A esquerda estava habituada a falar e reunir a classe trabalhadora a partir das fábricas e das grandes categorias – os poderosos sindicatos de metalúrgicos, de têxteis, de químicos etc.

Nos anos 1970, a esquerda conseguiu avanços significativos (em parceria com o chamado clero progressista) criando conexões entre movimentos no local de moradia. Havia uma interligação e cooperação viva entre movimentos por transporte, saúde, infraestrutura urbana e movimentos sindicais, redundando em fortalecimento de campanhas de sindicatos e oposições sindicais. Escolas de solidariedade e de política. Essa atividade foi profundamente abalada por vários fatores, um dos quais, nada desprezível, foi o brutal desmonte da igreja da libertação, uma iniciativa clara e enérgica do papa eleito em 1979.

Aqui um parêntese – que talvez seja muito calcado no que ocorreu nos movimentos populares e sindicais da Grande São Paulo. No final dos anos 1970 foram inventadas algumas formas alternativas de organização popular – locais de socialização, formação de identidades e mobilização. As Associações de Trabalhadores – efêmeras, pontuais. Algumas delas duraram mais tempo – a mais dinâmica foi a Associação dos Trabalhadores da Mooca, retratado em livro de Giuseppina de Grazia[1].

Um outro sinal daqueles tempos foi a tentativa de CUTs estaduais e regionais para criar espaços descentralizados com esse objetivo. A CUT regional da Grande São Paulo, por exemplo, abriu várias subsedes em bairros. Eram espaços intercategorias e multifunções – locais de encontro, de atividades culturais, de organização de campanhas. O ano de 1985 viu surgir, com sucesso, uma campanha unificada de várias categorias profissionais, na Grande São Paulo. Por razões que

---

1. GRAZIA, G. *Da organização pela base à institucionalização*. Rio de Janeiro: Núcleo Piratininga de Comunicação, 2017.

precisam ser estudadas, esse movimento de capilarização regrediu, já na década seguinte.

PARA AONDE FOMOS?
PARA ONDE QUEREMOS IR?

Assim, refluía essa atividade da esquerda, conectando local de trabalho e de moradia – realizada em paróquias, associações ou subsedes sindicais. Em seu lugar, cresceu um outro organizador de rotinas, aspirações e desejos – as igrejas evangélicas, que se multiplicaram, precisamente, depois de 1980. Uma escola de política se esvaziava, uma outra se erguia.

Esta observação não tem nada a ver com preferência de religião ou crença. Apenas com uma descrição dos eventos. A realidade cotidiana pressiona as crenças e as reorienta. Não devemos descartar a possibilidade de que vertentes progressistas se desenvolvam precisamente nessas novas igrejas e denominações. Já existem vários sinais desse tipo. O quanto vão vingar é outra estória. Talvez vire história

É para essa realidade que precisamos nos voltar, se quisermos que a esquerda política reencontre sua base social – agora, talvez, uma nova base social. E a dispute com as correntes neoconservadoras que avançaram nesse meio, nas últimas décadas.

OS SINDICATOS, SEUS IRMÃOS MENORES E SEUS HERDEIROS

05 DE JUNHO DE 2018

De certo modo, este artigo é uma volta a um tema que se repete porque não se resolve. Um desses repiques tratei em artigo anterior aqui no Brasil Debate[1]. Se não viu o filme *Os Companheiros* (1963), de Mario Monicelli, estrelado por Marcello Mastroianni, veja. Região industrial do norte da Itália, final do século XIX. Um povoado, na periferia de Turim, que vive em torno de uma grande tecelagem. Naquele cenário histórico, tudo o que mantém a vida da classe trabalhadora vem do que arranca do patrão. Roupas e calçados, alimentos, velas para iluminação e carvão para cozinhar e aquecer a moradia, remédios e os poucos materiais escolares que formarão os "proletinhas" que irão substituir os adultos.

E o que é o Estado, nesse quadro? Aparece quando se dá um conflito: cercam a fábrica e espancam os operários. No começo do século XX, Lenin, o vermelho, sintetizava: o Estado é uma coleção de prisões e tribunais, polícia e exército, repressão de uma classe sobre a

---

[1]. Trata-se do artigo A base social da esquerda política: um mundo a reconquistar, cf., neste volume, a p. 243-247; também disponível em: <http://brasildebate.com.br/a-base-social-da-esquerda-politica-um--mundo-a-reconquistar/>. Acesso em: 19 mar. 2020.

outra. De outro lado da barricada, o liberal Max Weber concordava: o Estado é monopólio do uso legitimado da coerção física. Serviços públicos? Quase nada. Porrete era o gasto dominante. Os governos, nos países avançados recolhiam pouco imposto, bem abaixo dos 10% do PIB. Imposto na alfândega, alguns sobre comércio (tabaco, sal). O nosso conhecido imposto progressivo sobre a renda foi uma invenção do final da Primeira Guerra – engatinhou durante algum tempo e cresceu ao longo do século XX.

Dê um salto no tempo. O que é hoje a cesta de consumo necessária à manutenção e reprodução da força de trabalho, nos países centrais e, mesmo, nos periféricos integrados ao moinho capitalista? Metade dos bens e serviços essenciais, pode-se dizer, é obtida por outros meios que não o dispêndio do salário. É comprada indiretamente, de modo menos visível, por meio de outra relação, que não a patrão-empregador.

Cidadão-Estado-serviços públicos (como educação e saúde) e serviços de utilidade pública (energia, água e esgoto, coleta de lixo, moradia). E alguns bens comprados no mercado e na feira são regulados pelo Estado. Alguns, ainda, subsidiados pelo Estado. Carga tributária? Nos Estados Unidos, tradicionalmente avesso a taxas, perto de 30%. Na Europa Ocidental, em torno dos 50%. No Brasil, quase 40% (sobre a economia formalizada, bem entendido).

Pois bem, como se vê no filme de Monicelli, o instrumento de organização e formação de ideias, no confronto operário, é algo que chamamos de sindicato. Para negociar o pagamento que garantirá a compra da vida, no dia seguinte, na semana seguinte. E no novo cenário? O sindicato continua sendo relevante para lutar pela metade dessa vida – aquela que depende da negociação salarial. E a outra metade? Ela é mediada por outro tipo de organização – menos formalizada, frequentemente ocasional e flutuante. Os movimentos sociais – movimentos que reivindicam água, luz, uma linha de ônibus, posto de saúde, escola. E as mobilizações de protesto aleatórias – como os motins do pão, da água, das tarifas e preços de serviços de utilidade pública. Um outro tipo de confronto e outro tipo de "negociação", quando há alguma.

Dada a importância desse universo de conflitos e seus efeitos psicossociais, ideológicos e políticos, os sindicatos convencionais precisam prestar atenção nesses movimentos, alguns novos, outros nem tanto. Os sindicatos talvez precisem tratá-los como irmãos menores. E, em alguma medida, como seus sucessores, seus herdeiros organizativos. Pelo menos para algumas categorias de trabalhadores fragmentados e para alguns tipos de lutas. Precisam ajudá-los a crescer. Investir neles. Materialmente.

A forma de organização desses movimentos não se faz em uma ou poucas sedes nas cidades, em assembleias periódicas realizadas em torno de datas de celebração de contratos coletivos. A atividade convencional dos sindicatos é essencial – e para algumas categorias é simplesmente vital. Mas os movimentos sociais voltados para o "salário indireto" dos serviços públicos e serviços de utilidade pública? Eles são e provavelmente continuarão a ser descentralizados, tendo como referência principal os locais de moradia, congregando indivíduos e famílias de diferentes ocupações, mas com muitas identidades de destino e vida.

Aqui vai uma dica que talvez valha a pena – para o leitor, em geral, mas sobretudo para os ativistas da área: dar uma olhada no que fez a central sindical americana, a AFL-CIO. Deu-se conta de que perdia bases com a desindustrialização, o deslocamento das plantas, a fragmentação das categorias. E com o crescimento da massa de trabalhadores (imigrantes, principalmente) em setores de serviços de baixa formalização e difícil sindicalização. Criou um movimento-comunidade, organizado a partir dos locais de moradia, uma ferramenta especial para enfrentar o novo desafio. Pode não ser uma iniciativa para "copiar", nem a única a imaginar, por certo. Mas é bem sugestiva.[2]

---

2. Veja o site para ter uma ideia da coisa, disponível em: <https://www.workingamerica.org/about>. Acesso: 19 mar. 2020.

Como dissemos, temos que botar a cabeça para funcionar. Não serve apenas para usar chapéu. Sindicalistas, ativistas sociais e políticos, vamos olhar para os movimentos quase invisíveis, mas muito efetivos, da sociedade em transformação. Já estamos atrasados.

UM LIVRO, UM FILME, UM MUNDO EM COMUM

17 DE NOVEMBRO DE 2017

O livro é de Larissa Rosa Correa – *Disseram que voltei americanizado: Relações sindicais Brasil-Estados Unidos* na ditadura militar[1]; o filme, de Fernando Weller – *Em nome da América*. O mundo da penetração norte-americana na sociedade brasileira.

Resenhei o livro de Larissa para a revista *Pesquisa FAPESP*. E agora, depois de rever o filme, mais forte ficou a impressão de que precisam ser colocados lado a lado.

O filme de Weller ganhou o Prêmio PETROBRAS de melhor documentário brasileiro, na 41ª. Mostra de Cinema de São Paulo. Você não pode perder. Depois da safra de festivais, vai para circuito de cinemas, no começo do próximo ano.

O livro de Larissa mostra o que os norte-americanos faziam, nos anos da ditadura, para "modelar" o sindicalismo brasileiro. Um papel fundamental é desempenhado pelo Instituto para o Desenvolvimento do Sindicalismo Livre (IADESIL), uma espécie de sonda

---

1. CORREA, Larissa Rosa. *Disseram que voltei americanizado: relações sindicais Brasil-Estados Unidos na ditadura militar*. Campinas: Ed. Unicamp, 2017.

norte-americana instalada em território brasileiro. Fazia prospecções, recrutava e treinava simpatizantes, difundia comportamentos e ideias. Larissa descreve seus instrumentos e procura medir os obstáculos encontrados, a recepção peculiar da ação externa por parte dos agentes internos, os resultados.

A criação do Instituto é parte de um conjunto de políticas, planos e organizações inventadas pelo governo americano ou por empresários daquele país para influir sobre sindicatos e movimentos populares brasileiros. Daí o seu encontro com o filme de Weller, que comentarei mais adiante. A lista de ações norte-americanas programadas vinha de longe. Já em 1943, o governo Roosevelt criara o programa de "adidos trabalhistas" em embaixadas e consulados americanos. Mas as ações se multiplicaram, evidentemente, depois da Revolução Cubana – a Aliança para o Progresso, a USAID, o *Peace Corps*, todos criados em 1961, com objetivos bastante parecidos, embora concentrados em áreas diferentes.

As atividades do IADESIL tinham uma direção – os brasileiros selecionados faziam viagens de "instrução e treinamento" nos Estados Unidos. Não tinham apenas salas de aula. Visitavam instituições e eram apresentados às maravilhas do modo americano de viver – alguns se entusiasmam com o telefone sem fio, outros com o metrô. Muitos voltam um pouco americanizados – como a Carmen Miranda sugerida no título. Mas os resultados, diz ela, não foram tão bons quanto pareciam esperar os promotores. Em alguns casos, foram mesmo um tiro no pé, como se evidenciou na trajetória de Clodesmit Riani, sindicalista enviado aos EUA para a doutrinação usual. O mineiro voltou e aliou-se a comunistas para criar o Comando Geral dos Trabalhadores, o CGT. Um mal-agradecido, pois não?

Em certo momento, Larissa registra a fala de um ministro da ditadura, Arnaldo Sussekind, sonhando com a formação de novos líderes sindicais "capazes e honestos, com experiência democrática" e que fossem "nem comunistas nem bonecos dos empregadores" e que não batessem de frente com o ministério. Atirou no que viu, acertou no que não viu, até no que não queria ver. Ironia das ironias, alguns anos depois, surgiria no ABC paulista alguma coisa perto do perfil que sonhava. Só que não. Mais do que um remédio, o achado seria uma dor de cabeça, que até hoje o andar de cima procura curar por via cirúrgica. Não preciso dar mais detalhes.

STEVEN SPIELBERG ACABOU NO SERTÃO?

E o filme? Cineasta, pesquisador e professor de Cinema da Universidade Federal de Pernambuco (UFPE), Fernando Weller começou sua saga de investigador de um modo, terminou de outro. O roteiro começou de modo singular. Sabemos disso porque nosso INCT de Estudos sobre Estados Unidos participou de algum modo desse momento, articulando alguns apoios para a visita de Weller a instituições americanas. O roteiro inicial partia de uma estória estranha, quase lenda, sobre misterioso personagem que vivera no sertão pernambucano. Daí vinha o título inicial: *Steven esteve aqui*. Dele tudo se dizia, até mesmo que se tratava de Steven Spielberg!

Puxando os fios de uma teia e tecendo com enorme acuidade, Fernando nos traz as vicissitudes do programa Peace Corps, os "voluntários" norte-americanos que viveram ao Nordeste do Brasil para "ajudar" seu povo, nos anos 1960 e 1970. Rastreando os personagens, descobrindo suas ligações, suas ambiguidades e suas lembranças, Weller explicitamente se reporta a Eduardo Coutinho e seu método de compor o personagem por meio de entrevistas que constroem relações, interações com os personagens, sem pré-concepções congeladas e prontas para servir. Desse modo, as ambiguidades e incertezas afloram junto com os dados.

E os dados são fascinantes. O filme traz documentos inéditos dos serviços de inteligência de lá e de cá, depoimentos dos "ex-jovens" voluntários, recolhidos em diversas cidades americanas, com o calor das lembranças e da "inefável saudade", como diz uma delas. Cenas de reportagens de época refrescam a memória, como o discurso de Kennedy no primeiro aniversário do Peace Corps, quando o presidente adverte que "aqueles que impedem revoluções pacíficas tornam inevitáveis revoluções violentas". Desnecessário dizer que os tambores da revolução cubana batiam ao fundo, como trilha sonora.

Os americanos tinham uma dor de cabeça para tratar no Nordeste, as Ligas Camponesas, lideradas por Francisco Julião. Para combatê-las organizaram um contramovimento bem financiado e orientado, uma aliança com a igreja católica para criar cooperativas e sindicatos dóceis, "construtivos". E esterilizar o que fosse necessário, claro, em colaboração com as estimadas forças repressivas locais.

Assim, o Voluntários da Paz trouxe milhares de jovens norte-americanos para atuarem em trabalhos comunitários e agrícolas no Brasil e, particularmente, em pequenas cidades no interior do Nordeste.

Alguns dos personagens do filme são visivelmente angustiados pelo reconhecimento posterior do que, de fato, estavam fazendo em Pernambuco. Outros, visivelmente, tergiversam, tentam driblar sua história e as perguntas do repórter-cineasta. Meu colega Felipe Loureiro, historiador da USP, chamou-nos atenção para um deles, Tim Hoghen. Felipe observou como o "gringo", com toda a certeza um quadro da "inteligência", evita o contato visual, desvia o olhar da câmara ou do entrevistador. Esquiva-se – o que parece uma pista para intuir que ele era mais do que um inocente útil. Aliado ao fato de que comprovadamente manuseava bom volume de recursos para operações no campo, temos tudo para imaginar seus vínculos com os patrões do programa – o governo e as corporações americanas que o financiavam. O lobo não perde o vício: ao receber seu entrevistador, ele o apressa, mal-humorado, dizendo que "isto não é o Brasil, aqui o tempo anda mais rápido". No tom e no conteúdo da frase percebemos como estamos diante de alguém especialmente dotado para nos domesticar e trazer ao ritmo de sua "civilização".

NEM TUDO QUE SE PASSOU É PASSADO

Ah, malhas que o império tece, dizia Fernando Pessoa. Produzem lembranças amargas e até algumas nostalgicamente simpáticas, como a do voluntário que, emocionado, toca ao violão uma canção de Chico Buarque. "Só Carolina não viu", diz ele. Muita gente não viu. Como muita gente talvez não veja, hoje, reprises dessa estória-história. Os roteiros e personagens são certamente diferentes, no cenário atual, mas os produtores do espetáculo, quem sabe, não tenham mudado muito. O governo americano, sua "inteligência para uso externo" e as corporações (com sua inteligência, também), ainda operam como produtores de espetáculos como esse – aqui, na Venezuela, no Egito, na Ucrânia e em várias partes do mundo. Quando o golpe militar fez 50 anos tivemos vários eventos acadêmicos mostrando a forte presença americana naquela conjuntura. Talvez tenhamos que esperar outros 50 anos para olhar para o dia de hoje. E outro *Em nome da América*. Oxalá tenhamos Larissas e Fernandos para abreviar esse caminho.

Em suma, filme e livro mostram muita coisa do passado. Mas ajudam bastante a iluminar o presente. É um convite a estudos mais demorados sobre o que temos como passivo norte-americano na nossa história. Algo assim como um balanço da penetração do Brasil pela presença americana – na economia, na política, na cultura e em tantos outros aspectos.

Pode-se dizer – e gostaria que assim fosse – que temos aqui um convite para estudiosos brasileiros aprofundarem o exame dessa americanização. Posso garantir que é um convite de nosso instituto, o INCT-Ineu, a nossos estudiosos. Que tal empreender um balanço dessa americanização do mundo – e, em especial, da americanização do Brasil? Numerosos brasileiros avançaram trabalhos relevantes nessa direção. Evito citar de memória para não cometer esquecimentos injustos. Que tal cruzar e consolidar tais estudos? O INCT-Ineu abre as portas para essas iniciativas.

MEIOS DE COMUNICAÇÃO, REALIDADES PARALELAS E ESQUIZOFRENIA CONVENIENTE

15 DE DEZEMBRO DE 2017

Atribui-se a William James esta frase preciosa: "Muita gente pensa que está pensando, quando na verdade está apenas reorganizando seus preconceitos". A frase talvez nos ajude a entender a função essencial dos grandes meios de comunicação, conservadores pela sua própria lógica: a cada choque da realidade, eles procuram reorganizar os preconceitos de seus seguidores, para que sigam sendo aquilo que são. Hegel dizia que a leitura dos jornais era sua oração matinal. Para o grande público, o jornal ou o telejornal estão mais próximos de outro ato religioso – o culto reconfortante, certificador de suas crenças.

Ainda há quem se espante com o fato de ver surgir diante de si, diariamente, uma tempestade de realidades paralelas, produzidas por essa mídia. Realidade paralela. Uma vez, Caetano Veloso, tropicalista e psicodélico, mas nada delirante, disse uma cândida verdade: "Não vejo o Jornal Nacional para saber o que acontece, mas para saber o que eles querem que eu pense que acontece".

A grande mídia é fortemente inclinada para opiniões conservadoras – e cada vez mais. Contudo, por vezes o rastilho vai um pouco além disso. Em muitas ocasiões – e estamos em uma delas – essa mídia opera, deliberadamente ou não, como um instrumento de coesão, de costura de movimentos obscurantistas, transformando expectadores em ativistas e, depois, convertendo esses ativistas em uma base de opinião disponível para a aventura que sairá da cartola. A mídia "unifica o discurso", afina a orquestra, fortalece os laços de identidade. Eles estão garantindo a "estabilidade mental" de suas ovelhas, diante de tantos zigue-zagues. A identidade do pastor se vê depois. Pode ser um *fake* extravagante, uma celebridade televisiva transformada em guru ou uma farda desbotada e histérica. Cada um desses modelitos trafega pelas nossas telas hoje em dia.

Em 1975, o comentarista político Kevin Phillips publicou o livro *Mediacracy: American parties and politics in the communications age*,[1] uma análise das redes nacionais de comunicação americanas. Kevin vivia dentro do circo político – fora assessor do partido republicano antes de se transformar em "comentarista independente". No livro ele afirma que as cadeias nacionais estavam suplantando o papel das velhas oligarquias, dos homens de negócios conservadores, dos barões das redes regionais. As redes nacionais se transformavam nos árbitros do poder político. Suplantavam, também, claro, os partidos. Lembro que ele está falando de Estados Unidos, 1975. Isso sugere alguma coisa?

Os desencontros da mídia evoluíram – ou seja, mudaram rapidamente. Mas ela não deu conta de encontrar o tal farol unificador, o pastor das almas que cultivou. Por vezes, surpreende-se com a revelação de um messias que não era o anunciado. Quando Donald Trump surgiu, um chefão do *The New York Times* disse que iriam fazer a co-

---

1. PHILLIPS, Kevin. *Mediacracy: American parties and politics in the communications age.* New York: Doubleday, 1975.

bertura de sua campanha na seção de entretenimento ou algo assim. A verdade é que já faziam isso. E Trump compreendeu a regra do jogo, com uma dose de cinismo que espanta e desconcerta. Todos sabemos que Bush também cultivava um estilo tosco e bruto, mas era cercado de cuidadoras e enfermeiros que consertavam o estrago – Condolezza e Colin Powel surgiam dos bastidores para "explicar" os arroubos do chefe. Trump não tem freios – ou melhor, seus freios operam como aceleradores. E a mídia, até mesmo a ultraconservadora, perdeu o monopólio na produção da "pós-verdade". Trump estabelece a pauta da mídia – ou a transforma em biruta de aeroporto – pelo Twitter.

Faz quase vinte anos, Murray Kempton postou um comentário certeiro no *New York Review of Books* (14/2/1991):

> A política externa dos EUA algumas vezes parece inspirada nas regras da liga de beisebol: na American League temos o batedor selecionado; e nosso governo inventou o inimigo selecionado, que é o temporário mas sempre exclusivo foco de sua indignação moral. A delegação líbia na ONU desfruta da paz de nossas ruas, Daniel Ortega é um turista bem-vindo, e nossos jornalistas jantam amigavelmente com o embaixador iraniano. O que são hoje os monstros de ontem, a não ser trastes esquecidos nos porões de uma América que só pode pensar em um monstro de cada vez?[2]

Lemos essa passagem e percebemos que temos que trocar, de novo, todos os nomes próprios, para que a frase faça sentido, nos dias atuais, ou pelo menos nesta semana. Ou melhor, para que ela se pareça com aquilo que chamamos de realidade.

Trump é um sintoma de algo bem pior do que ele. E um ativador desse mal. Só agora, talvez, se perceba que Trump poderia ser, em escala ampliada, aquele atirador que disparou contra centenas de

---

2. KEMPTON, Murray. A Case of Amnesia. New York Review of books. Feb 14, 1991.

pessoas em.... Ele é o tipo que poderia fazer isso – e talvez esteja planejando algo do tipo, em escala ainda mais ampliada, planetária.

O que não se percebe é que todo esse mundo de horrores e incertezas torna-se mais fácil porque a "realidade" das discordâncias que aparecem na mídia (e dela com Trump) é, apenas, a discordância sobre as superfícies. O subsolo segue intacto. Eles "estão juntos".

Sublinho essa ideia: há um subsolo comum, sob algumas discordâncias por vezes cortantes, mas um tanto epidérmicas. Trump é o detalhe, como o gol na frase do Parreira – o que temos que fazer é "ler o jogo".

Vou citar um outro exemplo dessa confluência das confusões – agora não com Trump, tipo acabado da pós-verdade. Mas com aquele que, a julgar pela imprensa liberal americana, *parecia* ter trazido algum bom senso ao circo. Explico...

Em 2013, os jornais americanos reproduziram uma comovida declaração de Barack Obama (mais uma...): "Nós somos fiéis a nossas crenças quando uma menina nascida na pobreza mais tenebrosa sabe que ela tem a mesma chance de ter sucesso como qualquer pessoa, porque ela é uma americana; ela é livre, e ela é igual, não apenas diante de Deus, mas também diante de nós."

Uma colunista do *The Nation* contestou Obama com bons argumentos e dados: esse fenômeno de fato não ocorria. Ou seja: uma garota pobre não tinha essa tal chance, não era livre nem igual às outras. E ela estava certa. Em seguida, *The Atlantic* bateu na mesma tecla. E mais outro, e mais outro. Ou seja, as evidências se amontoavam para mostrar que aquilo não ocorria no país real, apenas no país da "crença". Ou desses crentes.

Está certo, gente, nada de novo. Mas talvez o mais interessante não seja dizer que Obama é utópico ou que não enxerga o que está diante do seu nariz. Que edulcora o "sono americano". Obama diz que a garota consegue "subir", os críticos dizem que não, que ela não se chama Conceição. Mas debaixo do que ambos dizem há uma coisa não dita e mais importante.

O mais interessante e não comentado por essa mídia é outra coisa: Obama disse algo sem dizer e, aparentemente, sem querer dizer. E a mídia não ouviu essa mensagem porque vive dentro da mesma bolha.

O que Obama disse de tão grave? Vejam aquilo que está implícito na frase: no centro do império, no país que tem tecnologia para construir ou destruir o mundo, que acumula riqueza como nunca na história da humanidade, nesse país da glória há garotinhas que vivem na mais tenebrosa pobreza. Não apenas ela: as garotinhas e suas famílias, por suposto. Não estamos falando da Etiópia, da Somália, da Etiópia, tragédias com as quais a humanidade se conforma faz tempo. Nem do Iraque, que os americanos "reconstroem" faz 14 anos. Estamos falando da "América", do país rico que disputa campeonato de pobreza infantil.

Não foi esse elemento que a imprensa destacou. Mas é isso que estampou, para bons leitores: a declaração e suas críticas exibem uma confissão de derrota. Ou a confissão de um crime.

A confissão segue silente. Obama candidato dizia que o importante não era sair do Iraque, mas sair de um estado mental que produz Iraques. Não será com o infoentretenimento dominante que se conseguirá tal proeza.

QUEM TEM MEDO DAS *FAKE NEWS*?

22 DE MARÇO DE 2018

Alguns gigantes midiáticos parecem padecer de crônica falta de memória – ou de semancol, para utilizar o jargão popular. Especializados em criar realidades paralelas, dizem-se agora preocupados com o fenômeno das *fake news*. Afinal, as grandes empresas de mídia esmeram-se em produzir *fake news* – *Globo, Folha, Veja*, um reino de inventores de fatos, estampados em corpo gigante na capa e desmentidos na página 22 do segundo caderno. Quando acontece. Antigamente corria a piada de que os grandes jornais mentiam até nos horários de cinema. Compulsão. O uso do cachimbo entorta a boca.

Recordar é viver. Nos anos 1970, um jornal paulistano, daqueles impressos com sangue, inventou uma estória de arrepiar. O bebê-diabo teria nascido em São Bernardo do Campo. Calma, leitor assombrado, não era esse que vocês estão pensando, aquele lá do ABC é outro, nasceu em outro lugar. O rebento, com chifres, rabo e coloração rubra, teria fugido da maternidade e fora visto saltando sobre os telhados. No mês seguinte, o jornal noticiava que havia chegado ao outro lado da metrópole, assombrando os habitantes de Osasco, no lado oeste da Grande São Paulo.

Nos anos 1990, foi a vez do ET de Varginha. Aparentemente desabado naquela cidade mineira, vagara por vários cantos e fora finalmente capturado e abatido. O cadáver do alienígena teria sido mantido em sigilo. Até mesmo a UNICAMP entrou na estória – circulava à boca pequena que o ET estava sendo periciado nos laboratórios de nossos especialistas. Como surgiu, desapareceu.

Talvez isso já fosse o que hoje se chama de *fake news*, não importa o rótulo. Mas eram coisas amadoras, nas dimensões do que eram os meios de comunicação de massas em que medravam. Bebê-diabo e ET de Varginha raramente chegavam à TV. Chegavam ao jornal popular e aos programas de rádio voltados para o público de baixa renda. Eram programas que novelizavam o crime e hipnotizavam ouvintes como antes faziam os dramas da Rádio Nacional ou as estórias de aventura de Jerônimo, herói do sertão.

A TV trouxe ao mundo um outro gênero de *fake news* e um novo alcance. Poderíamos lembrar numerosos casos, mas sem dúvida o mais espantoso e instrutivo foi a sinfonia televisiva que celebrou a escalada bushiana – a invasão do Afeganistão e, depois, do Iraque. Muito se escreveu sobre isso, lá como cá. Um ex-repórter muito competente da TV Globo foi um dos autores: *Deus é inocente, a imprensa não*,[1] de Carlos Dorneles. Em pouco tempo, um presidente com baixos níveis de aprovação tirava proveito de um ataque terrorista até hoje pouco explicado e transformava completamente as relações de força. Com a sinfonia de vozes repetindo mantras de guerra, quase todos os políticos e formadores de opinião cerravam fileiras em torno de crenças nada superiores às do bebê-diabo: Sadam era sócio da Al--Qaeda, tinha armas de destruição em massa. O Afeganistão passava a coadjuvante. Sadam era a encarnação do demônio. Bebê-diabo da nova era.

---

1. DORNELES, Carlos. *Deus é inocente, a imprensa não*. Rio de Janeiro: Globo, 2002.

A mídia militantemente "criativa" vinha de antes, é verdade. A famosa Fox News tinha sido criada por Rupert Murdoch na metade dos anos 1990. E se tornou a grande inventora de realidades paralelas. Mas, no caso do Iraque, de modo algum a Fox foi grito solitário. Pelo contrário, toda a grande imprensa "séria" e "equilibrada" se entregou ao delírio belicista e à difusão de informações sabidamente duvidosas (para dizer o mínimo). Durante alguns anos Bush conseguiu inventar uma realidade paranoica, suficiente para afundar o país numa guerra sem saída, enriquecer as empresas nela envolvidas e... deixar correr o barco que trombaria no *iceberg* da grande crise de 2008. Uma proeza viabilizada pelo *fake* geral.

No momento, temos um novo capítulo desse romance das *fake news*. Talvez mais saboroso e menos sangrento (por enquanto) do que aquele do Iraque. Trata-se da captura do sistema eleitoral americano pelos russos, os pérfidos bárbaros da estepe. A mídia norte-americana, quase inteiramente envolvida com a candidatura Hilary Clinton, depois de cair de suas nuvens embarcou em outra aventura igualmente delirante. Descobriu, de repente, que o sistema político norte-americano (e não apenas o eleitoral) é muito vulnerável à captura de interesses sorrateiros. Não, não eram os banqueiros de Wall Street, o complexo militar-industrial ou as sete irmãs do petróleo. Neste caso, como dissemos, vinham a cavalo os perigosos neovermelhos.

A farra começou a ficar engraçada porque logo alguns mais céticos lembraram o óbvio: a maior organização criminosa do planeta era especialista em fazer exatamente isso, manusear sistemas políticos e eleições em todo o planeta. Desde sua criação, depois da Segunda Guerra, a CIA criou divisões especializadas nesse delito – em operações abertas ou encobertas. A literatura sobre as suas desgraças é enorme. E fartamente documentada, sem *fake news*.

Uma das mais picantes cenas do debate recente ocorreu quando um antigo diretor da agência, Kent Harrington, publicou um artigo[2] tentando explicar porque os norte-americanos eram tão vulneráveis a essas manobras de engana-trouxa.

Harrington afirma que os serviços de inteligência de Putin escolheram bem seus meios de ataque. Facebook e Google concentram muito da informação das redes. E suas regras permitiam um assédio fácil e... barato. O problema, diz Harrington, está além das tecnicalidades daqueles que vivem falando em algoritmos inteligentes, transparência e compromisso com a verdade: essas tecnologias não foram desenhadas para diferenciar verdadeiro de falso ou coisa parecida. Eles estão preparados apenas para maximizar cliques, compartilhamentos e "curtições". Nos últimos dias, aliás, o *The Guardian* e o *The New York Times* reportaram como assessores de Trump faziam diabruras com a ajuda de uma empresa especializada nisso – e o algoritmo é poderoso, mas aparentemente muito simples.

Então, diz o moço da CIA, o problema está um pouco além: "um eleitorado pobremente educado, suscetível de manipulação". E daí vêm as razões de tal devastação. Nesse desastre cumpre papel fundamental a concentração da mídia, o desaparecimento dos jornais locais, comprados por grandes corporações e a deterioração do que se chama de "jornalismo". Os resultados? Diz ele:

> Considere a evidência: em 2005, uma pesquisa da Sociedade Americana de Advogados descobriu que 50% dos americanos não conseguem identificar corretamente os três poderes da república. O Annenberg Center for Public Policy fez a mesma pergunta em 2015 – a porcentagem de respostas como

---

2. "How Americans Became Vulnerable to Russian Disinformation", disponível em: <https://www.project-syndicate.org/commentary/russia-social-media-election-interference-by-kent-harrington-2017-11?Ltm_source=Project%20Syndicate%20Newsletter&utm_campaign=aae3889bb3-sunday_newsletter_18_2_2018&utm_medium=email&utm_term=0_73bad5b7d8-aae3889bb3-104315209>. Acesso em: 18 mar. 2020.

essas tinha subido para dois terços e uns 32% sequer conseguiam citar o nome de um dos ramos do governo.

A concentração da mídia veio casada com um irmão gêmeo: a busca empresarial pelo lucro máximo e rápido, de curto prazo. Harrington cita o depoimento de um manual do ramo: "Nosso cliente é o anunciante" diz o documento. "Leitores são os clientes de nossos clientes", portanto, "nós operamos com uma equipe enxuta".

Ao contrário do que dizem os comerciantes locais, não é exatamente com o leitor que o jornal tem rabo preso. Para bom entendedor...

Assim, o drama é muito maior do que o assalto de neobolcheviques perversos. Se Putin, lá de fora, conseguiu tal proeza – eleger o improvável Trump contra a glamurosa Hilary – o que não teria sido feito, ao longo do tempo, pelos gênios que povoam Wall Street, por exemplo? Basta ver como Robert Rubin forjou, com calma e engenho, o seu golpe de mestre, a educação de Obama, o melhor presidente negro que o dinheiro pode comprar. No primeiro ano de governo, salvou os bancos, deixou os endividados a ver navios e desandou a fazer shows. Enquanto isso, no plano interno, sua equipe econômica mantinha os sonhos de Wall Street e a dupla *country* Hillary e Kerry derrubava governos e financiava golpes. Mais até do que fizera o espalhafatoso Bush filho.

A tagarelice sobre as *fake news* pode até desviar os olhos de tantas notícias nada *fake*. E pode também reforçar o medo dos grandes monopólios de mídia com o fato de ver novos concorrentes na criação de boatos. Faz algum tempo, numa greve de jornalistas de São Paulo, um gaiato engenhoso pintou uma frase nos muros: "Não compre jornais, minta você mesmo". Talvez a era do Facebook venha a transformar este sonho em realidade.

"OS MANO E AS MINA NA MIRA DOS HOMI"

05 DE ABRIL DE 2018

Se você mora em São Paulo e nunca foi à festa de final de ano na Avenida Paulista, deveria fazer a experiência, pelo menos uma vez. Até para entender o choque das famílias de bem com aquilo que ocorreu na sua praia privativa. Ou melhor, com aquilo que as famílias de bens pensam ter perdido.

Faz talvez uns dez anos que uma onda está crescendo. A "mais paulista das avenidas" era assim chamada porque refletia o orgulho grã-fino dos Jardins, a tradicional zona chique da cidade. Aos sábados e domingos, nas suas largas calçadas, jovens, maduros e idosos desfilavam com roupas de ginástica de marca, óculos ray-ban e cachorrinhos elegantes. Elegância discreta de certas esquinas.

Na festa de 31 de dezembro a paisagem era um pouco diferente, mas ainda assim dominada por jovens da chamada classe média bem-vestida. Daí começaram a acontecer coisas na grande metrópole. As conexões do metrô, os corredores de ônibus, por exemplo. As novas vias, necessárias para conduzir gado humano para a ordenha diária de sobrevalor, traziam também o suor periférico para o ambiente perfumado dos Jardins.

Os "manos e minas" vinham dos quatro pontos distantes, dos bairros periféricos ao leste, norte, sul e oeste. Eram diferentes da visão estereotipada da pobreza. Juventude bem-vestida, mas a seu modo, um modo que choca a antiga plateia de sangue azul, descendente de João Ramalho e da princesa Bartira. A elite agora encara a patuleia no seu jardim. Roupas muito coloridas, saias justas, bijuterias espalhafatosas e abundantes, batom forte, cabelo arrepiado. E, principalmente, um comportamento efusivo de novo tipo, escandaloso para os padrões de antes. Gente diferenciada, aquele tipo que a gente de família ironizava com a expressão "churrasco na laje". Invadiram a praia paulistana mais famosa, reino dos bancos e corporações durante a semana, passarela de poodles e chihuahuas nos domingos. Alguma coisa acontece no meu coração – e não é mais na Avenida São João, dos salões de chá que a aristocracia já havia abandonado.

Para exasperar ainda mais o velho público da praia protegida, a administração municipal resolve que a avenida feche para veículos aos domingos. É quase um convite ao churrasquinho da gente diferenciada. Com a paranoia peculiar da corte, muitos dos antigos frequentadores devem pensar em seus gatinhos fritando sobre as brasas dos novos comensais. Que horror! Barbárie! Onde isso vai acabar?

Sim, piorou. Afinal, antigamente, nos finais de ano a avenida até que podia ser tomada pela patuleia. Paciência. A nobreza saía da cidade. Para a praia, as montanhas, os *resorts*. Mas, agora é todo final de semana?

O que acontece ali, na "mais paulista das avenidas" é um retrato meio torto mas representativo daquilo que se expandia no resto do país e, em alguns lugares, já era visto com pavor. Faz tempo, Brizola começou a abrir caminhos para as praias e a plebe da zona norte vazou para Copacabana e Ipanema. Alguns loiros e loiras se espantaram. A reação foi, contudo, um pouco mesclada. Alguns guris e gurias se enturmaram, é verdade, começaram a jogar futebol com os "pivetes". Além de tudo, rolava um barato – e uma parte dos manos era vista como o canal para obter o sonho. Mas a parte mais rançosa da nobreza local ferveu, resmungou. Volta e meia, explode em chamamentos à ordem fardada. Coisa parecida aconteceu em outros cantos – Marcelo Deda é até hoje amaldiçoado, mesmo depois de morto, por ter aberto uma pista para a praia, por onde fluíram os pobres periféricos de Aracaju.

Esse talvez seja um retrato do Brasil, não apenas nas praias e locais de lazer. Retrato do Brasil com a chegada dessa gente bronzeada no terreno outrora privativo da juventude dourada, dos maduros endinheirados e da velha guarda temerosa. Os manos e as minas, bem como seus pais, tios e avós, agora chegam a universidades, aeroportos, *shopping centers*. E, para piorar, alguns deles acham que têm direito a opinar sobre a cidade e o país. Deus sabe onde isso vai parar!

Houve época em que a chamada elite branca vislumbrou uma saída engenhosa para a convivência com a escravaria liberta e mal encaixada na nova ordem. Alguns sonharam com o "branqueamento" como uma forma de resolver o "problema" da cor da pele, divisor social impossível de negar. Em muitos lugares do mundo a divisão social foi racializada – não é novidade. Ou "geografizada" – o "*sale arabe*" na França, os cabeças de turco na Alemanha, os "terroni" do sul no norte da Itália, aquele recanto que sonha ser Suíça. Ou os nordestinos, cabeças-chatas, na província de Piratininga que um dia pensou ser a Califórnia e hoje se contenta com Miami.

Uma versão inovadora do "branqueamento" parece ser a miragem da "nova classe média". O outrora sujo peão vira classe média por meio do acesso a certos bens de consumo. Mas a solução tem aqueles problemas. Aeroportos que parecem rodoviárias, faculdades "nossas" invadidas por "eles", rolezinhos dos periféricos nos *shoppings* de mauricinhos e patricinhas. E o pior não é que consumam e nos incomodem com sua presença – o pior é que, cada vez mais, eles "se acham".

O freio de arrumação está agora anunciado. O pessoal da Casa Grande, devidamente alinhado com a Casa Branca, resolveu que a festa acabou, antes de esquentar. Primeiro, baixam pacotes de "reformas" para acabar com essa estória de "viver acima dos meios". Austeridade, sacrifício... seletivo, é claro, que a sala de jantar dos palácios está bem frequentada. Jatinhos e iates continuarão a ser subsidiados.

Depois das reformas "macro", aquelas que enquadram a senzala no atacado, podemos ter certeza, chegará a vez das avenidas e praias. Vamos acabar com a estória de Avenida Paulista com "essa gente", vamos acabar com pivetes nas praias. Os manos e minas que voltem para suas cavernas, o lugar que lhes cabe. Gente fina é outra coisa.

SOCIEDADE DO CONHECIMENTO. OBSERVAÇÃO PARTICIPANTE E RETROSPECTIVA

04 DE MAIO DE 2018

No mundo em que estamos, cada vez mais o trabalho exige conhecimentos avançados, de nível superior. A frase, aqui em sua forma dura e radical, é quase uma síntese de centenas de reportagens e estudos difundidos em certa mídia especializada norte-americana – em relatórios de centros de pesquisa, de *think-tanks* e associações empresariais, de revistas de economia e negócios.

Mas os estudiosos americanos até hoje brigam entre si, tendo os dados como reféns. Alguns dizem que em poucos anos todo mundo precisará ter no mínimo um curso superior de curta duração – é a mensagem predominante nos influentes estudos de Anthony Carnevale e seu grupo na Georgetown University. Mas a razão para que digam isso é o conhecimento que esses trabalhadores mobilizarão, de fato, no trabalho? Não precisamente. Na verdade, estão medindo aquilo que os empregadores exigem para a admissão dos funcionários, algo muito diferente. Há estudos mais delicados que dissecam o trabalho realizado e filtram o saber nele embutido. Eles garantem que no máximo uns 25% dos novos empregos terão essa exigência de supersaber. Dos novos empregos, não do estoque total. Esse é o balanço que fazem Norton W. Grubb e Marvin Lazerson em *the education gospel: the economic power of schooling (Harvard University Press, 2004)*.[1]

Um ainda mais instigante resultado aparece nas pesquisas sobre uso de determinados conhecimentos (álgebra e ciência) pelos trabalhadores norte-americanos – o A new *Survey of Workplace Skills, Technology, and Management Practices* (STAMP),[2] registrado em vários relatórios de Michael Handel. Um outro especialista desse campo, Robert Lerman (2012) resume algumas dessas conclusões de modo cru e, quem sabe, cruel:

> Quase todos os trabalhadores usam alguma matemática e 69% usam frações, mas menos de um em quatro usa algo mais avançado do que isso. Somente 19% usam as habilidades desenvolvidas em Álgebra I e só 9% usam Álgebra II.
> Mesmo entre trabalhadores *white-collar* superiores, profissionais e gerentes, o uso de matemática escolar (média e alta) é contundentemente baixo. Só 14% desses profissionais ou técnicos relatam usar Álgebra II e apenas 22% reportam estatística.[3]

Álgebra I inclui tópicos como razões, expoentes, raiz quadrada, equações de primeiro grau. Álgebra II inclui logaritmos, equações de segundo grau, sistemas de equações, progressões, trigonometria.

Trabalhadores manuais de nível mais elevado utilizam Álgebra I (36%) e geometria e/ou trigonometria (29%). Esses trabalhadores também precisam interpretar representações visuais como mapas, dia-

---

1. GRUBB, Norton W.; LAZERSON, Marvin. *The education gospel: the economic power of schooling*. Harvard: Harvard University Press, 2004.
2. HANDEL, Michael. *A new survey of workplace skills, technology, and management practices (STAMP): Background and descriptive statistics*, 2007
3. LERMAN, Robert I. "Can the United States Expand Apprenticeship?". In: *IZA Policy Papers*, 2012. Disponível em: <https://www.econstor.eu/handle/10419/91788>. Acesso em: 18 mar. 2020.

gramas, plantas etc. (82% e 62%, respectivamente). Algumas vezes precisam elaborar materiais como esses. Desnecessário dizer que tais resultados colocam em xeque vários pressupostos quanto aos conteúdos "superiores" da educação – se a encaramos, estritamente, como preparação para o trabalho. Esses tópicos de álgebra, por exemplo, constam no programa de ensino médio brasileiro.

Esse debate – que envolve acadêmicos, instituições de governo (como o Departamento de Trabalho) e associações empresariais – ainda se desdobra em polêmicas, não apenas porque o problema é tecnicamente complexo, mas, também, porque implica um sem número de interesses. Tenho estudado esse debate e pretendo trazê-lo a público em breve. Alguns dos seus resultados colaterais têm aparecido nesta coluna do *Jornal da Unicamp*. Mas aqui peço licença ao leitor para uma digressão puramente pessoal – e até mesmo nostálgica. Uma observação participante retrospectiva, digamos.

Na década de 1970, trabalhei uns 6 ou 7 anos treinando trabalhadores industriais. Eu mesmo tinha tido esse treinamento, era desenhista-projetista de máquinas e, adicionalmente, tinha tido aulas sobre instalações elétricas industriais, aprendendo o modo como eram conectadas as velhas chaves eletromagnéticas que ligavam e coordenavam tornos, fresas, prensas e furadeiras. Desnecessário dizer que tudo isso hoje é quase antiguidade – não apenas as máquinas, mas até mesmo minha velha profissão, transformada pelos *softwares* de CAD-CAM, pelos robôs e pelos chips das máquinas-ferramentas de controle numérico.

Meus estudantes eram operários de diferentes áreas e níveis – torneiros, fresadores, ajustadores, eletricistas, mecânicos, montadores de linha. Também formei várias dezenas de desenhistas, estes, preferencialmente, filhos dos operários, já mais escolarizados. Com "escolarizados" quero dizer que tinham completado ou estavam completando o antigo "ginásio", isto é, o que hoje se chama de "fundamental II".

E o que pude perceber é algo banal, mas relevante: como se pode em pouco tempo e com recursos razoavelmente simples transformar pessoas de baixa escolarização em trabalhadores especializados altamente produtivos e criativos. Utilizávamos, basicamente, os métodos e materiais criados pelo Senai – as "séries metódicas" criadas para cada ofício. Trabalhei, aliás, em 3 ou 4 aplicações de um programa avançado do próprio Senai, que funcionava em fábricas e locais próximos a elas (associações de bairro e paróquias, por exemplo). Já no final dos anos 1970, a entidade criou um sofisticado programa de leitura de desenho de máquinas, com filmes transmitidos para tevê, por meio de um de modulador VHF.

Os estudantes eram treinados para ler e interpretar os desenhos, utilizar os instrumentos de medida (paquímetros e micrometros). Além disso, tinham um treinamento adicional em matemática industrial e rudimentos de tecnologia mecânica. Os estudantes de desenho – em geral, adolescentes ou jovens operários – iam mais longe e apreendiam a calcular e adaptar componentes de equipamentos mecânicos – engrenagens, polias, eixos, pistões, caldeiraria e tubulações.

Essa experiência mostrava, a olho nu, que pelo menos 90% das ocupações de produção podiam ser preenchidas por pessoas com esse grau de escolaridade. Talvez bem mais do que isso. Mas estamos falando de fábricas, trabalhadores manuais, e de um tipo de fábrica, aquela dos anos 1970.

Será que os empregos *white-collar*, aqueles dos escritórios engravatados, era mais exigente? Era pelo menos mais limpo e menos duro. Os "mensalistas", como eram chamados pelos peões, entravam às 8 e saíam às 17 horas. Os horistas entravam às 7 e saíam às 17:37. Isso quando não trabalhavam em turnos. E outras vantagens, simbólicas ou materiais, pareciam premiar empregos que demandavam mais tutano. Só que não. Tutano não era o diferencial. E aqui vai mais um depoimento de "observação participante".

Quanto eu tinha 14 anos tirei minha primeira carteira de trabalho, a chamada "carteira de menor". Fui trabalhar numa indústria farmacêutica. Chamava-se de aprendiz o trabalhador com menos de 18 anos – para que recebesse apenas meio salário mínimo. Trabalhei primeiro na expedição e almoxarifado – a porta de entrada e saída do setor de produção, da fábrica. Depois fui para o escritório, no que se chamava, na época, de Departamento de Pessoal. Ora, um ano depois, sem grande treino, eu era encarregado de elaborar toda a folha de pagamento dos 500 empregados – tudo à mão, porque não existiam computadores e as calculadoras (mecânicas) eram precárias e racionadas – em geral eram monopólio da contabilidade. Qual o conhecimento necessário para essas rotinas – contratação, demissão, folha de pagamento? Lembro-me até de me terem encomendado a redação de atas de uma inexistente comissão interna de prevenção de acidentes. Essa tarefa, em especial, era essencialmente criativa – rigorosamente, inventar personagens, diálogos, problemas e soluções. O conhecimento de cálculo de um lado era aqui complementado pela redação que se aprendia nas aulas de português do ginásio.

Repetindo a pergunta: que tipo de formação e de conhecimentos eram necessários para tal ocupação? Não mais do que o ensino fundamental (o ginásio). Aliás, a contabilidade, outro departamento "técnico" da empresa, até os anos 1970, pelo menos, era ensinada como uma sequência do ensino fundamental – ou até durante o fundamental II.

Será que de fato isso mudou tanto? O Departamento de Pessoal virou a elegante RI (Relações Industriais) ou RH, quando o "H" de humano foi ironicamente incluído na gestão da tropa. Hoje, para esses campos, as empresas contratam funcionários com bacharelado em Administração, quem sabe com MBA. O que é o "formado" nessas escolas superiores? Qual conhecimento de fato esse profissional mobiliza para cumprir suas funções? E quanto ao trabalho industrial ou ao trabalho *white-colar* menos qualificado – empregados administrativos de nível médio administrativo?

    Cada vez mais me parece que estamos aqui, no sul do Equador, reproduzindo a solução americana, adaptada e piorada. Aquilo que os alemães resolvem no ensino médio e profissional – com seu exigente *gymnasium* e seu sistema de aprendizagem dual (escola-trabalho) – é lançado para o ensino superior, já que não resolvido antes. Muitos dos estudiosos e líderes acadêmicos norte-americanos, ao longo do século XX, testemunhavam que os dois primeiros anos do ensino superior daquele país eram o equivalente do *gymnasium* alemão ou do liceu francês. O pacote preliminar de "educação geral" das grandes universidades e os *community college* são quase a confissão institucional desse fato. De qualquer modo, é um caminho que encontraram. O nosso, parece, imita esse trajeto – a um custo maior e com resultados menos certos. Precisa ser assim?

SOBRE MENINOS E LOBOS, VERSÃO PETFLIX

10 DE MAIO DE 2018

> "Elelvina, acertei no milhar,
> ganhei trezentos contos, não vou mais trabalhar.
> Os nossos filhos? Que inferno!
> Vou matriculá-los num colégio interno!"
>
> *Jorge Veiga canta Wilson Batista e Geraldo Pereira*

Animais de pequeno porte – como cães e crianças – sempre foram prolema para adultos que desejam e podem viver a vida.

O segundo tipo – o incômodo infante – não pesa igualmente para todos. A opção da creche, escolinha e colégio interno (ou quase) é óbvia e prática para o andar de cima da sociedade. Se você acertar no milhar, já existe uma saída para enjaular os pestinhas.

Para o andar de baixo, basta ver o déficit de vagas nas creches de São Paulo e outras grandes cidades. Ou a degradação das escolas públicas, em que até a merenda é "digerida e processada" por deputados, secretários e procuradores licenciados do Ministério Público.

Sou suspeito e, reconheço, algo inclinado a uma visão "desumana" do tema. Não tenho filhos, não transmitirei a ninguém o legado de nossa existência inútil, como dizia o personagem de Machado de Assis. E também não tenho "*pets*" – sou de um tempo em que os cães e gatos viviam na rua ou em quintais compartilhados, não em apartamentos e condomínios. Assim, deve ser alta minha insensibilidade para esses dois tipos de bens de consumo durável (ou não durável?). Paciência, corro o risco do linchamento dos nobres leitores que têm filhos ou cães e, por isso, compreensivelmente os estimam.

O que me levou a escrever esta crônica foi uma cena casual. Depois me dei conta, ela era nova apenas para mim, observador distraído. Um carro estacionado diante de um *petshop* que oferece hotel para cães. Um motorista fardado retira o príncipe do automóvel e o entrega ao atencioso funcionário de branco que leva o animalzinho para o interior de sua residência temporária.

Daí me bateu a curiosidade de saber como evoluía esse mercado. Nos parágrafos abaixo, restrinjo no que posso a menção aos nomes, não faz falta e talvez seja melhor para não ferir sensibilidades (e atrair processos).

Já existe uma associação de empreendedores do ramo, a Abinpet. Segundo a entidade, o setor cresce em média uns 15% ao ano. Tem hoje um faturamento anual próximo aos 18 bilhões de reais. Um *blog* especializado faz um registro tocante:

> Como todos sabemos, 2016 foi um ano de grandes reviravoltas políticas e econômicas, nosso país foi palco de grandes escândalos de corrupção, impeachment, corte de gastos e reformas em políticas sociais. O cenário econômico brasileiro atual é de incertezas e inseguranças, mas em meio a toda essa turbulência uma luz no fim do túnel parece surgir.[1]

A luz no fim do túnel, doutor Henrique Meireles, é o mercado dos bichinhos! E o senhor nem desconfiava! Conta aí pro Michel, pro Padilha e para a Miriam Leitão.

A razão é óbvia, constatam os analistas: "Atualmente, há mais cachorros do que crianças no país". Em São Paulo, o número de *petshops*

---

1. Disponível em: <http://www.sindpetshop.org.br/page35.html>. Acesso em:19 mar. 2020.

equivale ao número de padarias. A frase do novo testamento poderia ser alterada. Sai o "vinde a mim as criancinhas", entra o "traz para mim os bichinhos".

O ramo é diversificado. O *welfare state* britânico era conhecido pela sentença: do berço ao túmulo. Cuidados à família trabalhadora em toda a extensão de sua vida e em todas as dimensões de suas necessidades. O *welfare pet* vai no mesmo sentido.

Existe uma oferta de padaria *pet* – que inventou até mesmo uma cesta de natal para cães – o Natauau, com "panetone, vinho e *ketchup* desenvolvidos para o paladar canino".

Ração sem conservantes, comida natural congelada. Não falta mesmo a oferta de alimentos veganos – não estou brincando. Afinal, o filhote deve ter acesso à mesma comida saudável dos papais. Faz algum tempo alguns aventureiros tentaram transformar bovinos em carnívoros, rompendo os limites de uma estúpida natureza. Deu na vaca louca. Um prodígio. Vamos ver no que dá a transformação de cães e gatos em vegetarianos.

A demanda por esse tipo de bens e serviços tem por substrato uma alteração nos modos de vida, como dissemos. Antes criados na rua e nos quintais, os bichinhos, agora, vivem em apartamentos e ambientes fechados, sobem nas camas e sofás, dormem com os donos. Não surpreende que precisem de tratamentos preventivos, *shampoos* aromáticos. Compensa o confinamento? Não é esse o motivo – é a proteção e o conforto dos donos que estão em jogo.

Eles agora são membros da família, dizem os analistas e os dirigentes da ABINPET. Um desses especialistas nos explica: "Hoje o cliente trata o animal como um filho ou como um neto e quer que o animal siga seu estilo de vida. Tanto que pessoas veganas hoje procuram produtos veganos para seus cães". Faz sentido. Talvez o inverso se estabeleça também: quem sabe o dono venha a seguir os comportamentos e modos de pensar do filhote adotado.

A "humanização" dos *pets* pode ser assim uma espécie de movimento combinado com a desumanização dos humanos. Isso faz ainda mais sentido se percebemos que o crescimento da oferta de *petshops* e similares é mais rápido do que o de creches e postos de saúde. Afinal, lembremos, no Brasil há mais cachorros do que crianças. E uma parte seleta desses caninos reside em lares bem mais aconchegantes do que milhões de crianças. Piegas a observação, não é? Pois é – é por isso que invertemos a frase de Cristo. Vinde a mim os que latem.

Um dos analistas diz que esse mercado não sentiu a crise porque está em expansão. O presidente da ABINPET diz, adequadamente, que o setor é hoje maior do que a linha branca de geladeira e fogão. Talvez esse mercado cresça não apesar da crise, mas pela própria direção da crise, da ampliação dos fossos sociais.

E o mercado se amplia também no escopo, não apenas na escala. Já há oferta não apenas de hospedagem para *pets*, alimentos variados, roupas de grife e brinquedos pedagógicos. Há, evidentemente, planos de saúde, *pet plans*, *pet care* e *health for pet*. Uma empresa especializada em terapia com células-tronco "reorientou seu foco" e passou a oferecer tratamentos para animais, em vez de humanos.

Para não escapar ao raciocínio canino que se expande em direção aos humanos, um dos dirigentes do ramo espinafra o vilão de costume: "Além disso, enfrentamos uma alta carga tributária, que aumenta em 51% o preço final dos nossos produtos". E reclama da denominação de "produto supérfluo" para ração animal. Segundo o nosso neo-humanista, isso "vai contra a noção atual de como se trata os animais dentro de casa. O animal de estimação é considerado membro das famílias, e seu bem-estar garante a saúde de todos".

Minha insensibilidade para com os bichinhos ainda me leva a estranhar a fala de uma entrevistada, em publicação do ramo. Apaixonada pelos seus dois cães de raça, ela confessa: "Todo o carinho que recebo dos animais compensa os gastos que tenho com eles. Quando viajei para a China, não resisti em comprar roupas de marcas de luxo. Esse tipo de produto daqui a pouco também será vendido no Brasil". Deus te ouça.

De fato, creio que tem algo de muito perverso em gente que aprecia maltratar animais. Mas, será que tratar animais com humanidade significa fazer com que deixem de ser o que são, usando coisas parecidas ao nosso *shampoo* e nossas roupas, comendo a comida vegana do dono? Sim, vamos lembrar: o cão tem *dono*.

Talvez essa "evolução" dos costumes nos leve ao risco de inverter as coisas, tratando como aceitável a desumanização dos humanos. Firma-se um modo de ver o mundo. Como se observou na tentativa do prefeito pervertido que queria introduzir ração animal reciclada na merenda escolar. Com a bênção de um piedoso arcebispo local. Afinal, dizia ele a um repórter: "você acha que pobre tem hábito alimentar? Se comer, tem que dar graças a Deus". Repetindo, é um modo de ver o mundo.

Para não dizer que sou parcial e desumano, acrescento uma informação com duas ressalvas. A informação: abrigos para moradores de rua, em São Paulo, passam a ter canis. Muitos desses moradores se recusavam a ficar nos abrigos porque precisavam abandonar seus amigos-animais na rua. Justa medida, ok, primeira ressalva, relativa à parcialidade. Segunda ressalva: o apego desses cidadãos a seus bichos. Sinal de que vivemos em uma sociedade em que, talvez, até mesmo o cidadão de quem tudo se tirou aprecia mais seu animal do que outros seres humanos. Quem sabe estejam certos, pois não? O que em certa medida deveria relativizar a acidez do texto acima, de uma alma dura, de quem não tem cães nem filhos. O argumento é forte, reconheço.

É HORA DO LANCHE, QUE HORA TÃO FELIZ! A MERENDA E O QUADRO NEGRO

17 DE MAIO DE 2018

  Merenda escolar é um prato indigesto? Depende. Em São Paulo é. Algo assim como falar de corda em casa de enforcado. Pronuncie o termo em certos ambientes e a reação de desconforto será imediata. Como se você estivesse insinuando algo sobre as aventuras do alto escalão do governo estadual – assaltando os cofres das compras de alimentos. Outros talvez suspeitem que estejamos relembrando o caricato episódio da ração-farinata do prefeito interino da capital paulista (já comentado aqui no *Jornal da* UNICAMP).

  O prefeito da ração – devidamente abençoada por uma batina alegre – não estaria sozinho entre os provedores de respostas criativas. Certa vez, o secretário de Reagan argumentou que *ketchup* poderia ser considerado vegetal em uma alimentação "balanceada". A refeição-combo do nutricionista ianque era esta: hambúrguer, batatas fritas e *ketchup*. Não estou brincando, gente! Está nos autos do processo.

  Mas há algo mais interessante a estudar – e esse é um convite a nossos especialistas, coisa que definitivamente não sou. Minha simples ou simplória curiosidade levou-me a folhear um livro organizado por Suzanne Rice[1] em que ela registra, com espanto, que "os livros mais citados sobre a merenda escolar nos Estados Unidos foram escritos por pesquisadores fora do campo geral da educação".

E isto acontece, diz ela, em um país em que perto de 50 milhões de estudantes fazem refeições durante o período escolar. Quase 10 bilhões de refeições são servidas nas escolas (nível fundamental e médio) por ano, por dois grandes programas, o tradicional National School Lunch Program (NSLP, de 1946) e o National School Breakfast Program, mais recente.

Até mesmo do ponto de vista econômico esse aparato é relevante. Um *big business*. Se compreendemos todos seus componentes, o sistema alimentar americano movimentaria perto de 1 trilhão de dólares por ano, envolvendo, em seus vários anéis, uns 20% da força de trabalho. A rede de escolas primárias e secundárias representa uns 15% do serviço alimentar "não comercial" ou, em outros termos, cerca de 2,5% de todas as vendas do sistema alimentar e de restaurantes.

Daí fui atrás dos dois mais citados livros do ramo. Um deles de Janet Poppendieck, *Free for all*: *fixing school food in America*; o outro é de Susan Levine, *School lunch politics*: *the surprising history of Americas favorite welfare program*.[2]

A investigação é extremamente interessante e provocadora – inclusive, repito, para nossos especialistas. Os livros partem do pressuposto de que uma política de alimentação nas escolas é um problema social de amplo espectro. Mas também se asseguram de que é uma política de enorme importância para a educação, *stricto sensu*. É parte de algo que numerosos outros pesquisadores haviam apontado – basta ver o balanço

---
1. RICE, S. *Educational Dimensions of School Lunch*. Palgrave MacMillan, 2018.
2. POPPENDIECK, J. *Free for all: fixing school food in America*. Oakland: University of California Press, 2010; LEVINE S. *School lunch politics: the surprising history of Americas favorite welfare program*. Princeton University Press, 2008.

de J. Anyon, que se pergunta: o que conta como política educacional?[3].

Pode parecer óbvio, o famoso chover no molhado. Talvez não. Lembro-me de um episódio, quando a prefeita Luiza Erundina apontou como fundamental a alimentação das crianças nas escolas do município de São Paulo. Mais de um "educador" torceu o nariz, dizendo que se tratava de uma política de "assistente social" (a profissão de Erundina) e não de uma pedagoga. Mais tarde, quando Marta Suplicy adotou um pacote com esse perfil, beneficiando crianças pobres da periferia, foi acusada, inclusive por vereadores ditos de esquerda, de desviar recursos da educação para fins não educacionais. Era falso em todos os sentidos, inclusive no orçamentário – mas o mais importante era o conceito de "fins educacionais". Janet Poppendieck sintetiza os achados de inumeráveis pesquisas sobre o tema:

> Estudo após estudo, temos a demonstração de que a fome interfere na capacidade de apreender. Desnutrição de longo prazo pode interferir no desenvolvimento do cérebro, mas mesmo ocorrências de mais curto prazo são um problema. Crianças colocadas nessa situação são mais apáticas, introvertidas, irritadas e hostis. Têm dificuldade de concentração, distraem-se com facilidade. Ficam doentes com mais frequência e perdem dias de aula mais do que as crianças bem alimentadas. Podem agir na sala de aula de modo a interferir na aprendizagem das outras crianças.[4]

Mas voltemos ao caso americano, que muito pode sugerir para a reflexão tupiniquim. Por seus resultados, motivações e zigue-zagues. O livro de Susan Levine é o mais detalhado.

Levine sublinha que o programa das merendas é o mais famoso e popular programa social americano. E, desse modo, exibe todas

---

3. ANYON, J. What counts as educational policy? Notes toward a new paradigm. *Harvard Educational Review*, abril de 2005.
4. POPPENDIECK, J. *Free for all: fixing school food in America*. Oakland: University of California Press, 2010.

as ambiguidades do sistema social evolvente, suas barreiras e desigualdades. A começar pela origem. De fato, tudo indica uma motivação dividida na criação do programa.

> Foram democratas conservadores do Sul que, no final do New Deal, propuseram um programa de merenda escolar federal com financiamento permanente. Com efeito, a lei de 1946, criando um programa de merenda escolar nacional recebeu o nome do senador da Geórgia Russell Richard, um acérrimo segregacionista e adversário dos direitos civis. Ainda que a prioridade de Russell fosse proteger um programa no qual acreditava, ele também foi motivado por uma preocupação duradoura com os problemas da pobreza em sua região e com as consequências para a defesa nacional, ligando tudo isso à ideia de crianças saudáveis para o futuro da prosperidade e do poder americano.

A origem e as motivações modelariam o desenvolvimento do programa. O partido democrata era muito forte no sul – e sua composição era muito marcada pelo conservadorismo, para dizer o mínimo. Era a voz dos grandes proprietários rurais, os herdeiros do escravismo sulista. De fato, eles utilizavam seu poder de veto no Congresso para "domesticar" todas as políticas avançadas de nível federal. O meio de fazê-lo: deixar a Washington o poder de escrever a forma geral da lei e deixar nas mãos dos governos estaduais e locais o seu detalhamento e execução. Quando se chegava lá "na ponta", os programas já estavam devidamente enquadrados pelos conservadores. Um sistema que perpetuava as desigualdades.

Na origem do programa escolar havia um vetor forte que marcou sempre a evolução do programa. Na verdade, ele parecia responder a uma outra demanda, que não a alimentação saudável para crianças. Um objetivo central, talvez o maior, era dar vazão às demandas de agricultores e de processadores da agroindústria. Estoques transbordando em certas mercadorias e escasseando em outras. Isso determinava, por exemplo, a composição do "menu", mais determinado pelos excedentes de *commodities* do que pelas necessidades nutritivas dos guris e gurias. A polêmica sobre o *ketchup* como componente vegetal era parte do enrosco.

Durante os anos 1950, o programa atingia apenas um terço dos escolares. E até a segunda metade dos anos 1960, ainda era pequena a parcela de crianças que recebiam a merenda de graça. Uma parte considerável precisava pagar (ainda que com subsídio). Em certa medida isso facilitava a estigmatização dos garotos da "fila do grátis". Mas para estes era questão de sobrevivência: praticamente o único programa que os separava da fome pura e simples. Depois de 1970, foi o principal e mais popular programa social do governo. Era, de fato, um programa da famosa "guerra contra a pobreza".

Não sou especialista no tema. Nem meio especialista, apenas um ignorante curioso. Mas é uma boa sugestão utilizar essas pistas do programa norte-americano para entender nos nossos programas de merenda, sua história, motivações e zigue-zagues. Por exemplo, podemos nos perguntar como eles foram cruzados com conhecidos programas de ajuda alimentar, como o *Food for Peace* americano. Afinal, algo isso tem a ver com a popularização do trigo e do leite em pó em uma área tão improvável como o Nordeste brasileiro?

2018 E
UMA QUADRA DE OITOS

14 DE JUNHO DE 2018

O ano de 2018 tem vários ecos. O aniversário de nascimento de Marx, 200 anos e várias mortes anunciadas. Os 50 anos do Maio francês, cantados e romantizados em prosa e verso. Os 60 anos da primeira Copa de futebol conquistada pelo Brasil, nascimento da pátria de chuteiras. Mas a data tem, também, alguns ecos menos notados e quem sabe mais pedestres. Em julho de 1968 irrompeu uma greve histórica em Osasco, município na zona oeste da grande São Paulo, um grito de revolta contra a ditadura. E em maio/junho de 1978 pipocavam as greves do novo movimento operário, reconstruído sob a mesma ditadura – efervescência entre metalúrgicos do ABC e da capital paulista, primeiro, e depois com repetecos em várias cidades e categorias do país.

Mas o mundo do trabalho era um em 1968 e 1978. É bem diferente hoje. As mudanças são visíveis. Literalmente. Uma câmera amadora e um fotógrafo menos do que isso. Mas acho que dá para perceber o drama retratado. O que você vê nas imagens[1] é um piscinão, obra contra enchentes inaugurada em 2010, no bairro do

---

1. Ver link: <https://www.unicamp.br/unicamp/ju/artigos/reginaldo-correa-de-moraes/2018-e-uma--quadra-de-oitos>.

Campo Limpo, zona sul da capital paulista. O interessante, porém, é o que estava ali, naquele buraco, tempos atrás. Aquilo já foi uma fábrica que ocupava cerca de três mil operários – Massey Ferguson, fabricante multinacional de tratores. E que foi palco, exatamente, de uma daquelas greves de 1978.

Essa cova a céu aberto é um dos tantos e tantos *flashes* que poderíamos fazer de diferentes regiões da grande São Paulo. Corredores industriais abandonados ou transformados em *shopping centers*, garagens e estacionamentos improvisados, depósitos de tranqueiras. Ou redesenhados, "gentrificados" como se costuma dizer – as torres de fumaça dão lugar a condomínios fechados. Mas para entender a dimensão da encrenca, vale a pena começar pelo enquadramento desse fenômeno.

Como sabemos, na segunda metade do século XX, o Brasil passou por duas grandes ondas de urbanização e industrialização. A primeira delas nos anos 1950. Vários segmentos industriais se desenvolveram ou mesmo nasceram naquele momento. Um destaque vale para a indústria automotiva, com a implantação de filiais de montadoras europeias e norte-americanas, principalmente no ABC paulista, onde se formou uma espécie de Detroit em escala, uma espécie de redução homotética da região dos grandes lagos norte-americanos. A segunda onda veio nos anos 1970, o chamado milagre brasileiro. A indústria de tratores é impulsionada nessa fase, graças ao sistema nacional de crédito agrícola, que induzia a quimificação e mecanização dos cultivos. A Massey Ferguson criou essa planta do Campo Limpo no começo dos anos 1960. Mas cresceu de fato no final da década. Chegou a concentrar três mil trabalhadores, magnetizando os bairros anexos e atingindo, já em 1972, a produção de mais de 20 mil tratores/ano. A unidade foi desativada nos anos 1980, com a transferência da produção para Canoas, Rio Grande do Sul. As instalações de Campo Limpo foram vendidas para a Sharp, que sobreviveu até a criação do piscinão.

A menção a Detroit, no parágrafo anterior, traz calafrios. Não é uma imagem tranquilizadora. Sob o impacto de vários fatores, inclusive a reestruturação das empresas automotivas, aquela vibrante capital norte-americana do automóvel transformou-se em algo próximo de uma cidade fantasma, com todas as consequências econômicas, sociais e psicossociais que acompanham esse processo. Um olhar comparativo sobre esse fenômeno, lá na matriz inspiradora da indústria brasileira, poderia nos ajudar a entender e quem sabe antecipar alguns desses efeitos. Tentaremos fazer essa viagem em artigos futuros, aqui no *Jornal da Unicamp*. Em breve, nas telas. De fato, não sei bem se "antecipar efeitos" é o termo certo, porque o futuro chega a passos rápidos na semiperiferia industrializada, dando autoridade ao velho mote: "é tua a história contada".

Mas agora vamos pular para outro flagrante não muito longe desse campo limpo e devastado. Para Osasco, município na região oeste da grande São Paulo. E completemos o enquadramento histórico acima iniciado com um passeio pelas efemérides do oito.

Como dissemos, em julho de 1968 irrompeu em Osasco, zona oeste da grande São Paulo, a primeira grande greve a desafiar a ditadura militar. Verdade que fora antecipada pelos metalúrgicos de Contagem (MG), mas o movimento de Osasco foi mais amplo, organizado e, principalmente, mais dramático, com a ocupação de uma grande empresa, a Cobrasma, seguida da invasão pela Polícia Militar. Vários dos ativistas da greve caíram na clandestinidade, formando a vanguarda operária de organizações da esquerda armada.

Para muitos observadores alarmados, Osasco era uma "mancha vermelha". Mas era, principalmente, uma cidadela operária. Quem entrava na cidade, atravessando a "fronteira" municipal, enxergava, na Avenida dos Autonomistas, um marco simbólico: uma grande engrenagem em cimento, com dísticos inegáveis: "Osasco, cidade trabalho". Aliás, era uma versão simplificada do brasão da cidade. A frase esculpida em pedra era um retrato em palavras. Logo na quadra a seguir, a avenida se abria em duas alas de fábricas. Um corredor em que desfilavam nomes como Brown-Boveri, Charleroi, White-Martins, Osram – os outros não me lembro, apagaram-se não apenas da paisagem, mas também de minha memória. O enorme grupo Cobrasma-Braseixos ficava uns dois quilômetros mais para dentro do município.

A engrenagem em pedra foi substituída por outra pedra, uma escultura moderna, o "torso do trabalhador", sintomaticamente uma forma em que não há cabeça nem braços. O corredor de fábricas é hoje uma fileira de imóveis bem diferentes: revendedoras de automóveis, um *campus* de universidade privada, um grande *shopping center*, um conjunto de prédios de apartamentos cercado de jardins. E com fortes guaritas de vigilância. Um corredor fabril que já não há. Os galpões do grupo Cobrasma-Braseixos também foram esvaziados e leiloados. A fábrica e os operários foram metaforicamente abduzidos.

A Cobrasma – empresa chave da greve – era quase um símbolo de muitos aspectos do drama do trabalho no Brasil. Pelo que fazia e pelo que nela se fazia. *Locus* exemplar de uma forma de organização – a comissão de fábrica – foi também laboratório de muitos efeitos sinistros. A "evaporação" da planta é um deles. Outros são menos conhecidos. Um deles é parte de minha memoria afetiva. Lembro-me ainda de algo próximo de 1978, dez anos depois da greve, portanto. Acho que foi em 1976. Um de meus tios metalúrgicos, ainda na ativa, trabalhava na Cobrasma. Em certa medida, era meu informante sobre o que se passava na grande fábrica. Um sábado, no intervalo da cachaça a que se dava direito (um pouco exagerado), passou-me o jornal interno da empresa. Ele era membro da comissão interna de prevenção de acidentes e aparecia numa foto. Olhei a imagem e congelei com a aparição de um sinistro nissei. Perguntei por ele e meu tio confirmou: "sim, é o coordenador da comissão, um médico japa muito inteligente". O nome ficou na história: Harry Shibata. O próprio: aquele do laudo que comprovava o "suicídio" de Vladimir Herzog. Imaginei, em uma fração de segundos, quais laudos ele assinaria em uma fábrica de mecânica pesada, em que numerosos acidentes resultavam em mutilações e mortes.

Esse é o eco 1968, ou parte dele, já que houve outros no mesmo ano, inclusive o terrível AI-5, em dezembro. Mas, como adiantamos acima, 2018 teve outro eco, um pouco mais luminoso, dez anos depois da paralisação de Osasco. A onda das greves de maio de 1978, no ABC e na capital paulista. Uma dessas greves ocorreu na fábrica da foto – ou melhor, da fábrica que já não está na foto. A Massey Ferguson. Uma paralisação que também ocorreu "por dentro", com a ocupação pacífica dos postos de trabalho. E redundou em várias pequenas, mas simbólicas, conquistas, entre elas uma comissão de fábrica com eleição direta e estabilidade por um ano. Uma das lideranças dessa greve, meu amigo Helio Bombardi, que disputou a presidência do sindicato dos metalúrgicos da capital, em 1984, morreu este ano, aqui em Campinas.

Esses pitacos da história em movimento são mais do que lembranças nostálgicas. Saudosismo é uma doença perigosa. Certa vez um amigo fraterno, ironicamente, me mandou uma mensagem sobre campanhas eleitorais com uma provocação: "de ilusão também se vive", parece que era título de filme. Devolvi com outra, um pouco maldosa: de nostalgia também se morre. Ele era um dirigente de greves em 1978 e a maldade era particularmente dolorosa. Nós sabemos nos ferir.

Essas imagens – e o que elas sugerem – são, portanto, mais do que referências a um passado idílico, até porque nada de idílico existia nos terrores que esses momentos abrigaram. Elas são, quem sabe, parte minúscula de uma recuperação analítica necessária, se quisermos entender e governar as forças transformadoras que remodelam nossa ordem social e, claro, nosso cotidiano de alegrias e tristezas.

MONTEIRO LOBATO - CIDADES MORTAS

A quem em nossa terra percorre tais e tais zonas, vivas outrora, hoje mortas, ou em via disso, tolhidas de insanável caquexia, uma verdade, que é um desconsolo, ressurge de tantas ruínas: nosso progresso é nômade e sujeito a paralisias súbitas. Radica-se mal. Conjugado a um grupo de fatores sempre os mesmos, reflui com eles duma região para outra. [..] Progresso de cigano, vive acampado. Emigra, deixando atrás de si um rastilho de taperas.
A uberdade nativa do solo é o fator que o condiciona. Mal a uberdade se esvai, pela reiterada sucção de uma seiva não recomposta, como no velho mundo, pelo adubo, o desenvolvimento da zona esmorece, foge dela o capital – e com ele os homens fortes, aptos para o trabalho. E lentamente cai a tapera nas almas e nas coisas.
[...]
Ali tudo foi, nada é. Não se conjugam verbos no presente. Tudo é pretérito
[...]
Isso, nas cidades. No campo não é menor a desolação. Léguas a fio se sucedem de morraria áspera, onde reinam soberanos a saúva e seus aliados, o sapé e a samambaia. Por ela passou o Café, como um Átila. Toda a seiva foi bebida e, sob forma de grão, ensacada e mandada para fora. Mas do ouro que veio em troca nem uma onça permaneceu ali, empregada em restaurar o torrão. Transfiltrou-se para o Oeste, na avidez de novos assaltos à virgindade da terra nova; ou se transfez nos palacetes em ruína; ou reentrou na circulação europeia por mão de herdeiros dissipados.

A DESINDUSTRIALIZAÇÃO DA AMÉRICA (I). MÁQUINAS PARADAS, ALMAS VENCIDAS

12 DE JULHO DE 2018

Altas horas. Insônia, TV. Filme de segunda classe. Exemplo 1. Pequena cidade do interior, nos Estados Unidos. Duas ou três fábricas, mercearias, bancos locais, ranchos no entorno. Gente feliz que bebe cerveja e faz churrasco no jardim, no final de semana. Perto dali, uma área semideserta, base militar discreta. Experimentos atômicos que de repente escapam ao controle. Infectam aranhas, elas crescem adoidadas e começam a comer humanos nos ranchos, acercando-se à cidade. Aparecem os mocinhos. Uma cientista rebelde e um tenente apaixonado lutam para combater os bichos e encontrar antídoto para impedir sua proliferação. Orgasmo final: eles vencem e a cidade retoma sua vida pacata – depois de alguns desaparecimentos, é claro. Ufa! Vamos dormir.

Exemplo 2. Um cenário parecido. De repente, umas estranhas plantas aparecem no contorno da cidade. Na verdade, não são plantas, são alienígenas disfarçados. Curiosamente, são vermelhos. A indústria do cinema americano adora enrubescer os monstros. Os aliens começam a engolir humanos, tomando seu corpo. Os novos cidadãos, os possuídos, trafegam agora nos mesmos lugares, mas são outras pessoas. São alienígenas infiltrados. Aparecem os heróis. Uma bióloga excêntrica e desiludida. Um repórter bêbado do jornal local. Um jovem xerife desconfiado e observador. Depois de vários engolidos e abduzidos, os heróis triunfam. Ufa! Vamos dormir.

    Convenientemente assombrados pelo mal irreal e facilmente contornável, podemos nos acalmar e sonhar, desviando nossa atenção das ameaças nada fantasiosas e nada contornáveis do dia. Talvez tenhamos sonhos menos suaves, incomodados, quem sabe, pelos efeitos digestivos de pipoca, cerveja e sorvete, em ciclos repetidos e alternados. Não pelos monstros reais, que aguardam o amanhecer.

    Se os males do mundo assim fossem, as pequenas cidades norte-americanas estariam hoje acomodadas nos braços de Hilary ou Kennedys – ou outros mocinhos. Só que não.

    São essas mesmas cidades – com 50 ou 60 mil habitantes, algumas um pouco maiores – que agora se defrontam com outras ameaças, aranhas ou plantas carnívoras de novo tipo. São os gênios financeiros das corporações, fechando velhas unidades produtivas, de automóveis ou geladeiras, transferindo-as primeiro para o norte do México ou para Osasco e Pirituba, depois para o sul da China. Deixando no antigo sítio um vazio que não apenas se instala nos prédios, mas nas almas das pessoas. Os prédios ficam vazios. As pessoas, não. Elas buscam um outro enchimento. E encontram. Em outro tipo de aranha ou planta carnívora, aquele bicho que lhes promete o retorno do perdido: *America First, Again*. O brucutu de topete laranja.

    Surpresa entre os mocinhos, que rangem os dentes para o recém-chegado, beneficiário do vazio e da reação furiosa. Mas tardam a perceber que esta resposta rancorosa é apenas o contraponto do vazio que haviam provocado eles próprios, os mocinhos. Eles se recusam a admitir a autoria do mal, porque o repetiriam se preciso fosse. Os globalistas do progresso.

É essa a estória que um observador mesmo distraído pode ler em dezenas e dezenas de reportagens sobre as cidades fantasmas dos Estados Unidos. Detroit, por suposto, é uma estrela maior. Mas dezenas e dezenas compõem a constelação – Janesville, Flint, Youngstown... um inteiro alfabeto, com direito a várias repetições. Os estados do meio oeste são atingidos em cheio – eram o coração da indústria na metade do século XX. Mas o declínio pós-industrial é mais amplo e diversificado. E faz surgir uma literatura em expansão – a trajetória triste e sem perspectiva da chamada *white working class*, heroína e beneficiária da era dourada da manufatura norte-americana. Não apenas Wisconsin, Michigan, Ohio, Filadélfia. Mas também o Kentucky e Louisiana. Ou toda a "América rural", vítima de um esvaziamento material, mas, também, de um *rural brain drain* de amplas e profundas consequências. O vazio é preenchido por desalento e vício, ressentimento e raiva crescentes.

É antiga, na análise política, a tentativa de explicar crenças e comportamentos políticos "extremados" e aparentemente contrafactuais, fantasiosos, com a figura psicológica (e psiquiátrica) da paranoia. Os riscos dessa analogia são muitos, mas os recursos heurísticos são inegáveis.

A estratégia paranoica – dos paranoicos e dos que se interessam em engendrá-los – é relativamente simples. Trata-se, primeiro, de gerar narrativas que, ao final das contas, "explicam o caos", dão sentido às tragédias reduzindo o sentimento de autoincriminação transferindo as culpas para bodes expiatórios convenientes e convenientemente aumentados em sua força e ameaça. A estratégia define um inimigo, modos de enfrentá-lo, apresenta a possibilidade de uma salvação.

Digamos que a paranoia de vez em quando acerta no alvo. Duas vezes por dia, um relógio quebrado dá a hora certa. Passei muitos anos com a paranoia de que era seguido e monitorado. O diabo é que em boa parte desse tempo isso era verdade... Os paranoicos das pequenas cidades devastadas dos Estados Unidos acreditam em tudo que a ultradireita diz sobre Hillary ou Obama. Mas... os correios de Hillary, registrando suas conversas com Wall Street, estão longe de "desconfirmar" todas as "calúnias". E no que podem acreditar aqueles que perderam suas casas hipotecadas, na crise de 2009? Quando o socorro de Obama salvou os bancos e aumentou os prêmios de seus executivos? Ou quando Obama despejou milhões de dólares dos contribuintes para salvar a GM, em um plano de resgate que incluía... a transferência para o exterior dos empregos de quatro de suas grandes fábricas?

Deixando em suspenso o juízo sobre o fundo de verdade das paranoias, o que se deve entender, antes de tudo, é o impacto dessa coisa nas almas dos brutos. Uma vez, em livro memorável, Karl Polanyi comentou:

> uma calamidade social é basicamente um fenômeno cultural e não um fenômeno econômico que pode ser medido por cifras de rendimentos ou estatísticas populacionais.[...] a Revolução Industrial [foi] um terremoto econômico que em menos de meio século transformou grandes massas de habitantes do campo inglês de gente estabelecida em migrantes ineptos. Todavia, se desmoronamentos destrutivos como esses são excepcionais na história das classes, eles são uma ocorrência comum na esfera dos contatos culturais entre povos de raças diferentes. Intrinsecamente, as condições são as mesmas. A diferença está principalmente no fato de que uma classe social é parte de uma sociedade que habita a mesma área geográfica, enquanto o contato cultural ocorre geralmente entre sociedades estabelecidas em diferentes regiões geográficas. Em ambos os casos o contato pode ter um efeito devastador sobre a parte mais fraca. A causa da degradação não é, portanto, a exploração econômica, como se presume muitas vezes, mas a desintegração do ambiente cultural da vítima. O processo econômico pode naturalmente fornecer o veículo da destruição, e quase invariavel-

mente a inferioridade econômica fará o mais fraco se render, mas a causa imediata da sua ruína não é essa razão econômica – ela está no ferimento letal infligido às instituições nas quais a sua existência social está inserida. O resultado é a perda do autorrespeito e dos padrões, seja a unidade um povo ou uma classe, quer o processo resulte do assim chamado 'conflito cultural' ou de uma mudança na posição de uma classe dentro dos limites de uma sociedade.[1]

No artigo da próxima semana, vamos comentar uma parte, bem pequena e aleatoriamente selecionada, de uma literatura que exibe esse tsunami. Ele abalou a *white working class* americana. Como dizia o samba, foi um rio que passou na sua vida e seu coração se deixou levar.

---

1. POLANYI, K. *A grande transformação – as origens de nossa época*. tradução de Fanny Wrabel. 2. ed. Rio de Janeiro: Campus, 2000.

A DESINDUSTRIALIZAÇÃO DA AMÉRICA (II). A ROMARIA DOS AUTOMÓVEIS

19 DE JULHO DE 2018

O que é bom para a General Motors é bom para os Estados Unidos. A frase é conhecida e controversa. Teria sido pronunciada por um grande executivo da GM, quando guindado a posições de Estado. Alguns dizem que não foi dita – pelo menos não desse modo. O certo, porém, é que a sentença seguiu o que Fernando Pessoa atribuía aos mitos: escorreu para a realidade e a fecundou. Durante décadas, aquilo que ocorria com a GM marcava o país e sinalizava seus passos. Esse movimento "para cima" tem seu equivalente na baixa. É o que ocorre com as polêmicas sobre declínio da manufatura e seus efeitos deletérios.

O tema da desindustrialização dos Estados Unidos gerou enorme literatura – dos mais variados campos, explorando também variados aspectos, dos mais profundos (e polêmicos) fatores causais até os mais dramáticos efeitos. Em junho de 1980, a *Business Week* já publicava número especial chamado "Reindustrialização da América". Um estudo de fôlego, pioneiro e talvez o mais citado, foi escrito por Bennett Harrison e Barry Bluestone em 1982 – *The deindustrialization of*

America: plant closings, community abandonment, and the dismantling of basic industry. Harrison, Bennett; Bluestone, Barry. *The deindustrialization of America: Plant closings, community abandonment, and the dismantling of basic industry*[1]. New York: Basic Books, 1982. O subtítulo resume o encadeamento dos fatos. Ainda restaria por perceber e por analisar o enorme conjunto de efeitos paralelos no terreno psicossocial e ideológico, bem como nos comportamentos e alinhamentos políticos. Algo que, como dissemos, ecoaria na enorme literatura sobre os desmanches do *american dream*.

Alguns nomes e siglas simbolizam tal mudança. Imagens também. Na lendária cidade do aço, Pittsburgh, as torres da antiga siderúrgica sobreviveram ao desmanche das forjas – hoje fazem a decoração do pátio de estacionamento de um grande centro comercial. À noite, são iluminadas como árvores de natal.

As transformações no mundo corporativo trocam os nomes dos personagens relevantes. No imediato pós-guerra, a GM era o maior empregador nos Estados Unidos. Hoje é o Wal-Mart. A General Electric, de gigante manufatura, transformou-se em mesa de operações financeiras. Uma empresa símbolo da inovação americana – Apple – pode ser muita coisa, menos "americana", uma vez que abriu mão da cidadania original. Hoje é uma empresa com passaporte das Bahamas.

E isso diz muito em muitos sentidos. Mas em um deles dói mais. A mudança brutal em inteiras comunidades. As máquinas desativadas resultam em almas vencidas.

A transformação tem impactos também muito visíveis no desmonte do peculiar *welfare state* norte-americano, peculiar porque esse *welfare* é bem pouco *state*, é basicamente privado. Graças à propagação do famoso Acordo de Detroit, do começo dos anos 1950, as empresas norte-americanas se transformaram no canal de realização

---

1. Harrison, Bennetti; Bluestone, Barry. *The deindustrialization of America: Plant closings, community abandonment and dismanting of industry*. New York: Basic Books, 1982.

do chamado sonho americano: um emprego relativamente estável, com salário periodicamente reajustado, promoções na carreira, plano de saúde, previdência complementar. Já houve tempo em que o velho operário da linha da GM, aposentado e acomodado, via seu filho, com a mesma perspectiva, o mesmo futuro. Só que não, mais uma vez – tudo é incerto nesse quadro outrora estável.

Escolhemos alguns retratos desse drama, numa literatura tão fértil. Dois livros que giram, precisamente, em torno da lendária e emblemática General Motors.

O primeiro deles é de Jeffrey S. Rothstein, *When good jobs go bad*.[2]

Lembra ele que, ainda no começo dos anos 2000, os utilitários da GM (os SUV) eram montados em três plantas. Duas delas no território americano – Janesville (Wisconsin) e Arlington (Texas). A terceira ficava no norte do México (Silao). Outras plantas da GM se dedicavam a outros modelos.

A fábrica de Silao foi aberta em 1994, em um "campo verde". Uma fábrica criada a partir do zero e com desenho alegadamente mais moderno, numa área antes sem indústria. Silao era uma cidade de 60 mil habitantes, transformada pelo governo provincial em um centro de exportação. Cerca de 90% dos carros eram postos em trens e mandados para os Estados Unidos.

A fábrica de Janesville era de 1919. Inicialmente montava os tratores Samson, também da GM. A planta foi várias vezes reformada – e fechada em 2008, quando caiu o mercado para os utilitários SUV. Tinha uns 3.500 horistas. Janesville era uma cidade do mesmo tamanho de Silao e grande parte de seu oxigênio vinha da GM.

A migração para o México marcou toda a indústria automotiva. Na primeira metade dos anos 1980, as três maiores montadoras americanas (GM, Ford, Chrysler) abriram fábricas no Norte daquele

---

2. ROTHSTEIN, Jeffrey S. , *When good jobs go bad: Globalization, de-unionization, and declining job quality in the north american auto industry*. New Brunswick: Rutgers University Press, 2016.

país, que quase se transformou em uma 51ª estrela na bandeira ianque, mesmo antes do famoso acordo de integração (NAFTA, 1992).

Do final da Guerra até o fim dos 1960, a venda de automóveis cresceu rapidamente nos Estados Unidos – de 2 milhões para 9 milhões de carros por ano. Em parte, por conta da abertura das estradas federais.[3]

Outro fator relevante foi a suburbanização acelerada do país, graças à facilidade de crédito imobiliário (as famosas hipotecas...).

No final dos anos 1960, apenas uns 15% dos autos eram importados (Volkswagens, sobretudo). O resto: GM (45%), Ford (25%), Chrysler (15%). Entre 1972 e 1980, a importação de carros cresceu desses 15% para 27%. E os japoneses já respondiam por 20% do total de vendas de autos no país. Invasão amarela, não vermelha.

As montadoras estrangeiras expandiram suas plantas principalmente nos Estados do Sul, aqueles que tinham baixa sindicalização e muitos benefícios atraentes – Toyota, Honda, Nissam, BMW, Mercedes, Volkswagen, Hyundai, Kia. Em 2008, já eram treze marcas.

O deslocamento geográfico (do meio-oeste para o sul) e o crescimento das estrangeiras (também no Sul) resultaram em um novo mapa e em uma tragédia associada.

A indústria automotiva empregava quase 670 mil horistas em Detroit, ainda em 1978. Em 2003, esse número caiu para 275 mil. E cairia outros 100 mil nos cinco anos seguintes. Muitos viam com olhos cândidos a mudança – uma nova forma de produção, mais moderna flexível, inteligente e 'humana". Bom, e por que então ela buscava e cultivava as áreas "livres de sindicatos"?

As três fábricas da GM, diz Rothstein, eram "organizadas a partir de rotinas e coreografias cuidadosamente padronizadas". A ba-

---

3. Uma rede impressionante, como indiquei em outro artigo; disponível em: <https://www.cartamaior.com.br/?/Editoria/Soberania-Nacional/A-batalha-dos-caminhoneiros-Nos-Estados-Unidos/46/40414>. Acesso em: 18 mar. 2020.

dalada "produção enxuta" não era bem o que se cantava. Rigorosamente, a comparação mostrava que, de fato, o taylorismo apenas se fantasiava e migrava para outras regiões, para plantas e máquinas mais modernas. Relações de trabalho, nem tanto.

Os "ciganos da GM" vagavam pelas cidades. Em todas elas, uma regra seguia constante, independente do discurso da "reestruturação flexível": o trabalhador deve estar "em movimento" 55 segundos em cada minuto. Sim, isso mesmo. É como nadar durante oito horas – com descansos de respiro de cinco minutos a cada hora.

O segundo ato do drama é escrito por Amy Goldstein, *Janesville*: *An american story*.[4] O livro também descreve a migração das plantas da GM, mas acentua seus efeitos sociais, que talvez possam ser sugeridos por este parágrafo:

"Para compreender a tristeza, raiva e desconfiança que está modelando a política dos Estados Unidos, olhemos para Janesville, Wisconsin. Quando foi fechada a mais antiga linha de montagem da GM do país, as velhas certezas morreram com ela".

No livro, ela conta como isso ocorreu. Soa quase como uma fábula. Pelo fato de parecer irreal e pelo fato de ser "instrutiva".

Janesville pode ser lembrada, talvez, como a cidade onde nasceu uma famosa caneta-tinteiro – outra lembrança do passado. A Parker Pen Company botou Janesville no mapa do mundo. A GM instalou-se ali e inaugurou uma viagem por esse mapa, criando aquilo que já foi chamado de "GM gypsies" – os ciganos da GM, os trabalhadores que viviam "acampando" onde a empresa montava suas plantas.

Em 1986, por exemplo, uma das linhas de montagem foi transferida para Fort Wayne, Indiana. Os trabalhadores deviam escolher: migrar ou dançar. Uns 1.500 migraram. Hoje existe um grupo

---

4. Essa é a abertura de um artigo de Goldstein para um jornal inglês: <https://www.independent.co.uk/news/world/americas/an-american-story-how-the-closure-of-the-oldest-general-motors-car-plant-in-the-us-left-a-city-a7687421.html>. GOLDSTEIN, Amy. Janesville: An american story. New York: Simon & Schuster, 2017.

no Facebook – o Janesville Wisconsin GM Transfers. Uma postagem de março 2017 mostra o surreal da cena:

> Hoje, em Fort Wayne, falei com alguém de Arlington que ouviu de alguém de Lordstown que ouviu de alguém de Wentzville que está ligado com alguém de Lansgind que ouviu a respeito de um vidente de Detroit que contatou Elvis. E Elvis disse que ouviu de uma fonte confiável lá de cima que no dia em que o inferno congelar, a GM vai reabrir a fábrica de Janesville. Provavelmente apenas um boato.

Sim, boato, pois em 2015 a fábrica de Janesville fechara completamente. Em 2016, de certo modo, a região virava uma espécie de vitrine do que ocorria em muitos outros centros industriais (ou ex-industriais) do país. Por isso a "tristeza, raiva e desconfiança que estão modelando a política norte-americana".

Goldstein reitera que Janesville tem, nas eleições de 2016, aspectos da polarização que marcou essa disputa. Inesperadamente, o Estado de Wisconsin pendeu para o Partido Republicano pela primeira vez em 32 anos.

De fato, em várias regiões do Estado, o que ocorreu foi uma vertiginosa queda da participação eleitoral – e do lado dos democratas. Hilary teve dez pontos percentuais a menos do que Obama, quatro anos antes. E Obama já havia caído, comparado com a primeira eleição. Muitos "vira-casacas" e, sobretudo, muita abstenção de antigos eleitores democratas. Contribuiu para esse movimento aquilo que aconteceu com a GM e o modo como os políticos do partido democrata responderam à coisa.

A GM que mudou para Arlington e, depois, para o norte do México, não mudou tanto suas linhas e seus métodos de trabalho. Mas mudou o quanto paga de impostos e taxas. E se livrou dos sindicatos. Ora, como prêmio de bom comportamento, Obama lhe deu milhões e milhões. O plano de "resgate"? Importar mais, em vez de produzir nos Estados Unidos, com trabalhadores americanos. Como é que o Partido Democrata espera que isso seja entendido pelos seus eleitores de base sindical? Ou pelo comércio que sobrevive em torno das fábricas? Razão para que muita gente deixe simplesmente de votar. E para que, de repente, mas nem tanto, a mensagem demagógica de um republicano esquisito soe como algo esperançoso para alguns desses órfãos.

Repetindo: as casas e galpões industriais podem ficar vazios, as almas, não.

A DESINDUSTRIALIZAÇÃO DA AMÉRICA (III).
A POLÍTICA DO RESSENTIMENTO

26 DE JULHO DE 2018

Nos artigos iniciais desta série, mostramos alguns flagrantes da chamada desindustrialização da América. O doloroso processo começa com a migração das plantas fabris e dos empregos localizados em antigas cidades industriais do Nordeste e Meio-Oeste. Eles vão para os Estados do Sul, primeiramente, depois para o México e para a Ásia. Essa migração dependeu de vários fatores. Um deles, incentivos federais que visavam descentralizar a produção de artefatos de interesse militar. O *Gunbel* vai se deslocando para o *Sunbelt* – como mostra o instigante estudo organizado por Ann Markusen, *The rise of the gunbelt – the military remapping of industrial America*.[1] Em parte, por alguma coincidência, essa área também é o Bible-Belt, a concentração da direita religiosa. O governo federal oferece incentivos para reconfiguração do complexo industrial-militar. Os governos estaduais ampliam a guerra fiscal e atraem indústrias – com redução de tributos e taxas, crédito, terrenos. E com leis especiais – aquelas que dificultam

---

1. Markusen, Ann. *The rise of the gunbelt – the military remapping of industrial America.* Oxford: Oxford University Press, 1991.

ou mesmo impedem a instalação de sindicatos. E qual o papel do Bible-Belt? Entre outros aspectos, o domínio do protestantismo mais conservador era fundamental para apoiar a resistência aos sindicatos e, também, as políticas públicas mais progressistas. E os evangélicos batistas do Sul, a maior denominação religiosa do país, tinha sido conquistada por uma visão extremamente pró-*business*.

A desindustrialização era também ajudada por outros fatores. Não apenas empregos eram deslocados para o Sul e, depois, para fora do país. O regime geral de *outsourcing* fragmentava as corporações (e as categorias profissionais), terceirizava diversas ocupações. E a automação reduzia o pessoal exigido pela produção, além de tornar mais viável esse deslocamento em cadeias fragmentadas.

Sherry L. Linkton vê esse fenômeno sob um ângulo menos usual, a da literatura produzida pela e sobre a classe trabalhadora. Linkton utiliza a expressão "meia-vida da desindustrialização".[2]

Meia-vida é uma fórmula verbal utilizada para descrever o período em que o medicamento fica no corpo, produzindo efeitos, diretos ou colaterais, desejados ou indesejados. A desindustrialização também tem sua meia-vida. Sua influência pode se desmanchar lentamente, mas permanece poderosa e não pode ser simplesmente esquecida ou ignorada, diz Linkton:

> Juntamente com a perda e mutação dos empregos, a deterioração dos ambientes é uma característica definidora da Meia-Vida da desindustrialização. Em cidades e vilas em todo o cinturão da ferrugem e em outros lugares, as pessoas vivem em meio a lojas fechadas, fábricas abandonadas, casas em ruínas e espaços vazios que ainda trazem à mente o amigo de infância que viveu em uma casa agora demolida ou a grande fábrica que costumava ocupar o que agora é um campo vazio.

---

2. LINKTON, Sherry. *The half-life of deindustrialization: working-class writing about economic restructuring*, Ann Arbor: University of Michigan Press, 2018.

Os custos sociais da industrialização são muitos e variados, incluindo o "declínio populacional, a degradação dos edifícios e da infraestrutura, o lixo tóxico, o desemprego de longa duração, problemas de saúde física e mental, altas taxas de dependência de drogas assim como de suicídios, descrença nas instituições e ressentimento político."

E a política do ressentimento é algo que certamente nos vem à memória quando olhamos os mapas eleitorais da vitória de Trump – sua votação em pequenas cidades e localidades rurais. Afinal, nos Estados Unidos, há cerca de 18 mil pequenas localidades, 14 mil na zona rural. E uma outra coleção de cidades um pouco maiores, que vivem em torno de uma ou de meia dúzia de fábricas.

Robert Wuthnow registra o drama: "A indignação moral da América rural é uma mistura de medo e raiva. O medo é que aqueles modos de vida das pequenas cidades estão a desaparecer. A raiva é que eles estão sob cerco. [...] Escolas estão fechando, empresas estão partindo e empregos estão desaparecendo".[3]

É o que acontece quando a única planta industrial da cidade desaparece, uma vez que a empresa foi deslocada para o México.

À degradação das cidades médias se soma, então, a degradação do mundo rural. E neste último, ainda um fenômeno cresce como erva daninha: uma espécie de *brain drain*, descrito por Patrick J. Carr e Maria Kefalas.

"O que está acontecendo em muitas pequenas cidades – a perda devastadora de jovens educados e talentos, o envelhecimento da população e a erosão da economia local – tem repercussões muito além do seu limite".[4]

---

3. WUTHNOW, Robert. *The left behind – decline and range in rural America*. Princeton: Princeton University Press, 2018.
4 CARR, Patrick J.; KEFALAS, Maria *Hollowing out the middle: the rural brain drain and what it means for America*. Boston: Beacon Press, 2009.

Assim, o interior do país vê a cidade grande sugar seus médicos e engenheiros, empresários e professores. O êxodo dos jovens, sobretudo. A desindustrialização não esvazia apenas a cidade média construída em torno das manufaturas, com a geração de hiperguetos. Ela origina uma crise rural também. Seus sintomas são quase uma síndrome. Ao lado da óbvia desagregação das famílias, a escalada do crime e da dependência de drogas. Nesses quesitos, no início do novo milênio, estados como Kansas e Nebraska alcançavam índices 50% mais altos do que o estado de Nova York. Em 2004, a divisão de Narcóticos desbaratou nada menos do que 1.500 laboratórios de metanfetamina em Iowa, o segundo mais alto número de qualquer estado do país, atrás apenas do Missouri.

A marcha da desgraça tinha história. Mostrara seus dentes já no final dos anos 1970. Na década de Reagan, foi acelerada por uma nova onda de automação, pelas reformas macroeconômicas (privatização e desregulamentação) e pela reengenharia das empresas. Seguia o rastro de uma escalada de fusões e aquisições, as tais compras alavancadas por débito e fundos podres. Conglomerados eram adquiridos e esquartejados. Empregos evaporavam ou eram transplantados para áreas do chamado trabalho livre (sem sindicatos) – nos Estados do Sul, no México, na Ásia. No final dos anos 1980, Bush (pai) iniciava a contratação do NAFTA, o acordo de livre comércio entre Canadá, Estados Unidos e México. O acordo foi, afinal, consolidado por Clinton, contra a resistência dos sindicatos, um confronto duro.

O OLHAR DISPARATADO DOS ESPECIALISTAS

Pois no meio desse processo desencadeou-se com alarde um estranho debate, criativo e estrábico ao mesmo tempo. Uma porção de analistas, de mais diferentes filiações e vínculos, diagnosticava o mal estar das atividades produtivas: a falta de educação adequada nos trabalhadores. *Skills shortage e skills mismatch* eram os termos da moda – empregos existiam, mas os norte-americanos estavam mal treinados para ele, era o que se costumava dizer, com prodigiosa menção de números e estudos de caso convenientemente selecionados. O engraçado é que os empregos (majoritariamente *blue-collar*, manuais) estavam sendo deslocados para áreas que dificilmente poderíamos chamar de bem dotadas de treinamento e educação.

O debate era ambíguo, como dissemos, criativo e vesgo. Gerou estudos sofisticados sobre problemas reais e candentes – a falta de foco da escola média, a inexistência de programas de treinamento profissional (como a *apprenticeship* alemã), a ineficiência dos métodos tradicionais de ensino. Ao mesmo tempo, distorcia significativamente o problema de fundo das transformações da base produtiva. Essa operação acabava por gerar um famoso efeito: culpabilizava a vítima. Empregos existem, os trabalhadores é que estão mal preparados – reza a cartilha apreciada por líderes empresariais e políticos "globalistas". Bem verdade que os estudos culpavam também as instituições, mas a mensagem de massa era clara: cabe a você, desempregado, investir em sua formação.

Toda essa discussão parecia depender de uma avaliação bastante enviesada da "mudança radical", da mãe de todas as mudanças. A rigor, a grande migração e os efeitos polarizadores da automação eram amplamente superados, nas análises, pela avaliação das escolas e métodos. Essa nova versão do evangelho pedagógico transformou-se quase em um discurso automático – atravessava dezenas de relatórios, comissões de especialistas, governamentais, para-governamentais ou puramente privados.

Em 1989, por exemplo, surgia um desses memoráveis estudos, produzido pela Commission on Industrial Productivity do MIT. Apontava para os "novos padrões de organização do local de trabalho", padrões anunciados pelas pioneiras corporações japonesas. Eles "distanciam-se em quase todos os aspectos do sistema de produção em massa de Detroit". Alegava o relatório que esses novos modelos exigiam "a criação de uma força de trabalho altamente qualificada". Logo em seguida, comissões e mais comissões iam nesse rumo, alertando, ainda mais, que o novo desenho produtivo daria mais responsabilidade aos trabalhadores do "chão de fábrica". Eles teriam que receber treinamento avançado para tomar decisões igualmente avançadas, complexas. Os novos trabalhadores precisam ser flexíveis, criativos, educados – eles seriam "empoderados" e chamados a "colaborar" nos novos empregos "enriquecidos". Essa era a tônica dos gurus da moda, inclusive das consultorias "especializadas" que não conseguiam sequer treinar seus especialistas para escaparem da derrocada.

A CANALIZAÇÃO DOS DESESPEROS

A cacofonia do debate mostra os limites da análise e dos analistas, suas viseiras ideológicas. Parece indicar que são bem distribuídos os efeitos deletérios da desindustrialização, manifestações de sua meia-vida. Não atingem apenas os que trabalham com as mãos. Aprisionam aqueles que dizem operar com o cérebro. Isso certamente não se deve à fragilidade dos neurônios – estamos falando de gente altamente qualificada, estudiosos de alto coturno. Mas há uma força da gravidade – um conjunto de determinantes sociais – que limita a sua visão.

Parece que mais uma vez sobra razão para a frase do assessor de Clinton: "é a economia, estúpido". Economia, em sentido amplo, é aquele espaço em que os interesses se revelam, se reconhecem e conflitam. E a política é aquele terreno em que tais conflitos são levados às últimas consequências. Os intelectuais mergulham nesse mar de aporias e problemas sem solução – o debate patina, mas é relativamente inofensivo. Mais abaixo, as "soluções" são ainda mais confusas e perigosas. E quais são?

O já referido livro de Wuthnow pode nos ajudar a perceber tais efeitos sombrios, quando aponta que o vazio das fábricas cria o clima fértil para a política do ressentimento:

Quando a poeira assentou, após a amargamente disputada campanha presidencial de 2016, analistas se esforçavam para achar sentido nos resultados. Uma das conclusões mais claras era que as comunidades rurais votaram esmagadoramente no candidato republicano. Era difícil alguém afirmar que o voto rural havia decidido a eleição. Mas as diferenças entre os resultados rurais, urbanos ou suburbanos foram marcantes. As pesquisas mostraram que 62% dos votos rurais foram para Donald Trump, comparado com o índice de 50% dos votos suburbanos e apenas 35% do voto urbano. Outra evidência demonstrava que os eleitores rurais cada vez mais se tornaram republicanos, em cada uma das duas eleições anteriores.[5]

Considerando o quadro que buscamos desenhar, isso não é tão surpreendente, pois não? E os eleitores mais diretamente identificados com a "base industrial-urbana", que rumo tomaram? Bem, essa é uma outra estória, que fica para uma outra vez.

---

5. WUTHNOW, Robert. *Op. cit.*

RESUMO DA ÓPERA
02 DE AGOSTO DE 2018

Que o capitalismo se expande mundo afora, está longe de ser algo novo. O *Manifesto Comunista* já anunciava essa tendência inexorável. E o famoso *Imperialismo*, de Lenin, traçava a nova linha divisória: a exportação de capitais seguia a de mercadorias.

Mas, depois da Segunda Guerra, uma fase ainda mais nova começa, com a exportação de capitais manufatureiros. Era algo um pouco diferente do que ocorrera na era de Lenin, quando a exportação de capitais ia massivamente para agricultura, mineração e infraestrutura ligada a tais atividades (transportes, geração de energia). Depois de 1945, as indústrias norte-americanas (e depois as europeias) fazem uma revoada para o exterior, montando plantas em outros países, para vender suas mercadorias a partir dessas filiais. Em parte, o ABC paulista é filho dessa onda.

Degrau por degrau, isso se transforma numa enorme escada. Com os americanos sempre liderando as "inovações". Já em 1965, os governos do México e dos EUA deslancharam o "programa das maquiadoras", com incentivos para a produção de componentes de automóveis, TVs, equipamento médico e assim por diante. Réplicas das montadoras automotivas eram o próximo passo. E o North American

Free Trade Agreement (NAFTA, 1994) seria a cereja do bolo. Uma cadeia continental.

Esse movimento para fora – o *offshore* – foi crescendo. Um artigo no *Wall Street Journal*, em 2011, assinado por David Wessel, registra que:

> As companhias reduzem sua força de trabalho nos Estados Unidos em 2,9 milhões de cabeças durante os anos 2000, ao mesmo tempo em que aumentam o emprego ultramar em 2,4 milhões [...] É uma grande mudança com relação aos anos 1990, quando elas adicionavam empregos em toda parte: 4,4 milhões nos Estados Unidos e 2,7 milhões no Exterior. [...] No total, em 2009, as multinacionais norte-americanas empregavam 2,1 milhões dentro do país e 10,3 milhões fora, incluindo crescente número de trabalhadores estrangeiros altamente qualificados.

O artigo de Wessel expõe um gráfico que espelha o drama. Traduzo e adapto para o leitor brasileiro:

GRÁFICO 1: PARA ONDE VÃO OS EMPREGOS CRIADOS PELAS MULTINACIONAIS NORTE-AMERICANAS 1999-2009 – EM MILHÕES

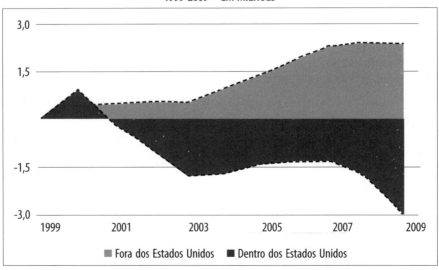

Somemos esse movimento com a automação e a fragmentação dos grandes conglomerados, a reengenharia dos anos 1980. Daí, é possível perceber o tamanho da onda de transformações que atingiu a classe trabalhadora e, claro, seus instrumentos de formação de identidade, os sindicatos. E mais: como os sindicatos haviam se transformado em referência fundamental para o Partido Democrata, depois do New Deal, também o cenário eleitoral seria afetado.

Não foram atingidos apenas os trabalhadores da indústria – a onda desorganizadora espraiou-se para a construção civil, as usinas elétricas, os grandes centros logísticos e armazéns, os portos, as ferrovias.

O centro do movimento estava na classe operária industrial por vários motivos. Ela nunca fora a maioria da força de trabalho – em nenhum país, aliás. Mas a planta industrial era o centro de força da nova economia desde o século XIX – e o modelo de organização para o resto das atividades. Não se tem apenas uma fábrica taylorista, por exemplo – a sociedade se tayloriza. No começo do século XX, o presidente da Carnegie Foundation chegou a pedir a Taylor um estudo sobre a aplicação do seu sistema às escolas – um discípulo, Morris Llewellyn Cooke, se encarregou de montar o relatório.

O avanço da onda é claro. Em 1960, numa força de trabalho de quase 55 milhões, uns 16 milhões eram trabalhadores da manufatura (quase 30%). Em 2009, esse percentual tinha caído a uns 10%. Atenção: a manufatura era, em 1960, o setor de mais alta sindicalização no país. Isso também foi mudando drasticamente.

O crescimento do setor de serviços foi visível – 44% já em 1960; quase 70% em 2009. No meio dessas datas, em 1973, o sociólogo Daniel Bell anunciava a chegada da Sociedade Pós-Industrial. A descrição de Bell era idílica. O crescimento do terciário seria sintoma de um enorme progresso e de uma nova era, em que a riqueza deixava de ser o eixo de estruturação da ordem social, substituída pela tecnologia, o conhecimento, o mérito intelectual. Para felicidade dos conservadores, a expressão "sociedade capitalista" poderia ser aposentada do léxico político – com todas as tentações subversivas a ela associadas.

A nova fonte de empregos jorrava outro tipo de água, porém. O trabalhador que perdia o emprego na GM podia encontrar um outro, quem sabe, no McDonald's ou no Walmart. Por menos da metade de salário, sem plano de saúde ou de aposentadoria. Não por acaso, significativo número dos trabalhadores desse tipo de empresa sobrevive apelando a programas de ajuda federal, como o Food Stamp, inventado na era Roosevelt. E uns 60 milhões de americanos são desprovidos de qualquer atendimento de saúde, público ou privado. Os planos de aposentadoria deixam de ser vinculados aos contratos de trabalho e viram fundos de investimento, um novo foco de especulações financeiras.

Mas algo escapava das previsões, pelo menos em parte. O crescimento dos serviços públicos, fazia surgir um novo filão sindical. Já em 1970 ele começava a ser o segmento mais sindicalizado. Em 2008, a taxa de sindicalização no setor privado estava perto dos 8%. No setor público era de uns 35%.

A classe trabalhadora também mudava de cara. As mulheres eram 34% da força de trabalho em 1950 e chegaram a 60% já no começo do novo milênio. Também as etnias mudavam – a classe trabalhadora, em números oficiais e formais, tem 13% de negros, outro tanto de latinos, uns 5% de asiáticos.

Outra alteração era a redistribuição geográfica, dentro do próprio país. As fábricas migram para o Sul, mais conservador, mais religioso, com leis e normas fortemente pró-capital.

Se mudava de cara da classe trabalhadora, mudavam também os alinhamentos políticos, ainda que mais lentamente. Entre 1980 (Reagan) e 2000 (Bush), pelo menos 40% dos filiados a sindicatos votaram no candidato republicano, mesmo contrariando a indicação dos dirigentes das entidades, que faziam campanha e doavam recursos para o Partido Democrata. Trump não inova na captura de trabalhadores descontentes ou reacionários. Eles já existiam com Reagan, em 1980, ou mesmo com Nixon, no final dos rebeldes anos 1960. E talvez mais relevante seja o "partido dos não votantes", um contingente que cresce, como indica a pesquisa do Pew Research Center. Talvez a descrença na política seja a mais importante conquista dos conservadores.

Os sindicatos deixavam de ser ouvidos – e eram ouvidas outras vozes, cada vez mais marcantes e influentes. A nova mídia da nova direita – os programas de entrevistas e animação de radialistas reacionários, a CNN, a Fox. Uma outra voz, que vinha se organizando desde os anos 1930, crescia a olhos vistos – a direita religiosa, que martelava uma visão de "valores familiares", prosperidade e consumo, individualismo acendrado.

As "escolas cívicas" dos sindicatos – mesmo os sindicatos burocratizados e conservadores dos americanos – eram substituídas por outra escola, midiático-religiosa.

Em um instigante livro, Daniel Schlozman[1] mostra como determinados movimentos sociais "ancoram" partidos políticos, isto é, operam como referências para suas operações, seus fracassos e seus sucessos. A sua tese – arrojada ainda que discutível – é que os sindicatos tinham funcionado (e ainda funcionam em parte) como âncora e referência para o Partido Democrata, desde a era Roosevelt. Fornecem quadros, sustentam campanhas com gente e dinheiro. De outro lado, a direita religiosa (casada com a mídia ultraconservadora) constituiria a nova âncora do Partido Republicano, radicalizado e sectarizado.

Se tudo isso tem algum sentido, talvez o desastrado ministro brasileiro tenha razão – quem sabe Donald Trump seja, mesmo, o Partido Republicano de porre. O problema é que não sabemos como será a ressaca...

---

1. SCHLOZMAN, D. *When Movements Anchor Parties*: electoral alignments in american history. Princeton: Princeton University Press, 2015.

DISTÂNCIAS SOCIAIS.
A DESIGUALDADE DISTRIBUÍDA
AO LONGO DOS TRILHOS DO METRÔ

08 DE NOVEMBRO DE 2018

Este artigo terá uma forma híbrida. Algo entre a estória em quadrinhos e o clip. Talvez seja um *storyboard*, o roteiro para uma estória ilustrada. Como não tenho talento para essa arte, o exercício será um pouco elementar, um desenho em linhas grossas. Espero que o conteúdo do argumento seja melhor do que isso.

O tema geral é este: a desigualdade de classes retratada no espaço da cidade. O palco é Nova York, a capital do império. A inspiração é um exercício que a revista *New Yorker* fez, anos atrás, associando as estações de metrô com as faixas de renda, tal como apareciam nos dados desagregados do censo de 2010.[1]

A cidade tem 5 grandes divisões, ou *borough*s, retratados no mapa a seguir (Figura 1). A faixa mais escura é a famosa ilha de Manhattan, o pedaço da cidade que é uma espécie de cartão postal da cidade, porque é ali que vivem as celebridades, os ricaços, ali estão os quartéis-generais das corporações e bancos, ali reina Wall Street, uma ruazinha pequena mas decisiva, na ponta sul da cidade. Bem

---
1. Pode ser visto em: <https://projects.newyorker.com/story/subway/>.

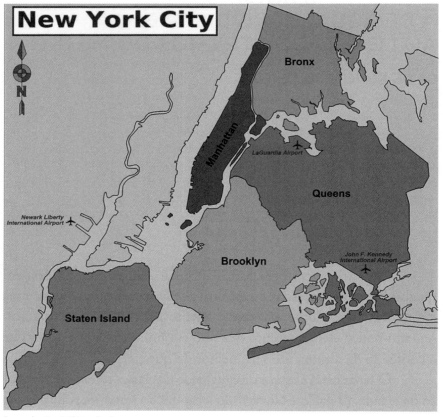

FIGURA 1: NOVA IORQUE – AS GRANDES DIVISÕES

Reprodução - Wikimedia Commons.

menos famosa e bem periférica, Staten Island é acessível por trem e barco. Mais famosos são Brooklyn, tradicionalmente um bairro de imigrantes judeus e italianos, e o Queens, de novos imigrantes (inclusive brasileiros). Ao norte, o Bronx, com uma área mais abonada e outra (o South Bronx) bem pobre, dominado por minorias étnicas, negros e, sobretudo, latinos – essas duas minorias somam quase 90% da população local. O Bronx também já foi italiano – ali morava Don Corleone. Ali ficava o restaurante em que Michael Corleone (Al Pacino) matou o chefe de polícia com um tiro nas fuças.

A cidade é cortada por uma rede fantástica de trilhos, o metrô que você vê em filmes. A malha é densa, para ter uma ideia, dê uma olhada no mapa das linhas, a seguir:

FIGURA 2: MAPA DO METRÔ DE NOVA IORQUE

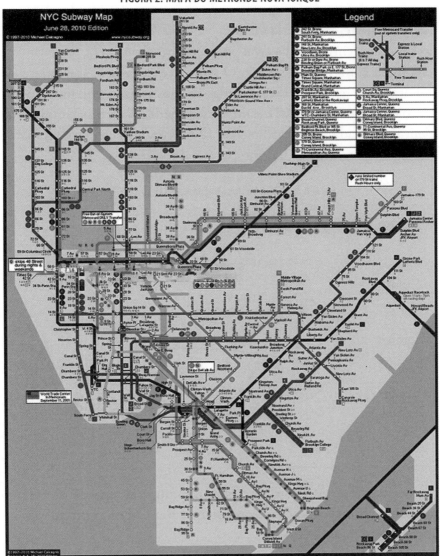

Reprodução - Wikimedia Commons.

Andar pelo metrô é uma espécie de viagem pelas diversidades e desigualdades que habitam esse coração do império. Duas linhas me chamaram atenção. Uma delas, apelidada por uma escritora de "International Express", é a linha 7, a mais escura do mapa. É uma excursão no campo dos novos imigrantes – de toda parte do mundo. A outra, que comentarei mais detidamente, é a linha 5, que vem dos cafundós do Brooklin, entra na ilha e vai pro outro cafundó, ao norte, o Bronx. Esta linha já foi tema de filme, O sequestro do metrô. E é retrato de um drama. A revista *New Yorker*, alguns anos atrás, pegou os dados do censo demográfico de 2010 e marcou as médias da renda familiar que identificam cada uma das estações. O trajeto é chocante. Veja abaixo o desenho para a linha 7, o International Express:

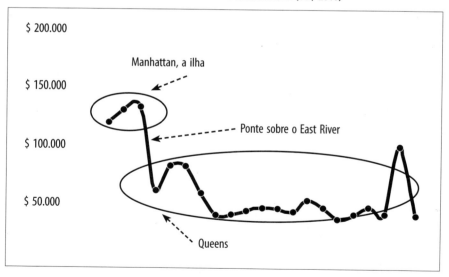

FIGURA 3: RENDA MÉDIA FAMILIAR ANUAL (US$ 2010)

Reparou? A ilha é uma ilha mesmo, não apenas do ponto de vista geográfico. Atravessou a ponte, você entra no andar de baixo da metrópole.

Agora veja o mesmo exercício para a linha 5 (Figura 4):

FIGURA 4: VIAGEM PARA A POBREZA NA LINHA 5 DO METRÔ DE NOVA YORK
O EXPRESSO PARA O BRONX

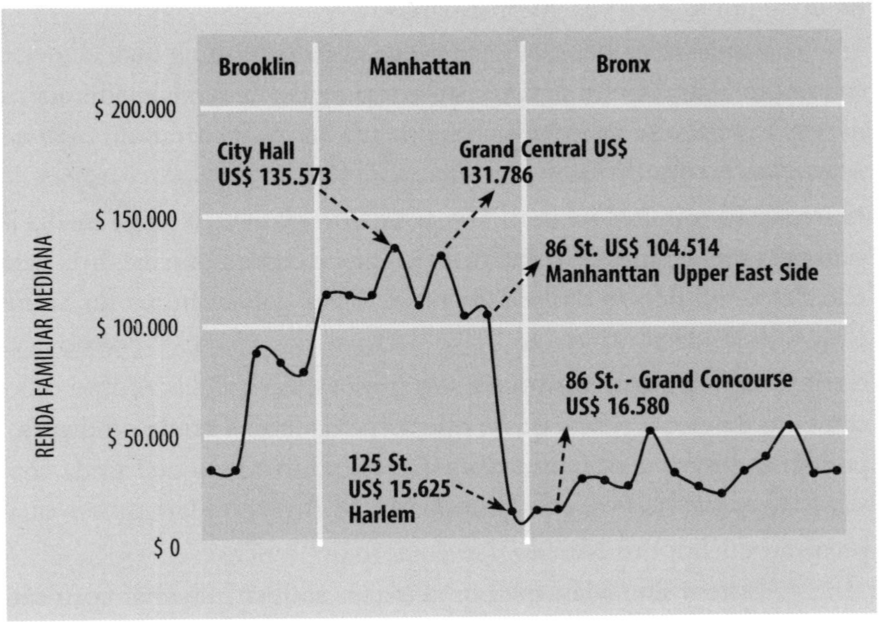
Brooklin
Manhattan
Bronx
$ 200.000
$ 150.000
$ 100.000
$ 50.000
$ 0
RENDA FAMILIAR MEDIANA
City Hall
US$ 135.573
Grand Central US$
131.786
86 St. US$ 104.514
Manhanttan Upper East Side
86 St. - Grand Concourse
US$ 16.580
125 St.
US$ 15.625
Harlem

A região do centro velho é, no geral, menos charmosa do que o norte (abaixo do Harlem, claro). Durante o dia, muito movimentada, à noite, bem menos, sobretudo o extremo sul. Algumas áreas decadentes (no sudeste). E algumas áreas que foram recuperadas – ou melhor, elitizadas, com a expulsão dos pobres e a construção de conjuntos residenciais mais chiques. É o caso do bairro do Chelsea, próximo da nova High Line, o elevado de trilhos (um minhocão deles) transformado em um jardim suspenso. A renda média desse pedaço subiu bastante no último censo.

Veja o mapa de novo. A estação Grand Central, na rua 41, fica perto da ONU e do Rockfeller Center. A rua 86, leste, fica na região do famoso café em que o Woody Allen tocava saxofone de vez em quando, para citar um exemplo de celebridade. No meio fica também a estação do Hunter College. Essa não está no mapa porque a linha 4 é a linha do "expresso" que vai direto para o Harlem e o Bronx, cortando algumas estações intermediárias.

    Vamos imaginar que você pegue esse expresso na ilha, ali perto da estação Grand Central: você está numa região de renda média acima de 130 mil dólares. Peguei esse trem na rua 86, para visitar um *community college* no South Bronx, na estação da Rua 149. Poucas estações do expresso, 15 minutos no trem, e você está no Harlem, a renda média já caiu para uns 15 mil. Seu guia turístico quase certamente lhe diria para não descer ali depois das seis da tarde. Mais dois minutos no South Bronx. A renda continua no baixo patamar dos 15 mil. Você observa o contraste nas casas, nas roupas das pessoas, nas escolas. Como o orçamento da escola reflete quase que ao pé da letra a renda do distrito, podemos dizer que os jovens das estações "altas" têm o que ainda chamam de escola de Primeiro Mundo. As do Bronx e Harlem têm algo próximo do Terceiro Mundo. No coração do império.

    Visite o site. Mas, melhor ainda, se souber trabalhar com cartografia temática e sistemas de informação geográfica, imagine fazer algo semelhante com as cidades brasileiras. Acho que teríamos coisas parecidas, porque o nosso modelo de desigualdade é bem norte-americano. A gente não importa apenas hambúrgueres e iPhones. Importamos o gosto pela desigualdade, referendada por mídia oligárquica, pastores charlatães, bufões neofascistas. Um pacote.

O LADO SOMBRIO DO PROGRESSO
28 DE FEVEREIRO DE 2019

No meio dos anos 1970, o Brasil era apontado como uma das cinco maiores economias industriais do mundo capitalista. E, de fato, as metrópoles eram povoadas de corredores industriais, galpões fumegantes, uma classe operária aparentemente madura e treinada, integrada ao sistema.

No entanto, o subterrâneo daquela sociedade era marcado por um tumulto, uma tremenda fragilidade. Havia muita areia movediça sob o cimento que parecia sólido.

Os pés de barro não estavam apenas no que se chama de esfera econômica. Ali também. Afinal, o país que já ousava construir um avançado setor de bens de capital era, porém, dependente de uma infraestrutura movida à dívida. E a fornalha era alimentada por petróleo importado, com preço em escalada ascendente. Essas duas variáveis iriam cobrar a conta no final da década. Em 1973, no primeiro choque da Opep, o barril passava de três dólares para 35. E haveria um segundo salto em 1979. A esses saltos se somava um assalto. Em 1979 o banco central americano (FED) puxava a taxa de juros de 6% para 20%. Os contratos de dívida brasileiros tinham sido assinados com juros flutuantes, os juros das praças de Londres e Nova York. Dá para imaginar o resultado.

Mas havia um outro campo em transe, menos visível para quem observa o mundo de sobrevoo. Mas muito sensível para aqueles que acompanhavam a vida cotidiana das massas trabalhadoras. Havia, sob a aparente estruturação daquela sociedade moderna e brilhante, um mundo em ebulição, precário, incerto, angustiado.

Sob a ditadura, o Brasil atravessara seu segundo ciclo de industrialização acelerada e seu segundo ciclo de urbanização. Milhões de brasileiros marcharam para as regiões metropolitanas – sobretudo no Sudeste – tornando-se citadinos sem virar cidadãos. Amontoavam-se em morros e bairros improvisados, onde tudo era provisório-definitivo. Ruas sem calçamento e sem redes de água e esgoto, sem escolas nem postos de saúde, com frágeis postes de luz, transportes desumanos.

As famílias migrantes não mudavam apenas de cidade, em certo sentido mudavam de século. E mudavam de estruturas e hábitos. Entre 1970 e 1980 dobrou o número de membros da família integrados ao "trabalho fora de casa". Mais suor fornecido aos acumuladores de mais-valia, mais salários para comprar alguns poucos móveis e eletrodomésticos. Menos tempo para cuidar das crianças, claro. Mais motivos para encrenca ao final do dia, quando os ânimos se destemperam, inflados pela vida cachorra.

São Paulo era uma cidade assim, quando florescia e se transformava na "metrópole quaternária" da América Latina, o coração dos bancos e das grandes corporações. Mas não era apenas São Paulo. E não seria apenas naquela década. Apenas talvez nos lembremos menos daquilo, porque sempre nos impressiona mais o que está diante de nós, não aquilo que está debaixo, no subterrâneo que nos gerou.

Ainda no período 1960-70, por exemplo, a grande São Paulo, já enorme, recebia um rio de gente – perto de 3,5 milhões de novos habitantes. A maioria deles (2,1 milhões) eram migrantes. Como se naquela década tivessem sido "transferidas" para a RMSP a população das regiões metropolitanas de Salvador, Belo Horizonte, Fortaleza e mais as cidades de Aracaju e Maceió.

Entre 1960 e 1970, 84% do incremento da população *paulistana* ocorreu na periferia da cidade. Entre 1970 e 1980, 86% do crescimento ainda se verificou nos subdistritos mais distantes. Entre 1980 e 1987, contudo, essa taxa parecia estar baixando irreversivelmente, aproximando-se dos 69%, o que indicaria sensível reversão, com um crescimento maior da área central, marcada pelo encortiçamento e pela verticalização. E os municípios periféricos cresceriam mais ainda do que a capital: representavam 15% da população em 1940, chegam aos 33% da RMSP em 1980.

O crescimento das cidades vizinhas transformou algumas delas em cinturões industriais ou aldeias-dormitórios, viveiros de mão de obra para os dinâmicos setores industriais e de serviços. Observe-se, nesse sentido, a Tabela 1, a seguir reproduzida.

TABELA 1: REGIÃO DA GRANDE SÃO PAULO 1960-1980

Municípios	Taxa de crescimento anual da população 1960-1970	Proporção de não naturais na população de 1970	Proporção de imigrantes que chegaram entre 1960 e 1970
Diadema	20,44	82,02	87,56
Jandira	19,98	78,06	81,78
Taboão da Serra	19,12	79,69	85,45
Carapicuíba	14,05	72,71	73,9
Embu	13,77	71,68	84,17
Mauá	13,51	73,29	78,37
Itapevi	10,59	64,78	74,97
São Bernardo	9,52	71,73	71,43
Osasco	9,45	68,95	67,83
Guarulhos	8,92	72,11	69,25

Fonte: Tabela publicada em SEADE - Informe Demográfico n. 6 – São Paulo, 1981.

Sob esse impacto, a capital entra na última década do milênio "abrigando" quase um milhão de pessoas em favelas; 2,5 milhões em cortiços; e 2,5 milhões em casas precárias dos bairros periféricos.

O drama dos que chegavam era o subsolo instável, explosivo, daquele maravilhoso país moderno que aparecia no diário oficial da Ditadura, a TV do plim-plim. E sem políticas públicas estruturadas para recebê-los, os migrantes dependiam daquilo que um historiador francês chamou de "estruturas informais de acolhimento". Os redutos em que se formava e reformava a cultura que traziam no pau-de-arara. O historiador Paulo Fontes um dia mostrou como São Miguel era *Um Nordeste em São Paulo*. Mas havia manchas de todo tipo na grande metrópole. Na feira de domingo no Jardim Pirajussara, onde se vendia literalmente de tudo, havia sempre um ou outro grupo de música sertaneja (de verdade), dois violões, uma voz solo, a outra uma terça abaixo. No Capão Redondo, no Grajaú, outras misturas. Ao longo das calçadas da Avenida Mateo Bei, na zona leste, carne de sol, sandália de couro, roupas coloridas, um grupo com zabumba, triângulo e acordeon de sete baixos.

Em cada um desses acampamentos apelidados de "Jardins", um galpão improvisado fazia as vezes de igreja e centro social, com clubes de mães, grupos de jovens, pastoral operária, as comunidades eclesiais. "Aos pés de muitas igrejas, lá você vai encontrar...".[1]

Era assim que a metrópole recebia aqueles que a construíam. A frase de um economista da época, crua e dura, retratava a lógica: o país pagaria a dívida transformando em dólares o sangue dos "baianos". E era com essa cultura reinventada que eles se preparavam para vivê-la. E, quem sabe, mudá-la para algo menos selvagem.

---

1. Você pode ouvir esse lamento: https://www.letras.mus.br/geraldo-vandre/1466893/

AS CALAMIDADES
DA GRANDE TRANSFORMAÇÃO

[...] uma calamidade social é basicamente um fenômeno cultural e não um fenômeno econômico que pode ser medido por cifras de rendimentos ou estatísticas populacionais [...] a Revolução Industrial – um terremoto econômico que em menos de meio século transformou grandes massas de habitantes do campo inglês de gente estabelecida em migrantes ineptos. Todavia, se desmoronamentos destrutivos como esses são excepcionais na história das classes, eles são uma ocorrência comum na esfera dos contatos culturais entre povos de raças diferentes. Intrinsecamente, as condições são as mesmas. A diferença está principalmente no fato de que uma classe social é parte de uma sociedade que habita a mesma área geográfica, enquanto o contato cultural ocorre geralmente entre sociedades estabelecidas em diferentes regiões geográficas. Em ambos os casos o contato pode ter um efeito devastador sobre a parte mais fraca. A causa da degradação não é, portanto, a exploração econômica, como se presume muitas vezes, mas a desintegração do ambiente cultural da vítima. O processo econômico pode naturalmente fornecer o veículo da destruição, e quase invariavelmente a inferioridade econômica fará o mais fraco se render, mas a causa imediata da sua ruína não é essa razão econômica – ela está no ferimento letal infligido às instituições nas quais a sua existência social está inserida. O resultado é a perda do autorrespeito e dos padrões, seja a unidade um povo ou uma classe, quer o processo resulte do assim chamado "conflito cultural" ou de uma mudança na posição de uma classe dentro dos limites de uma sociedade.[2]

---

2. POLANYI, Karl. A grande transformação – as origens de nossa época. Tradução de Fanny Wrabel. 2. ed. Rio de Janeiro: Campus, 2000.

OS EVANGÉLICOS NORTE-AMERICANOS E A POLÍTICA (I)

08 DE AGOSTO DE 2019

Ela vem de longe. Mas uma semente nova foi plantada lá nos anos 1930. E daí uma flor estranha vingou em solo norte-americano, para depois se espalhar pelo mundo. Atravessou por várias fases e reencarnou diversas vezes. Nas últimas décadas do século assumiu uma feição nova e vibrante – gerando um ramo geneticamente modificado do protestantismo, um evangelismo militante, efusivo e extremado em todas as dimensões – além da teológica e da moral. Assim, graças a essa expansão de efeitos, ela veio a constituir a nova direita religiosa, de inspiração neopentecostal, quase sempre, mas nem sempre, alojada no Partido Republicano.

Quando utilizamos a metáfora da flor pode parecer que nos referimos a alguma coisa biológica, orgânica, natural. E assim é, pelo menos em parte. Ela se enraíza e se nutre de um solo rico, fértil em nutrientes. Mas é também o produto, talvez inesperado e complexo, de um conjunto de iniciativas bem pensadas. Um artefato, um engenho.

Pensado em ampla perspectiva, e utilizando ainda a metáfora da planta, o movimento tem a ver com um terreno socioeconômico que se constituiu depois da Segunda Guerra mundial. Decisões do governo federal norte-americano e de grandes corporações remodelaram o país, inaugurando uma nova marcha para o oeste, semivirgem, e para o sul, nada virgem, mas revigorado pela energia de novos varões da economia e da guerra. Sim, da guerra, porque o complexo industrial militar instalava postos avançados de pesquisa e produção de armas no Texas, no Arizona, na Flórida e no velho sul – o *sunbelt* acolhia o *gunbelt*. E o *biblebelt*. O mapa a seguir indica esse movimento. Quem tiver curiosidade na nova geografia das armas, há um excelente guia.[1]

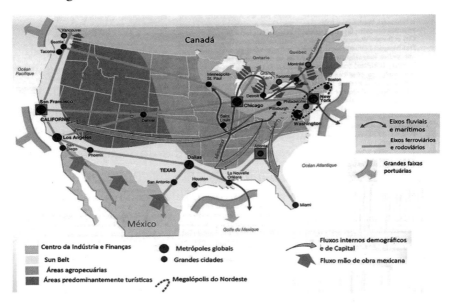

O país sofria outra transformação, diferente daquela do século XIX. Não se trata mais da migração do campo para a cidade. Mas do núcleo urbano central para o subúrbio. Repare, no gráfico a seguir, a expansão depois da Segunda Guerra.

---

1. MARKUSEN, Ann; HALL, Peter; CAMPBELL, Scott; DEITRICK, Sabina. *The rise of the gunbelt: the military remapping of industrial America*. Oxford: Oxford University Press, 1991.

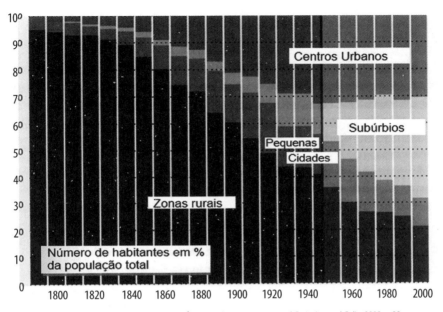

Adaptado de Salmon, Frédéric – *Atlas Historique des États-Unis de 1783 à nos jours*, ed. Paris: Armand Colin, 2008, p. 39.

Capitais, máquinas e dinheiro viajavam da costa leste e do meio-oeste para essas novas plagas. E com elas seguiam as gentes. Protestantes tradicionais e moderados de Ohio e Illinois se deslocavam para Orange County, Califórnia, Seattle, Colorado Springs ou Austin. Saíam de centros urbanos antigos, estabelecendo-se em subúrbios ajardinados, construídos graças a um monumental programa estatal de financiamento de hipotecas e a outro não menos monumental programa de estradas federais. Um outro livro conta essa estória e mostra a forma pela qual os "retirantes" se acomodavam às circunstâncias e criavam novas formas de socialização, de cultura religiosa e política. MCGIRR, Lisa. *Suburban warriors – the origins of the new american right*. Princeton: Princeton University Press, 2001.

Muitas vezes, alguns analistas associavam a direita religiosa com um público pouco letrado e pobre, a figura do "atraso", da tradição córnea. Não é uma imagem precisa. A religião extremada – inclusive a mais fundamentalista – é acolhida por um grupo de pessoas crescentemente suburbanas, educadas, modernas, encravadas na indústria *high-tech* e na cultura da abundância e do supérfluo. Essa combinação de religião dos "velhos tempos" com a tecnologia moderna, do conservadorismo moral com o consumismo da última moda indicam, de certo modo, um fruto da ascensão social e do cataclismo programado.

Nos anos 1950, o país do automóvel ganhava novas pistas e inventava novos hábitos de trabalho, moradia, novos sentimentos e... uma nova visão de mundo. Era da abundância, dos "anos dourados".

Assim, como dissemos, aos traços orgânicos e "naturais" se somam componentes intencionais – como esses programas federais de rodovias e residências e, ainda mais, de investimentos do chamado complexo industrial-militar (e acadêmico).

Margaret O'Mara[2] conta essa estória e mostra, por exemplo, como o Pentágono estimulava as empresas a descentralizar suas plantas, com a paranoia de um eventual ataque estrangeiro (ou alienígena?).

Kevin M. Kruse, por outro lado, conta como empreendedores de toda natureza responderiam a essa demanda nascente.[3] E mostra como, em certa medida, a dirigiam e conformavam. Os magnatas que projetavam uma religiosidade pró-mercado eram mais do que "respostas" à demanda. Eram semeadores. Desenvolveremos essa estória mais adiante.

Voltemos por enquanto ao deslocamento e suas consequências.

Darren Dochuk conta que entre o final dos anos 1930 e o final dos anos 1960, mais de seis milhões de sulistas de cidades pequenas se deslocaram para centros industriais. Não apenas para Detroit, no Manufacture Belt do meio-oeste, mas também para cidades como Los Angeles. Em 1970, cerca de 11 milhões de sulistas viviam fora de seus estados

---

2. O'MARA, Margaret. *Cities of knowledge: cold war science and the search for the next Silicon Valley*. Princeton: Princeton University Press, 2015.
3. KRUSE K. M. *One Nation Under God: how corporate america invented christian america*. New York: Basic Books, 2016.

natais.[4] Focalizando o exemplo crucial da Califórnia, o autor descreve os desdobramentos dessa mudança demográfica no terreno das igrejas.

Os protestantes moderados, desenraizados, assim que instalados na nova fronteira, buscaram novos vínculos. E novas igrejas. Elas surgem ali onde são demandadas. Com outro perfil. O protestantismo sóbrio e cultivado dos metodistas do leste, por exemplo, dá lugar à proliferação de Assembleias de Deus, de núcleos de Batistas do Sul reformados, de uma enorme variedade de pequenos templos e *mega-churches*, organizadas quase como um sistema de franquias – franquia espiritual e material, como empreendimentos independentes e associados. Esse novo despertar é mais emotivo e militante, proselitista, animado pelo episódio bíblico de Pentecostes, em que os crentes se embebem do espírito santo, exaltam-se e falam em idiomas que não conhecem. A embriaguez espiritual se traduz, rapidamente, em disposições ideológicas igualmente extremadas, voltadas para exorcizar os grandes demônios que ameaçam a pátria e a civilização: feminismo, comunismo, homossexualismo, a ciência ateia, aquela que não apenas ignora, mas contesta a verdade literal da Bíblia. Um emblema dessa transfiguração – da passagem da fé para a política – poderia ser visto na primeira marcha dos crentes, *Washington for Jesus*, de 1980. Eles enviam um recado forte: além de salvar nossas almas e purgar nossos pecados como indivíduos, queremos tomar a praça e purgar os pecados nacionais.

Esse movimento de longa duração, arquitetado e orgânico ao mesmo tempo, vai criando as bases para sua expressão política (e eleitoral), a nova direita religiosa que nas últimas décadas do século XX pautou facções no congresso e no judiciário. Além, claro, de constituir componente fundamental de presidentes das mais variadas colorações morais – do piedoso Carter ao escroque Nixon. Do canastrão Reagan ao drogadito Bush. E, para concluir, deu sua enorme contribuição à

---

4. DOCHUK, D. *From Bible Belt to Sunbelt: plain-folk religion, grassroots politics, and the rise of evangelical conservatism*. New York: ed. W. W. Norton, 2010.

vitória de um gerente de bordel travestido de mito salvador, o fabuloso agente laranja Donald.

Contaremos nas próximas semanas um pouco mais dessa estória, a saga da direita religiosa norte-americana. Não é pesquisa original, é um resumo comentado de uma vasta literatura, de dezenas de livros dedicados ao tema. Quanto comecei a rabiscar estas notas me dei conta de que havia reunido uma centena de títulos – li uns vinte, passei por outros vinte. Ainda há dezenas na minha estante (ou no meu cartão de memória). E a cada dia novas interpretações surgem.

A estória que se conta aqui é deles, os de lá de cima do globo. Mas é muito sugestiva do que ocorre em outras plagas. É útil para compreender um pouco da história recente dos Estados Unidos. Mas, também, para entender como ela se expande para outros países. E como se transfigura quando neles se instala.

OS EVANGÉLICOS NORTE-AMERICANOS E A POLÍTICA (II). COMO SE FABRICA UMA NAÇÃO CRISTÃ

15 DE AGOSTO DE 2019

A história política norte-americana cruza com a religião a todo momento. Desde a fundação das treze colônias. Mas a mitologia da nação cristã é também o fruto de um cuidadoso trabalho de imaginação e propaganda.

O melhor roteiro para começar a entender essa trajetória talvez seja o livro de Kevin M. Kruse *One nation under God: how corporate America invented christian America*. Pelo menos se não quisermos recuar muito no tempo, apanhando o ponto crucial dos anos 1930, logo depois da Grande Depressão.

Kevin insiste na ideia de que, a partir desse momento-chave, a nação cristã foi cuidadosamente engendrada como uma espécie de reação de grandes empresários contra o New Deal de Roosevelt, suas reformas econômicas, suas leis reguladoras e políticas sociais. Roosevelt, para muitos deles, ultraconservadores, era uma espécie de antessala do socialismo, da invasão do Estado sobre a liberdade econômica.

Alguns desses magnatas, eles próprios vinculados a igrejas, sondaram, localizaram e recrutaram ativistas religiosos para lançar campanhas com lemas como "liberdade sob a ordem de Deus".

Franklin Delano Roosevelt era o oposto disso tudo. O seu New Deal era uma resposta intervencionista à crise do liberalismo econômico. Uma espécie de keynesianismo e social-democracia à americana. Os "liberais", na América do Norte, passavam a ser identificados com os reformistas europeus.

Intervenção governamental nos negócios privados, regulação dos bancos, da indústria, do comércio, leis trabalhistas, políticas de obras públicas, de apoio aos camponeses etc. Os empresários mais conservadores rangem os dentes diante do "coletivismo" de FDR. A "intuição de classe" dos empresários era compartilhada por muitos pastores protestantes. E os homens da grana resolvem investir no desenvolvimento, sistematização e propagação desse discurso religioso, aproximando-o ainda mais do discurso político, de classe, deles próprios. O capitalismo teria que ser visto como uma encarnação do cristianismo. E cristianismo como a sublimação espiritual do capitalismo, a realização da Glória de Deus.

Recursos foram mobilizados para identificar os pastores "bons" em todo o país, estimulando a formação de redes, patrocinando publicações, promovendo eventos e campanhas e rituais.

A missão era desenvolver e propagar a doutrina. Mas, também, implantar rituais, modelar comportamentos e práticas cotidianas. Para isso, a primeira medida era fazer com que o rebanho frequentasse os estábulos, ou melhor, os templos.

Uma grande campanha foi encomendada à maior agência publicitária do mundo, a J. Walter Thompson, já treinada na disseminação de hábitos de consumo. O consumo de Cristo e o cristo-entretenimento teriam que ser estimulados – e para isso se deveria fomentar o comparecimento periódico ao supermercado do espírito, a igreja.

Na base do "encontre você mesmo através da fé", a campanha levava todo mundo para os templos, que passavam a oferecer uma grande variedade de atrações.

O culto semanal, primeiro, os grandes eventos de massa, em seguida. As campanhas – foi mais de uma – tiveram sucesso. A participação no culto semanal cresceu – passa de uns 20% dos cidadãos, nos anos 1920, para perto de 70% lá por 1960.

Os empresários também eram o elo entre as lideranças religiosas e as lideranças políticas, em todos os poderes e em todos os níveis (local, estadual, federal).

Com o tempo, esse movimento religioso se transforma, deliberadamente, planejadamente, numa espécie de religião civil, um "americanismo" todo especial, em oposição ao comunismo "soviético" e a sua versão sorrateira interna, o "coletivismo" ou "estatismo" do New Deal.

O investimento dos empresários foi ativo – não se tratava apenas de fornecer o caixa. Na verdade, muitos deles eram parte integrante da rede religiosa. Participavam dos eventos, discutiam sua organização, ativavam mais recrutamentos por meio de seus grupos de classe, conectavam com os políticos. E ligavam o mundo dos pastores, também, com o mundo da mídia – no começo, do rádio e dos jornais e revistas. Mais tarde, da TV. Já nos anos 1950, o programa de Billy Graham, *Hour of decision*, era transmitido por três grandes cadeias, um total de 850 estações. Estimava-se que atingia 20 milhões de telespectadores.

E há o cinema, claro. Lá nos anos 1920, Trotsky se entusiasmara com o cinema e disse que ele era uma ferramenta fundamental para disputar a mente e o coração dos operários, tirando-os dos concorrentes, a vodka e a igreja. Mas... esta última percebeu que poderia fazer uso da ferramenta.

Hollywood participou ativamente das grandes manifestações da direita religiosa, de suas campanhas – James Stewart, John Wayne,

Bing Crosby, Disney, Rock Hudson, Gregory Peck. E Cecil B. de Mille, é claro. No intervalo do whisky e da cocaína, as celebridades da tela embarcavam no velho ópio do povo.

A lista de filmes com certeza é conhecida do público brasileiro: *Sansão e Dalila* (1949), *David e Betsabá* (1951), *Quo Vadis?* (1951), *Os Dez Mandamentos* (1956), *Ben-Hur* (1959), *Salomão e a Rainha de Sabá* (1959), *A História de Ruth* (1960).

O movimento gerou numa espécie de religião civil, de fé pública, patriótica, por meio de campanhas para a implantação de símbolos e rituais. Por exemplo, a campanha pela introdução da frase "país livre sob Deus" – o *"under god"* virou *slogan* oficial sob Eisenhower. Em 1953, Eisenhower declarou formalmente que designaria o 4 de julho (independência) como Dia Nacional da Oração. E em junho de 1954, no dia da bandeira, ele assinou a lei. A oração nas escolas virava prática corrente. Dizia o general batista: "Deste dia em diante, milhões de nossas crianças nas escolas proclamarão diariamente, em cada cidade e aldeia, em todas as vilas e escolas rurais, a dedicação de nossa nação e nosso povo ao Todo Poderoso".

O *"in god we trust"* também foi incorporado nas notas de dólar em 1956. Finalmente, deus chegava ao mercado (ou vice-versa) – a principal ferramenta dos negócios, a moeda, tinha a marca da obediência à palavra do Senhor.

Ike Eisenhower, em 1952, talvez tenha sido a primeira grande conquista política do movimento. Um presidente alinhado e cultivado por essa corrente organizada, abrindo um novo capítulo na relação igrejas-governo. Ele era batista, mas muito discreto. Foi "rebatizado" em plena Casa Branca, pelo jovem e brilhante pastor Billy Graham.

A partir de Eisenhower, os cultos regulares (inclusive os tais *breakfasts* de oração) viram rotina no governo, no Pentágono, nas casas legislativas do país, inclusive no Congresso Nacional. E a cristianização dos americanos se massificou.

É difícil avaliar o grau de "cristianização" da população americana. Ou, pelo menos, de seus vínculos ativos com as igrejas. Estima-se que os "praticantes" fossem algo como 16% dos americanos no meio do século XIX e o dobro no final. Nas primeiras décadas, alguns acreditam que girasse em torno dos 40%, subindo, em seguida. No período do pós-guerra teria atingido 57% em 1950 e 69% em 1960.

Mais do que o número, porém, era a consistência da "militância" que se tornaria impressionante. Em toda ocasião, os líderes religiosos faziam questão de mostrar que não estavam para brincadeira.

A conclusão de Kevin Kruse é clara: "Esta história nos lembra que nossa religião pública é, em larga medida, uma invenção da era moderna". A semeadura fora bem-sucedida.

OS EVANGÉLICOS NORTE-AMERICANOS E A POLÍTICA (III). DESAFIOS DO NOVO MILÊNIO

22 DE AGOSTO DE 2019

Nos Estados Unidos, as correntes evangélicas que mais têm crescido nas últimas décadas caracterizam-se por novas formas de organização, novas práticas e rituais e, em certa medida, uma nova teologia. Este último fator significa a adoção de um novo sistema de ideias, uma nova interpretação da relação homem-divindade. Um novo discurso. Mas o "revival" evangélico é mais do que isso, bem mais. Nesse sentido, vários estudiosos chamam atenção para a "função social" da nova teologia. Axel Schafer, por exemplo, diz que ela teria raízes numa espécie de acomodação à modernidade, mais do que numa afirmação da moral tradicionalista. Nesse sentido, ela seria parte do processo de modernização da sociedade, promovendo normas e valores que embasam o capitalismo consumista. Assim, aquilo que também se costuma chamar de teologia da prosperidade ganha novo significado:

> A Teologia e os cofres da Igreja conectam-se ainda mais diretamente na 'teologia da prosperidade', que prega que as doações feitas às igrejas são na

verdade investimentos que serão reembolsados com sobras. Em uma única geração, os pentecostais substituíram sua tradicional mensagem antimaterialista por uma que prometia salvação não apenas espiritual, mas também financeira – paga, é claro, em parcelas semanais. Para neo-pentecostais [...] o todo-poderoso dólar tornou-se um sinal da benção do Todo-Poderoso, tanto quanto a riqueza sinalizava para os calvinistas aqueles que seriam os escolhidos. A diferença era que os pregadores pentecostais retratavam a si mesmos como intermediários exclusivos entre os doadores e a recompensa material que viria.[1]

Mas Schafer aponta ainda outro motivo para considerar essa forma de religião como parte do processo de transformação da sociedade norte-americana. Refere ao descolamento demográfico que já comentamos antes:

"As igrejas evangélicas, altamente flexíveis e móveis, com frequência ofereciam os serviços sociais e comunitários que estavam faltando nas novas áreas suburbanas de regiões fervilhantes do Sul e do Oeste".[2]

Assim, as igrejas eram não apenas o supermercado do espírito, mas, também, o lugar em que se podia encontrar o *playground*, a recreação, escolas, centros comunitários, creches, aconselhamento, grupos de jovens, corais. E, reparemos, tudo isso somado constitui importante espaço de socialização e formação de uma subcultura especial. Esses equipamentos viram uma espécie de "capital fixo e imobilizado" de um movimento social.

Certa vez, um líder conservador disse: "temos uma vantagem com relação aos liberais, eles não têm lugares onde se encontram dois dias antes das eleições". Esse é um ativo político relevante com que

---
1. PORTERFIELD, A.; GREM, D.; CORRIGAN, J. *The Business Turn in American Religious History*. Oxford: Oxford University Press, 2017.
2. SCHÄFER A. *Countercultural conservatives: American evangelicalism from the postwar revival to the New Christian Right*. Madison: University of Wisconsin Press, 2011.

conta a Direita Religiosa, também quando envolvida na disputa interna do partido republicano. Daniel Schlozman escreveu um livro em que destaca como os sindicatos foram durante bom tempo a âncora social do Partido Democrata – e como o movimento conservador religioso, principalmente o evangélico, se tornou âncora do Partido Republicano, principalmente nas ultimas décadas do século XX.[3]

Esse aspecto da expansão evangélica talvez explique porque ela é mais bem-sucedida nos Estados Unidos do que na Europa Ocidental. As "redes de segurança social", nos Estados Unidos, sempre dependeram de um *welfare state* ambíguo, frágil. Sempre dependeram de um funcionamento peculiar: os empregadores atuam como agentes do seguro social. Planos de aposentadoria e pensão, de auxílio à formação, de assistência médica estão fortemente vinculados ao emprego – e a um emprego marcado pela longa permanência na mesma firma. Dá para perceber o que ocorre quando essa situação de emprego se transforma – como se tem transformado, radicalmente, nestas últimas décadas, com a fragmentação das grandes corporações, a subcontratação e a precarização dos contratos de trabalho.

Em contraste, na Europa ocidental, os serviços públicos como educação e saúde, assim como o seguro social são fortemente vinculados ao Estado e à condição de cidadania, não ao contrato de trabalho. É possível, mesmo provável, que a maior vulnerabilidade dos trabalhadores norte-americanos os predisponha ao assédio – ou apoio – das redes religiosas. É possível também que essas redes tenham mais possibilidade de expandir-se, *a la* americana, em países da África que sofrem processo acelerado de "modernização". Ou a países do Leste europeu, que saem de uma economia centralmente planificada para um capitalismo selvagem à moda do século XIX.

---

3. SCHLOZMAN, D. *When Movements Anchor Parties*: electoral alignments in american history. Princeton: Princeton University Press, 2015.

A BATALHA DA COMUNICAÇÃO ELETRÔNICA

Podemos dizer que esses equipamentos físicos – as igrejas e seus apêndices comunitários – constituem o espaço em que se dá a educação presencial dos crentes. Mas eles tinham um complemento decisivo para os tempos modernos: a educação à distância provida pelo rádio e pela TV, depois pela internet.

O rádio já era ferramenta relevante nos anos 1930. A TV, porém, foi se tornando central na política.[4]

O desenvolvimento das cadeias de rádio e TV dos evangélicos se combina com o desenvolvimento e maturação de sua identidade como grupo político. Com Eisenhower e Nixon, eles haviam "adotado" um político, um "outro". Mas nos anos 1970 eles se dispuseram a eleger "um dos seus". Jimmy Carter não era apenas um político democrata, era um pregador. E pela primeira vez atraiu coalizões religiosas em bloco, desde a campanha. Aqueles que futuramente seriam os agrupamentos religiosos do Partido Republicano – como a Moral Majority de Jerry Falwell (1979) e a Christian Coalition e Pat Robertson (1989) – começaram por ser a base política do democrata Jimmy Carter.

FOI NESSE MOMENTO QUE
A GRANDE MÍDIA EVANGÉLICA
GANHOU A FORMA QUE HOJE TEM

A CBN (Christian Broadcasting Network) decolou em 1977, quando se tornou a segunda cadeia de TV do país. E criou sua própria universidade, formando "telejornalistas evangélicos" e especialistas em cristo-entretenimento. A segunda cadeia evangélica, a TBN (Trinity Broadcasting Network), sediada na Califórnia, hoje um gigante, nas-

---

4. Como apontamos em outro artigo, disponível em: https://www.unicamp.br/unicamp/ju/artigos/reginaldo-correa-de-moraes/de-uma-telinha-outra-politica-na-era-da-comunicacao>.

ceu em um galpão, com uma câmera e dois sócios. Expandiu-se no país e se espalhou pelo terceiro mundo, especialmente para o público latino. A Terceira, Family Christian Broadcasting Network (FCBN) teve desenvolvimento similar.

Revisemos a sequência dos fatos e ferramentas. Igrejas e grupos de base, que em certos casos utilizavam mesmo o nome de "células". Educação presencial, rádio e TV, educação à distância e a todo momento. E, claro, grandes demonstrações de massa, como a primeira Marcha de Jesus, o Washington for Jesus de abril de 1980, chamada por alguns jornalistas de "Woodstock dos Cristãos".

J. Brooks Flippen lembra que a manifestação começou com uma simples ideia, aparentemente lançada pelo pastor John Gimenez, porto-riquenho do Harlem, ex-viciado e presidiário. Conseguiu rapidamente a adesão de Paul Robertson, televangelista fundador da Christian Broadcasting Network e animador de famoso programa de TV. E, logo em seguida, juntou-se a eles Bill Bright, fundador de um movimento de difusão da fé em *campi* universitários, a Campus Crusade for Christ.

Eles criaram uma ONG – One Nation Under God – para coordenar a arrecadação de fundos e planejar o evento. Rapidamente, implantaram 380 escritórios espalhados pelo país e levantaram meio milhão de dólares em contribuições.

No dia da Marcha, a polícia estimou a presença de 200 mil participantes. Os organizadores falavam em 1 milhão. De qualquer modo, era um sucesso.

E ali aparecia o elo que ligaria ideologicamente a rede. O objetivo do movimento era religioso e político ao mesmo tempo: purgar os pecados coletivos, nacionais, os pecados da América – o homossexualismo, o aborto, o feminismo, o humanismo secular que se opunha à fé. A família nuclear estava ameaçada. Era preciso defendê-la no espaço público.

Esse evento foi decisivo. A partir desse momento, a direita religiosa era um marco inarredável do mapa político americano. Reagan nela se apoiou, assim como os Bush, pai e filho. Todos esses presidentes de certo modo "traíram" o movimento – ou assim perceberam os velhos líderes, quando parecia ocorrer a "mudança de guarda", lá por 2004. A maior parte dos fundadores dos grupos tradicionais tinha se aposentado ou morrido. Alguns deles tinham sido triturados por escândalos sexuais e financeiros. Os líderes mais jovens eram menos coesos doutrinariamente e mais diversificados quanto aos alinhamentos políticos. E todos olhavam com desconfiança para os presidentes que haviam apoiado. O movimento já era mais plural, menos monocórdio, menos confiante.

Ainda assim, a direita religiosa parece ter nichos de resistência muito fortes em alguns lugares, conforme indica o mapa reproduzido por Clyde Wilcox e Carin Robinson.

INFLUÊNCIA DA DIREITA CRISTÃ NO PARTIDO REPUBLICANO, POR ESTADO, 2008

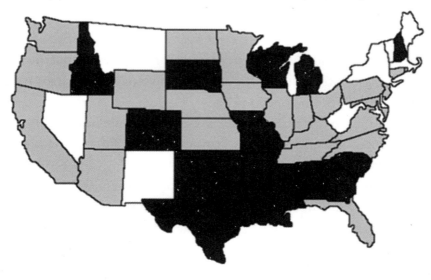

Ainda é cedo para prever os desdobramentos dessa nova fase do movimento evangélico. Em 1992, na Convenção Republicana, a direita cristã surpreendeu muitos observadores e afirmou-se como uma corrente política, claramente identificada. Derrotado o velho inimigo comunista, anunciava-se a guerra dos valores e da família. Agora, os caminhos parecem menos claros e o vigor daquele momento já não é o mesmo. No cenário Trump, será mais uma vez possível a reinvenção da "palavra de Deus"?

SÉRIE E DICAS DE LEITURA

A literatura sobre a direita religiosa norte-americana é enorme. Para o leitor que queira saber mais, segue abaixo uma lista de apenas 10 títulos, dos quais foi retirada a maior parte das informações utilizadas nos artigos da série. Há também uma série – With God on our Side – que o leitor pode encontrar no Youtube, fatiada em 9 partes. Mais abaixo, dou a lista dos livros.

With God on Our Side! – Youtube:
Parte 1: www.youtube.com/watch?v=daBySU9VHD8&t=406s
Parte 2: www.youtube.com/watch?v=whthyr7Dc8Y
Parte 3: www.youtube.com/watch?v=HY8GtxvW2DM
Parte 4: www.youtube.com/watch?v=bRvLTwf7huY
Parte 5: www.youtube.com/watch?v=bAxDmxYt1zQ
Parte 6: www.youtube.com/watch?v=jW9Uyp3E2Fg
Parte 7: www.youtube.com/watch?v=ds2nZA8UnS0
Parte 8: www.youtube.com/watch?v=vtoHFrV-gd0
Parte 9 (fim): www.youtube.com/watch?v=ip0WUlYrC-M

REFERÊNCIAS

BEKKERING, Denis J. *American Televangelism and Participatory Cultures - Fans, Brands, and Play With Religious "Fakes"*. London: Palgrave MacMillan, 2018.

FLIPPEN, J. Brooks, CARTER, Jimmy. *The Politics of Family, and the Rise of the Religious Right, Athens (Geórgia):* University of Georgia Press, 2011.

HEINEMAN, Kenneth J. *God is a Conservative: Religion, Politics, and Morality in Contemporary America.* New York: NYU Press, 1998.

KRUSE, Kevin M. *One Nation Under God: How Corporate America Invented Christian America.* New York: Basic Books, 2016.

MCGIRR, Lisa. *Suburban Warriors: The Origins of the New American Right*, Princeton: Princeton University Press, 2001.

O'MARA, Margaret. *Cities of Knowledge: Cold War Science and the Search for the Next Silicon Valley*. Princeton: Princeton University Press, 2015.

PORTERFIELD, Amanda; GREM, D., CORRIGAN, John (eds.) *The Business Turn in American Religious History*. Oxford: Oxford University Press, 2017.

SCHÄFER, Axel. *Countercultural conservatives: American evangelicalism from the postwar revival to the New Christian Right*. Madison: University of Wisconsin Press, 2011.

UTTER, Glenn H. & STOREY, John W. *The religious right: a reference handbook*. Amenia: Grey House Publishing, Inc, 2007.

WILCOX, Clyde; ROBINSON, Carin. *Onward Christian soldiers?: the religious right in American politics*. New Jersey: Westview Press, 2011.

AUTOR DOS TEXTOS PRESENTES NESTA EDIÇÃO

Reginaldo Carmello Corrêa de Moraes foi professor titular da Universidade Estadual de Campinas (Unicamp), pesquisador do Instituto Nacional de Ciência e Tecnologia para Estudos sobre os Estados Unidos (INCT-Ineu) e colaborador da Fundação Perseu Abramo (FPA). Graduou-se e doutorou-se pela Universidade de São Paulo (USP). Foi colaborador do programa de Pós-Graduação em Ciência Política do Instituto de Filosofia e Ciências Humanas da Universidade Estadual de Campinas (Unicamp); professor do Programa de Ensino e Pesquisa em Relações Internacionais da Unesp, Unicamp e PUC-SP (Programa San Tiago Dantas). Entre outras publicações, lançou *Estado, desenvolvimento e globalização* (Ediora da Unesp, 2006); *Educação à distância e ensino superior – introdução didática a um tema polêmico* (Editora Senac, 2010). E pela Fundação Perseu Abramo lançou *Bloco de Esquerda e Podemos: dois experimentos de organização na nova esquerda europeia* (2016); e *Rural, Agrário, Nação: Reflexões sobre políticas e processos de desenvolvimento na era da globalizaçã*; *Capitalismo, classe trabalhadora e luta política no início do século XXI* (2017); e *Os ricos e poderosos* (2019). Faleceu em 26 de agosto de 2019.

ORGANIZADORES

Sebastião C. Velasco e Cruz é professor titular do departamento de Ciência Política da Unicamp e do Programa San Tiago Dantas de Pós-Graduação em Relações Internacionais. Autor de inúmeros trabalhos sobre economia e política no Brasil contemporâneo e relações internacionais, publicou, entre outros, os livros *Globalização, democracia e ordem internacional* (Editora da Unicamp e Editora da Unesp, 2004); *Trajetórias: Capitalismo neoliberal e reformas econômicas nos países da periferia* (Editora da Unesp, 2007); *O Brasil no mundo – Ensaios de análise política e prospectiva* (2010), e *Os Estados Unidos no desconcerto do mundo – Ensaios de interpretação* (2012), pela mesma editora. Pela Fundação Perseu Abramo, organizou *Direita, volver!* (2015).

Luis Fernando Vitagliano possui graduação em Ciências Sociais pela Universidade Estadual de Campinas (2001) e mestrado em Ciência Política pela Universidade Estadual de Campinas (2004). Atualmente é professor convidado dos cursos de especialização modalidade extensão universitária em Gestão Publica e Relações Internacionais da Unicamp e Coordenador de Cursos Tecnólogos do Centro Universitário das Faculdades Metropolitanas Unidas (FMU), além de professor do curso de Relações Internacionais da mesma universidade. Na Fundação Perseu Abramo atualmente é coordenador do projeto da Rede Nacional de Pesquisadores Associados e foi coordenador responsável pela concepção dos cursos de Difusão do Conhecimento em Gestão e Políticas Públicas entre os anos de 2014 e 2018. É colunista do Brasil Debate e autor de vários artigos e livros publicados.

Rua Xavier Curado, 388 • Ipiranga - SP • 04210 100
Tel.: (11) 2063 7000 • Fax: (11) 2061 8709
rettec@rettec.com.br • www.rettec.com.br